岩波現代文庫／学術 349

定本 昔話と日本人の心

〈物語と日本人の心〉コレクション VI

河合隼雄

河合俊雄［編］

JN159227

岩波書店

序説　国際化の時代と日本人の心

西洋近代の自我

一九五九年にフルブライト留学生としてアメリカ合衆国に留学したときは、相当なカルチャーショックを受けた。私は子どものときから他の同級生よりも合理的、論理的思考をする方で、日本の大人の非合理、非論理には腹が立つことが多かった。敗戦によって、私のこのような傾向はますます強くなり、西洋近代の科学的思考法こそ唯一の正しい方法と思うほどになっていた。従って、自分自身は西洋化されているものと思っていたのだが、実際にアメリカにやってきて、その相違に驚いたのである。

何と言っても、できるだけ明確に言語化しようとする彼らの態度には、特にそれが強い自己主張と結びつくときなど、こちらとしては「参った」という感じになってくる。日本では普通に思ってしていることが、アメリカ人の目から見ると不思議に見えることも多くあるらしい。アメリカ人が明確な論理を積みあげてゆく間に、日本人としては一番大切なものが抜けおちてゆく感じがする。さりとて私は日本の方がいいと思ったわけではない。アメリカ人が日本人を攻撃すると、日本の弁護をしたくなるし、日本人が集まってアメリカ人の悪口を言うと、それに反対したくなる、というようなジレンマに陥っていた。

だんだんわかってきたことは、両者が互いに、親切、責任感、信頼などの価値を有する言語によって他を批判したり攻撃したりするときは、理解の程度が浅く、そのような価値観によって他を責める以前に、両者の在り方の基本的な差を認識すべきである、ということであった。この点については、後に父性原理と母性原理という区別をたてることによって、両者の差を明らかにしようとすることになるが、たとえば「親切」ということにしても、父性原理によるか、母性原理によるかによって、その在り方は大いに異なったものとなる。従って、それに気づかないときは、他を「不親切」と断定してしまうようなことにもなるのである。

西洋近代に確立された「自我」というものを、その成立過程とともにイメージによる表現によって生き生きと述べたものとして、エーリッヒ・ノイマンの『意識の起源史』がある。これをスイス留学中に読んだときの感激と衝撃を今も忘れることができない。ノイマンの説については本書中にもごくごく簡単に示している(二〇—二六頁)。これがあまりにも明快で、かつ読むものの体験的理解を迫ってくる力強さに感激する一方、日本人は全体として、まだまだこのような「自我」を確立するに到っていないことを思い知らされたために強い衝撃も受けたのである。それ以来、ノイマン説は私の心のなかで、常に照合し、またそれと戦わねばならぬものとして存在し続けた。

ノイマン説を日本に当てはめて考えるとき、非常に端的に言えば、日本人で「母親殺しを成就した者はいるのか」という問いとなって迫ってくる。自分も含めて日本人を観察していると、このことを成就している人は意外に少ないことに気づくのである。近代自我の確立を「正しい」と考え、ノイマンの提示する過程を絶対と感じる限り、日本人は「遅れている」と断定せざるを得ない。しかし、実際に自分が日本人として生きていることや、欧米人の生き方などを通じて感じる実感としては、近代自我の確立が人類にとって極めて重要であることは認めるにしても、それを唯一絶対とは言い難いのである。

日本人、あるいは、非キリスト教圏の人々の生き方も、それぞれの価値と意義を有し、必ずしも、欧米のモデルに従う必要はない、と徐々に考えるようになった。しかし、つぎに生じる問題は、そのような考えを記述しようとすると、それが極めて難しく、ややもすると欧米のモデルの不完全なもの、という形になったり、その構造をうまく記述できないので、結局は欧米のそれに比して「劣っている」という感じを与えてしまう、ということがあった。

女性の意識

『昔話の深層』は、スイスより帰国して以来一〇年を待って書くことになったが、それはその内容が不明確だったからではなく、それを日本人にいかに伝えるかが難しかったためである。出版したときは一般にひろく受けいれられた(と言っても、アカデミックな心理学の世界では、その学問の対象外と見なされていたが)。私としては、『昔話の深層』の骨組として、グリムの昔話を用いることに少し残念な思いがしていたのは事実である。自分が日本人であり、日本にたくさんの昔話のあることを知りながら、グリムを素材として書くのは、何と言っても不自然だと思ったが、他方、「ユング心理学」の考えによって昔話を論じるなら、グリムの方がはるかに使いやすいのも事実である。したがって、まず第一歩としては、理解しやすい形で、グリムを使って書こう、そして、つぎに日本の昔話に挑戦しようと考えたのである。

『昔話の深層』を執筆する間に、そのような気持もあったので、適当に日本の昔話を引き合いに出して、彼我の異同について論じることもした。ところが、いざ、日本の昔話について書こうとすると、仕事は容易ではなく、相当な年月を必要とした。ずっと考え続けながら、『昔話と日本人の心』を出版したのは、前著の出版後五年経過した後であった。この間は、なかなか考えがまとまらずに苦労した。グリムで行なったことを日本の昔話に当てはめるなどというのとは、まったく異なる困難さを体験した。

日本の昔話を何度も読み返しているうちに、私は単に日本の昔話について考えているというのではなく、西洋近代の自我と異なる路線が存在することを明らかにする、という仕事をしようとしているのに気がついた。これは難しいはずである。西洋近代の自我は、「論文」を書くための強力な武器である。概念を明確に規定し、その概念相互間の関係を明らかにして論理的に整合する体系を提示することに努力を続けてきた。したがって、日本人でも「論文」を書くときは、借りものの西洋の「自我」のはたらきに頼ることになる。私は何とかして、それと異なることにしたいのだ。しかし、西洋流の自我と異なる自我について、筋をとおしたり、矛盾を排除したりして書けるだろうか。

このような本質的な困難さをもっているために、「日本の昔話」について一冊の本を書くことができなかった。ひとつひとつの昔話は興味深く、言いたいことはたくさんあったが、全体としてのまとまりがつかない。いろいろ考えているうちに、「女性の主人公に注目する」ことに、はっと気づいたときは、ほんとうに嬉しかった。「女性の意識」ということで、まとまりがつくのだ。

女性の意識は確かに「まとまり」をもつ。しかし、積極的に主体的に筋を見出してゆくことによる「まとまり」ではない。むしろ受身的に周囲からの影響を受け、自分からは筋を見出そうとはしないのだが、そのような受動性のなかに自《おの》ずから、筋が見えてくるのである。それは、ややもすると積極的に行動し判断する力がないためのように見られるが、実は、それ自身、力と価値を有し、西洋流の男性の意識に対して、別個のものとして並列できるものなのだ。

ノイマンが自我確立の象徴としての男性の英雄を、西洋近代にあっては「男女を問わず」意味あるものとしたように、私が提示しようとした「女性の意識」も、日本人にとっては「男女を問わず」意味あるものである。というよりは、むしろ、洋の東西を問わず現代人は、西洋近代の自我を唯一絶対と考えずに、意識の在り方にせよ、自己実現の過程にせよ、そこには多くのバラエティがあると考える方が適切である、と私は言いたいのである。

このような意図をもって、「女性の意識」の在り方を丹念に描くことを考えて、『昔話と日本人の心』を書きあげたが、自分としては、これでやっと自分なりの考えをはじめて世に問うことができた、という気持であった。この書物までに書いたものは、自分がユング研究所やユングの著作から学んだものを日本人に伝える意味が強く、それは常に日本人としてどう受けとめるかという点が関連してくるので、私の意見もある程度述べているが、自分のオリジナルという気持がしなかった。そして、それまではユングの考えを日本人にどう伝えるか、という点でいろいろと配慮を必要とし、自分の思うままに書くというよりは、どれだけ受けいれてもらえるかに心を使ったが、『昔話と日本人の心』は、ともかく自分の言いたいことを言う方に重点をおいて書いた。

欧米再訪

ユング研究所より帰国以来、まったく欧米との関係をもたず、自分なりに自分の経験を積み、そこから、西洋近代の自我に対して、自分なりの考えをもって、日本人の意識の在り方について語れるようになったが、果してそれが欧米人に言っても通用するものかどうか、という危惧があった。

『昔話と日本人の心』を出版した年の一九八二年に、実に二四年ぶりにアメリカを再訪することになった。これは私にとっては、自分が日本で一人で考えていたことが、どれほど外国で通用するかを試してみるよい機会になった。アメリカでの最初の分析家であるシュピーゲルマン博士や、スイスのユング研究所で学んでいたころ知合ったヒルマン博士などと親しく語り合ううちに、私が日本でいろいろと考えていたことが、それほどの的はずれでないことがわかってきた。何よりも嬉しく思ったのは、これらの人たちが西洋近代の自我を超える必要を感じ、努力しているということであった。したがって、私が「日本人として」考えていることが、世界にとっても意味のあることらしいと感じはじめた。

このような点に勇気づけられ、それに欧米の友人たちに支えられて、この年から急に私は彼の地を訪ねることが多くなった。はじめに書いたように私は「欧米から学ぶ」という姿勢が強く、また実際にも多くを学んできたので、自分が逆に教える立場になる、ということは思いもよらぬことであった。ところが、アメリカの友人たちに勇気づけられて、あちこちで講義をするようになった。そして、一九八四年には、ロスアンゼルスのユング研究所で日本の昔話について講義をし、その間に私の著書を英訳して出版の準備をすることにした。

「片側人間の悲劇」(『昔話と現代』岩波現代文庫、二〇一七年所収)のはじめに書いているが、自分の著書を英訳するため、丹念に読むことになった。そして、「片子」のことについて後で述べると書きながら、それを後で取りあげていないことに気づいたのである。このときは何だか背筋に冷たいものが走るほどの感じで、自分は自分の運命について考えるのを忘れており、そのままにしておくと――片子の話の結末のような――悲劇が起こると感じた。父親が鬼、母親が日本人の「片子」とは、私にそっくりの状況と感じられたのである。つまり、西洋のユングの考えに従いながら、日本人としての自分の生き方を考えてゆくことは、多くの点で「片子」の苦しみを味わわねばならない。

スイスより帰国後二〇年ほども欧米と接触しなかった理由のひとつとして、自分の立場の不安定さがあった。日本古来の宗教や芸術などの専門家として、それを西洋に伝える、あるいは、教えるというのでもないし、西洋の学問に精通して彼らを超える能力を発揮するというのでもない。半分西洋、半分日本というような形で、どちらから見ても中途半端な感じがするのではないかと思っていた。ところが、中途半端は中途半端なりに、その体験を深めてゆくことによって、意味ある発言ができることがわかってきた。

アメリカで「片子」について話をしたとき、終った後でたくさんの人たちが寄って来られ、「私も片子です」と言われたので驚いてしまった。なかには二世の方や混血の方が居られた。そのようにすぐに「片子」とは考えられないような方が、私の言ったことは「いろいろに解釈することが可能で、たとえば、精神と肉体との間の「片子」などと言うことさえ考えられる」と言われたのが非常に印象的であった。講演後に貰った手紙のなかには、聴衆のひとりひとりが「自分のなかの片子」のことを思いつつ話を聴いた、現代人で心のなかに「片子」の居ない人はいないだろう、と書いてあったので、非常に嬉しく思った。私は自分のことを話しているつもりであったが、それは図らずも聴衆すべての人に通じる話になっていた。

欧米を訪ねて講演や講義をするときに、「中空構造」のこともよく取りあげた。このような神話に関する私の分析も、西洋の自我のことを意識してなされたものである。「統合」と「均衡」とを対比して考え、西洋の意識は前者を、日本人の意識は後者を重要と考えるのではないか、という点を両者の神話の構造の比較から明らかにしようとした。このことを欧米で語ると、やはり、それを単に「日本のこと」としてではなく、欧米人自身が現代における生き方にかかわるものとして受けとめられることがわかった。

もちろん、欧米人のなかには、近代の自我を中心に考えて生きている人もたくさん居ることは事実である。そのような人たちに対して、「中空構造」の意味を納得してもらうのは非常に難しい。しかし、現代の問題を深刻に受けとめている欧米の人たちが、私が自分自身のこととして考え、「日本人の心の深層」のこととして述べていることを、「わがこと」として受けとめるのを知ったのは、私にとって非常に意義深いことであった。「国際化の時代」に私の考えが役立っているのだ。

方法論について

前記のような体験は、私の評論、あるいはそのための考え方の方法論について新しい考えをもたらすものであった。私は数学などを専攻したくらいだから、何かにつけ方法論を考えるのが好きである。方法論がしっかりとしていない研究は価値がない、とかねがね思っていた。ともかく、私は「学者」というものに属しているのだから、研究が一番大切だし、そのためには自分の研究の方法論を常に意識していなくてはならない。

ところで、私は「学者」だと言ったが、自分が実際に思っているのは、何よりも「心理療法家」であるということである。その心理療法家としてよりよくあろうとすると、研究や学問を必要とする。そのような意味で、私は「学者」なのだが、心理療法に実際に役立つ研究や学問をしていると、どうやらそれは他の一般の「学者」のそれとは異なっている、と思いはじめた。そのなかのひとつが、たとえば、本書に収録されているような昔話や神話に関する評論である。これを「学問」における論文と考えるかどうかには、大いに疑問を持つ人も居るだろう。事実、これらを書きながら、私はいつも方法論のことを考えていたのである。

たとえば、「片子」の場合を取りあげてみよう。ここでこの論文を書くもっとも強い動機は、自分自身の「片子」の自覚であり、その問題を追究してゆかなければならないという内的衝迫である。そして、その中心点をあくまではずさずに論文を書くと、既に述べたように、実に多くの人に共感を得、それが意味をもつことがわかった。個から普遍への道と言ってもいいが、これは自然科学における「普遍」とまったく異なることを認識しておかねばならない。

自然科学の場合は、研究者はその「対象」と切断され、できる限り「客観的」に研究を行なう。その結果は研究者個人とは関係のないものとして「普遍性」をもつ。それをベースにつくられたテクノロジーは、誰でも手引どおりに操作する限り同様の結果を得るという普遍性をもつ。この方法があまりに有効であるので、「学問的」研究は、すべてこの方法によらねばならぬと思いこみすぎたと思われる。そのため「もの」を対象とする学問は急激に進歩したが、人間の関係性が問題となる領域において不毛な結果を積みあげることになったのではなかろうか。

私の方法はこれとまったく異なり、主観を棄てるどころか、あくまでそれを大切にして、それを依りどころとして研究をすすめる。そして、それに対する評価は、それに接する各人の主観的評価にかかわっている。したがって、自然科学のように、その方法論によって普遍性を主張しているのではない。極端に言えば、私一人が納得できればいいとさえ言えるが、やはり、ある程度の普遍性をもつためには、その追究の仕方や提示の仕方に工夫がいるし、何よりも、私自身の内的体験を深めることがもっとも大切である。

しかし、ここで言う体験を深めるとはどういうことであろう。それは明白で矛盾をもたない明るい意識に頼ることを避け、自分の心の奥底にうごめく、あいまいで不可解なイメージに対して、じっと目をこらし、そこから得るものを頼りにあくまで自分の責任をもって慎重に行動する。それはまたあらたなイメージを生み、判断に苦しむことも多い。しかし、決して明確にすること、まとめあげることを焦らないことだ。耐えて待っていると自分の意志ではなく、イメージそのものの方がだんだんと自《おの》ずから形を見せはじめるのだ。このような経験を積み重ねることが「深める」ということだと思う。

そのようにして把握したことを他に提示するときには、ある程度の工夫が必要である。たとえば、本書にも示しているように、昔話のことで言えば、類話をできるだけ多く調べたり、文化の異なる国の状況と比較することなども必要である。しかし、これらのことはあくまで傍証であったり、読者の「納得」を得るための工夫であったりすることを認識している必要がある。それは、自然科学におけるデータの積みあげによって自説を「立証」しようとする方法とは異なっている。

このような私の方法は日本においてのみならず、欧米においてもある程度通用することがわかった。しかし、アカデミズムの世界の一般的傾向は、まだこのようなことを明確に受けいれるようにはなっていないと思う。また私は、西洋的な自我や自然科学の方法を否定しようとしているのでもない。それらと共存して、このような新しい方法や考えを導入することが、これからの国際間の理解にも大いに役立つと考えているのである。自分が日本人として生まれてきたこと、その事実を深めてゆくことによってこそ、国際人として意味ある生き方ができるし、他と交際してゆくことができると考えている。

目　次

むかし語ってきかせえ！——
さることのありしかなかりしか知らねども、あったとして聞かねばならぬぞよ——

——鹿児島県黒島——

第1章　見るなの座敷

昔話は一体われわれに何を物語るのであろうか。昔話を非現実的で荒唐無稽なものとして、それにまったく価値をおかない人は多い。しかし、最近では「民話ブーム」などという言葉さえ聞かれるほどに、昔話に関心を寄せる人も多くなってきている。昔話に関する研究は多くの角度からのアプローチが可能であり、また必要でもある。民俗学、文学、宗教学などからの研究が可能であり、多くの業績が重ねられている。筆者は深層心理学の立場に立って、日本の昔話のなかに、日本人の心の在り方を見出そうとするものである。昔話に対する最近の関心の高まりは、急激な近代化や国際化の波にもまれて、日本の人々が己のアイデンティティを、古くから伝えられている昔話のなかに探し出したいという、意識的・無意識的な希求を示しているように思われる。しかしながら、そのようなことは果して可能であろうか。そのための方法論は確立しているのか。これらの疑問に対して理論的に考察することは暫くおき、むしろ、まず実際の昔話に直接にぶつかってゆく方法をとりたいと思う。抽象的な議論よりも、ともかく昔話のもつ直接的な衝撃力に触れることの方が、説得力が大であると思うからである。そこに生じる理論的な問題は、その都度考えてゆくことにしたい。そこで、日本の昔話の特徴をよくそなえていると思われる、「うぐいすの里」を最初にとりあげることにしよう。

1　うぐいすの里

「うぐいすの里」は美しくもあわれな物語である。後に示すように類似の物語は多く日本全国に存在しているが、岩手県遠野地方において採集された話(付篇1参照)を取りあげてみよう。若い樵夫《きこり》が野中の森に今まで見かけたこともない立派な館を見つける。彼はそのような館のあることを今まで見聞きしたことがなかった。人は時に日常の世界では遭遇し得ないものに出会うものである。彼はそこで美しい女性に会う。女は男に留守を頼んで外出するが、「つぎの座敷をのぞいてくれるな」と言い残してゆく。禁止は人間の好奇心への挑撥である。男は遂に禁を犯して座敷へと侵入する。そこは素晴らしい調度をそろえた座敷が続いていたが、七番目の部屋に到って、男はそこにあった三つの卵を手に取りあやまっておとしてしまう。帰ってきた女性はさめざめと泣きながら恨み言を言い、うぐいすとなって、「娘が恋しい、ほほほけきょ」と鳴いて消え去ってゆく。昔話の常として、残された男の感情については何も語られないが、何もかも消え去った野原に、ぼんやりと男が立っているシーンで、この話は終りとなる。

主人公の若い樵夫にとって、野中の森は以前からよく知っている場所であったであろう。しかし、ふとある日、彼はそこにそれまで見聞きしたことのない立派な館を見つける。われわれは、自分がよく知悉《ちしつ》していると思っている現実が、まったく思いがけない異なったものとして認識される経験をもつことがある。いつも見なれているはずの風景が、輝かしい存在として目に映ることもあれば、暗い深淵を潜ませたものとして迫ってくることもある。あるいは、美人と思っていた人が、醜く見えたり、時には夜叉のようにさえ見えることもある。現実というものは、計り知れぬ多層性をもっている。ただ、われわれが日常的に生きているときは、現実は一種の整合性をもち、われわれを何らおびやかすことのない単層的な様相を示しているのである。しかしながら、そのような表層を突き破り、深層構造が露呈されることがある。そのような体験を、昔話は実に豊富に物語っているように思われる。つまり、この例であれば、見なれた風景の中に突然にあらわれる館がそうであり、館に住む美女がそうである。このように考えてみると、多くの昔話において、主人公は、あるいは道に迷ったり、親に棄てられたりして、この世ならぬ存在と遭遇することが多いのに思いあたる。

現実の多層性は、それを認知する人間の意識の方に注目すれば、人間の意識構造の多層性ということになる。あるいは、それまで意識されず何かのときに意識化される可能性をもつ層を無意識と呼ぶならば、意識・無意識を含めた心の多層性ということができる。深層心理学は人間の心の多層性を仮定し、その深層構造をできるかぎり明らかにしようとするものである。昔話が既に述べたように現実の多層性について物語るものであってみれば、それはすなわち、人間の心の深層構造を明らかにするものとしてみることができる。「うぐいすの里」を例にとれば、若い樵夫が見た、見なれない立派な館、館に住む美女、そして彼女が見ることを禁止した座敷は、人間の心の深層構造を映し出しているものと考えられるのである。ここに示された「見るなの座敷」は、文字どおり簡単には見ることの出来ない、人間の心の深層を表わすものであろう。

さて、「うぐいすの里」の話は、関敬吾他編『日本昔話大成』(1)には、一九六八A「見るなの座敷」のなかに分類されていて、そこには数多くの類話が掲載されている。これらが伝播によったものか、あるいは独立に発生したものか、その問題には触れぬことにして、これらの類話における共通のパターンを探ってゆくと、なかなか興味深いことがわかる。そこで、それらを簡単に表に示してみた(表1参照)。これらは少しでも話の展開に差のあるものであり、採集地のみが記載されている同様の物語は省略したので、実際は、この表に示されているよりも、もっと数多くの話が採集、記録されているわけである。この表で、14―18の話には少し変化が生じているが、1―13までの話では共通に、主人公の男性が若い女性に会い、女性の禁じる「見るなの座敷」を見てしまい、そのために女性は消え去り、男性はもとの状態に戻るというパターンが認められる。ただひとつ(10の話)、若い男が爺さんになってしまった、というのがあるのみである。

日常的な空間からやってきた男性が、非日常的な空間に出現してきた美女に会う、というパターンは、全世界の昔話や伝説に存在していると言っていいのではなかろうか。たとえば、有名な「白鳥の湖」の話では、森の中に迷いこんだ王子は、白鳥が美女へと変身するのを見て心をうたれるのである。このような日常・非日常の空間構造を、心の構造として読みとると、意識・無意識の層と考えることも出来る。換言すれば、男性の無意識内には、特異な女性像が存在し、それとの出会いはその個人にとって重要であるのみでなく、極めて普遍性の高いものとして、世界の多くの人々に語りつがれるほどの意味をもつのである。このような普遍的なパターンの存在は、おそらく人類共通に、人間の無意識の深層には普遍的な層が存在することを示唆するものであろう。しかしながら、次節に明らかにするように、そのパターンは、ある文化や社会によって特徴的な変化をそなえているように思われる。つまり、昔話は極めて普遍的な性格と、ある文化に特徴的な性格とを共有しており、日本の昔話について、後者の点を明らかにしてゆこうというのが、本論の狙いなのである。

文化差の問題を論じる前に、「うぐいすの里」の話の特徴を明らかにしておこう。まず、うぐいすのことであるが、これは日本人に古来から愛されてきた鳥であることは周

の類話

見るなの座敷	座敷の中	結　　末
つぎの座敷	宝物，鶯の卵を割る	女は鶯となって去る 男はもとのまま
十二座敷	1年の行事	鶯の鳴き声 男はもとのまま
東の蔵と西の蔵	梅に鶯	鶯がとび立つ 男はもとのまま
2つの蔵の内の1つ	鶯	娘は鶯となる 男はもとのまま
12番目の奥の蔵	梅に鶯	女は男を追い出す 男はもとのまま
4つ目の蔵	稲の成長段階	女は白さぎになる 男はもとのまま(4年経過)
裏の蔵	桶の中の魚	女はホーホケキョと 鳴いて去る
箪笥	稲の成長段階	女は悲しみ残念がる 男はもとのまま
7番目の蔵	梅に鶯	女は鶯となる 男はもとのまま
12番目の座敷	山の神の座敷	女は鶯となる 男は爺となる
2番目の座敷	梅に鶯	女は鶯となる 男はもとのまま
4番目の蔵	梅に鶯	女は鶯となる 男はもとのまま
奥の座敷	卵を割る	女は鶯となる 男はもとのまま
3年間娘の姿を見るな		女は鶯となる 男はもとのまま
座敷	息子が羽をひろげて 寝ている	息子はどこかへ去る
12番目の蔵	大雪	女は飛んでゆく 和尚は吹雪で死ぬ
13番目の部屋	鶏がいる	禁を犯した女は 鶏になる
3番目の蔵	竜(男の父)	二人は結婚する

表1 「うぐいすの里」

	採集地	禁を犯す者	禁じる者	場所
1	岩手県上閉伊郡	若い樵夫	美しい女	野中の森
2	山形県最上郡	茶屋の番頭	きれいな姉さん	野原の中
3	長崎県南松浦郡	男	女(プロポーズ)	山の中
4	香川県丸亀市	旅人	美しい娘	道に迷う
5	鳥取県東伯郡	商人	娘(プロポーズ)	街道筋
6	鳥取県西伯郡	木こり	女	道に迷う
7	岐阜県吉城郡	男	若い女	山奥
8	山梨県西八代郡	二人の炭焼	娘	道に迷う
9	新潟県長岡市	男	女	かや野
10	新潟県西蒲原郡	木びき	女(プロポーズ)	山奥
11	新潟県栃尾市	男	きれいな娘	山奥
12	福島県いわき市	旅人	若い女	野原
13	岩手県花巻市	若者	女(鶯の報恩)	山に迷う
14	静岡県賀茂郡	男(プロポーズ)	美しい娘	りっぱな邸
15	福島県南会津郡	母	息子	自宅
16	山形県最上郡	若い旅の和尚	若い女	旅先の宿
17	岩手県下閉伊郡	女	女	薪とり
18	静岡県磐田郡	娘	男	旅先の宿

知のとおりである。「春を告げる」鳥として賞美されるわけであるが、日本人の間で何時頃からこのような傾向が生じてきたかは定かでない。『万葉集』には既に、うぐいすの歌が存在しているから、ともかく相当古くから、日本人にとって大切な鳥であったのだろう。『古今集』となると、うぐいすは春の鳥として大変な活躍ぶりである。『古今集』の仮名序には、「花になくうぐひす、みづにすむかはづのこゑをきけば、いきとしいけるもの、いづれかうたをよまざりける」と述べられていて、うぐいすがいかに日本人の美意識に訴えるところが大であるかを端的に表わしている。このように「美しく」、「春」と結びついたイメージの鳥が、美しい乙女の像へと結晶するのは、むしろ、当然すぎるほどのことであろう。『海道記』などに見られる説話のなかの「鶯姫」も、このような系統に属するものであろう。うぐいすの里に住む、若く美しい女性のイメージは、日本人の心の中に相当強く定着しているものと思われる。

さて、われわれの物語において、非日常的な空間において出会った男女は、どのようなことをなしたであろうか。この二人の関係を図示してみると、図1のようになる。樵夫の住んでいる町は明らかに日常の世界であり、山や野原も彼にとっては日常空間ということになろう。そこに彼がふとある日に見出した、見知らぬ館は日常の世界と非日常の世界の中間地帯と言うことができるであろう。そして、そこの女性が入るのを禁止した「見るなの座敷」こそ、非日常の世界と言うことができる。これを心の構造の方に還元すると、前者は意識の世界、後者は無意識の世界ということになる。

日常と非日常の世界の中間帯で出会った男女は、すぐに別れてしまい、女性が町で買物をしているとき、男性は「見るなの座敷」に侵入している。最後に彼らが再会するときは既に破局に到っていて、男性も女性もそれぞれもとの日常、非日常の世界へもどってゆく。これは抛物線を描いて運動する二つの彗星のように、二度の瞬時の遭遇の後には、永遠に会うことが無い。もっとも類話の中に、結婚のテーマをもつものがあり、それは、3、5、10、14、18である。3、5、10はパターンがよく似ており、男女が会うや否や女性がプロポーズするところが特徴的である。その中で特に、10の新潟県西蒲原郡の話では、最後に男が爺に変化して、彼の非日常の世界の体験が日常の世界の時間体験と異なることを示しているが、これなどは第5章に述べる「浦島太郎」の話型に極めて近似していることが解る。後述するような浦島の物語の変遷過程に照らし合わせると、「うぐいすの里」の物語も、女性の突然のプロポーズを含むものの方が古いのではないかと思われる。もっとも、これは

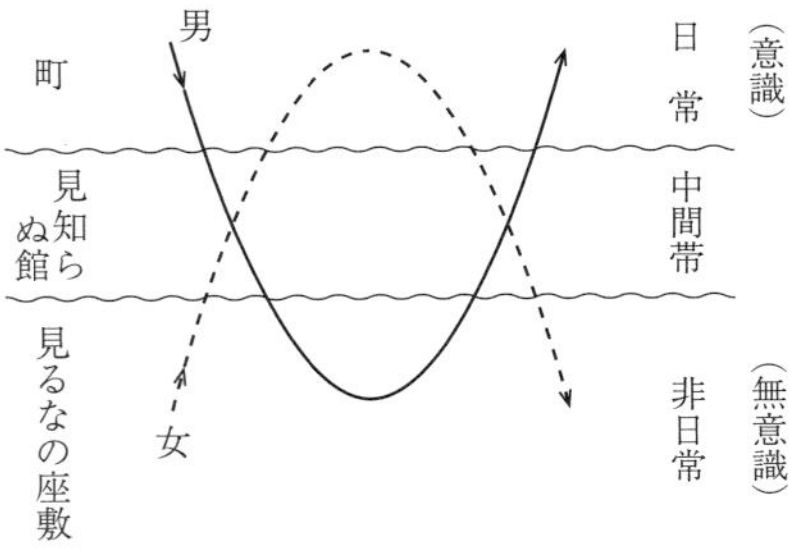

図1　男女の軌跡(うぐいすの里)

まったく推論の域を出ないことであるが。

女性からのプロポーズの意味については、第5章に論じることとして、ここではたとい結婚が行われたとしても、西洋の物語によくあるように、それが幸福な結末として生じるものではなく、むしろ最後は、はかない別れにつながるものとなることを指摘しておきたい。14の物語では、男性がプロポーズするが、女性の禁止を守れず、これも破局を招く点は同様である。ただ18の物語は、男女の結婚によって話が終るのみならず、禁じる者が男性で、禁を犯す者が女性であるなど、あらゆる点で異なっている。これは関敬吾も言うとおり「純粋な「見るなの座敷」ではない(2)」と考えるべきであろう。このように見てくると、特殊な例を除き、男女が二つの抛物線状の軌跡を描き、二度の出会いにも拘らず別れてゆくパターンは相当確定的なものと考えられる。(多くの同様のパターンをもった類話は表1に示す以上に存在していることも留意して頂きたい。)

ところで、禁を犯したために結婚が破局に到ったと考えるならば、もしも、男が女の禁を守った場合どうなるであろう。二人は結婚することになるであろうか。『日本昔話大成』に一九六Bとして分類されている「見るなの座敷」の物語は、女性の禁止を守った男性のことを述べている。ところが、この話では男性はお爺さんとなり、いわゆる「隣の爺」型の話となっていて、結婚のテーマは生じないのである。たとえば、青森県三戸郡の「見るなの座敷」によると、「よいお爺さんと悪いお爺さんが山里に住んでいた」というお話になる。よいお爺さんは「きれいなお姫様」に会い歓待される。姫は町に買物に行く間、お爺さんに留守を頼み、一二の座敷のうちの二月の部屋のみを見ないように言う。お爺さんは言いつけを守っていると、姫が帰ってきて、何でも望みどおりの料理が得られる箆《へら》をくれる。爺さんは家に帰り婆さんと喜んで箆で食事をつくって食べていた。そこへ隣の欲深い婆さんが来て、これを知り、悪い爺さんを山へ行かせる。爺さんは姫に会うが、禁を犯して二月の部屋を見てしまう。すると、一羽のうぐいすが飛び去ってゆき、そこはもとの野原の木の下であった、ということになる。

この話の類話もある程度採集されているが、一九六Ａとして先に示した話の方が類話の数ははるかに多い。このＡ型とＢ型との関係、および、もしどちらかが古いものとするならば、どちらであるのかなどは簡単に断定しがたい。これについて資料的には何も明確に言えないが、たといＡ型の話をハッピー・エンドに変えようという意図がはたらいて、禁止を守る話に変えてみても、やはりわが国の昔話における結婚話の回避傾向が強く、「隣の爺」型になったのではないかと思われる。Ｂ型の話に類話が少ないことと、うぐいすの鳴き声を「法華経」と結びつけ、悪い爺さんの行為によって法華経を唱え終るのを妨害された、という展開になるのが多く、後代の修飾がうかがわれることも、Ｂ型をＡ型の後とする推論を裏づけるように思われる。ただ、Ｂ型の場合においても、若い女性は最後に消え去るものとして描かれているのが特徴的である。よいお爺さんにとっては、ハッピーな話であるにしても、この女性にとってはハッピーな話とはならなかった。話をハッピーにするための改変が行われても、この女性が消え去る運命は変更することができなかったのである。

2　文化差の問題

昔話は全人類に共通と言ってよいほどの普遍性と、その属する文化に特徴的と思われる側面とをあわせ持っていると述べた。そのことを明らかにするために、この「うぐいすの里」の話を取りあげて考えてみよう。そのためには世界中に存在する類話と比較することが必要だが、『日本昔話大成』の「見るなの座敷」A・B型は、その類話としてアールネ＝トムソンによる話型分類による、AT 480, 710 があげられている。類話を決定することはなかなか難しいことである。第7章に取りあげる「手なし娘」のように、わが国の話とほとんどそっくりと言ってよいほどのものをヨーロッパの昔話に見出せることもあるが、なかには類似のものが簡単に見つからないものもある。そのときは、その話の展開のうちでどのモチーフに重きをおくかによって類話の種類が異なってくる。というよりはむしろ、ぴったりの類話をなかなか見出し得ないというべきであろうが、「うぐいすの里」もその類であり、従って、一つの話があげられているわけである。そのうちAT 480の方は、「親切な少女と不親切な少女」の物語であり、非日常の世界にはいりこんだ親切な少女は幸福を獲得するのに対して、不親切な少女は不幸になるという話であり、「隣の爺」型の二人の主人公の対比による話の展開に重きをおいた類話である。これに対して、AT 710の方は、「見るなの座敷」の存在を重点において、類話と考えられたものである。これはグリムの「マリアの子ども」(KHM 3)[3]であるが、話の展開は「うぐいすの里」と相当異なっている。つまり、「見るなの座敷」のモチーフは普遍性の高いものであるが、それの取り扱い方には、文化差が大いに関連してくるというわけである。このことを実感して貰うために、「見るなの座敷」のモチーフをもつ物語として、グリムの中の「忠臣ヨハネス」(KHM 6)と、キプロス島の「三つ目男」を、章末に載せておいた(付篇2、3参照)。読者はこれらをまず読んで、彼我の話の差を実感して頂きたいと思う。こんなわけだから、厳密な意味では「うぐいすの里」は、少なくともアールネ＝トムソンの収集した話の中に類話を見出し得ないようなものと言っていいだろう。確かに、これは極めて日本的な話ではないかと思われる。

このように大きい差はあるが、文化差の問題を追究するために、「見るなの座敷」(forbidden chamber)のモチーフについて、比較検討してみたいと思う。このモチーフは、全世界の昔話に生じるものであり、トムソンのモチーフ・インデックス[4]にはC 611として分類され、多くの話が記録されている。わが国の「見るなの座敷」と比較対照してみる

座敷」の類話

見るなの座敷	座敷の中	結末
秘密の部屋	先妻たちの死体	女は殺されかかるが兄に助けられる→結婚
〃	王様の庭	王により娘は殺されるが後，結婚
〃	夫の真の姿を見る	女は夫に殺されかかるが，王に助けられ王子と結婚
〃	馬(王子)	男は魔女から逃れ，後に王女と結婚
〃	死体	姉二人は殺され，末娘は他の助けにより夫を殺す
13番目の扉	三位一体の本尊	娘は天国を追われる．後，王と結婚
秘密の部屋	女性の絵姿	王子は女性を訪ね，結婚

ため、小澤俊夫編『世界の民話』[5]中にある「見るなの座敷」のモチーフをもつ物語五篇に、グリムの昔話にある前記の「マリアの子ども」と「忠臣ヨハネス」とを加え、日本の昔話の際と同様に表2に示してみた。これによって西洋の「見るなの座敷」の昔話を網羅できたわけでもなく、また、筆者はアジア、アフリカなどの昔話に精通していないので(『世界の民話』のなかのアジア、アフリカなどの物語には「見るなの座敷」はなかった)、「統計的」な比較をこころみることは無意味なことである。しかし、これだけで見るかぎり、日本の物語との差は歴然としている。

まず、西洋の物語では、禁じる者と禁じられる者の関係が、夫と妻、父親と娘または息子、マリアさまと娘、女主人としての姫とそこに仕える男(ベロニック)のように、一般社会の通念によって優位に立つものと、劣位に立つものとの関係が明

表2　外国の「見るなの

	題　名(採集地)	禁を犯す者	禁じる者	場　　所
1	青ひげ(フランス)	女	男(青ひげ)	青ひげの館
2	賢いマリア(ポルトガル)	娘	父	自　　宅
3	三つ目男(キプロス島)	女	夫(三つ目男)	三つ目男の家
4	ベロニック(ブルターニュ)	9歳の男	姫(魔　女)	魔女の館
5	盗人の嫁もらい(クロアチア)	娘3人	夫(盗　人)	森の中の小屋
6	マリアの子ども(ドイツ)	娘	マリア	天　　国
7	忠臣ヨハネス(ドイツ)	王　子	父(王)	城

瞭である。日本の場合、ほとんどの話において、女性が禁じる側になっているのが興味深い。ただ、日本の話では、18のみが男性が禁じる側で女性が禁を破る側になっているが、この話は後の展開も西洋型に近似している点が注目に値する。特に若い男女の場合について考えると、外国の1、3、5はすべて男性(夫)が禁じる側になっている。ところで、このような禁止が与えられる場所に注目すると、父親が禁じる者となっているとき(2、7)、それは彼ら親子の家の中であり、完全に日常世界に属している。続いて、前述の夫が禁止者となるとき、それはすべて夫の家の中のことであるが、これは夫なる人物の二面性から考えて、日常世界と非日常世界の中間に位置していると思われる。続いて、4、6の物語はそれぞれ魔女の館、天国と既に非日常の世界に属しており、そこで禁止を与える者は、魔女、マリアなど超人的な存在

である。これをまとめると表3のようになって、ひとつの傾向を示しているように思われる。その点については後に考察するとして、ここでは、この日常・中間帯・非日常の三区分を、それぞれ意識・中間帯・無意識にあてはめて考えると、西洋人の心の構造を考える上で適切なモデルを提供してくれるものとなることを指摘するにとどめておこう。

このことを踏まえて、われわれの日本の物語をみると、前述のような西洋のルールに従っていないことは明瞭である。意識・無意識あるいは、日常・非日常の世界において、誰が禁じる者となるかは明らかではないが、少なくとも、その中間帯において、禁じる者となるのは、西洋とは逆に若い女性なのである。しかも、彼女は町へも自由に出かけて行くわけだから、日常の空間への出入りも可能な存在なのである。

表3　外国の「見るなの座敷」における禁じる者と禁じられる者

	禁じる者	禁じられる者
日　常	父	娘・息子
中間帯	夫	妻
非日常	魔女・マリア	子供(男・女)

「見るな」の禁止が破られた後の話の展開において、彼我の差はますます明らかとなる。関敬吾は、「見てはならないといわれた部屋を見たものよりはかえって見られたものが、タブーを犯したものよりは犯されたものが不幸な結果になっている(6)」と述べているが、確かにタブーを犯したものに何らの罰が与えられず、タブーを犯されたものは悲しく立ち去ってゆくのである。西洋の場合も、結局はタブーを犯したものが勝利するの

表4　日本と西洋の比較

	禁じる者	禁を犯す者	部屋の中	罰	結　　末
日本	女	男	自然の美	無罰	女は消え去り，男はそのまま
西洋	男（夫）	女（妻）	死　　体	死刑	他の男性の出現による救済

であるが、その前にタブーを犯したことに対する罰がまず与えられる。トムソンのモチーフ・インデックスを見ると、タブーを犯したことに対する罰がいろいろとあげられているが、その中に「無罰」という項目はなかった。しかし、わが国の話は明らかに無罰型である。ただ、せっかく得かかった幸福を手にできなかったという意味では、消極的な罰を与えられていると見ることはできる。それが5の話のように、「女は男を追い出す」、16の「和尚は吹雪で死ぬ」というようになると、少し積極的な罰の感じに近くなってくる。17の「鶏になる」のは明らかに罰であるが、この際、禁を犯す者も女性であり、基本的なパターンが最初から破られていることに注目すべきである。

禁制が破られたとき、特に西洋における日常・非日常の中間帯における場合と、日本の場合とを比較すると、多くの点で差が認められる。それを表4に示しておいた。まず、禁じられた部屋の中に見るものは、日本の場合、梅にうぐいすなどの春の景色、あるいは稲の生長の姿などの自然の美であるのに対して、西洋の方は、死体や、死体を食う夫の姿などである。そして、与えられる罰は日本では無罰であるのに対し、西洋はすべて命を奪われることになる。青ひげの先妻や、「盗人の嫁もらい」の三人の娘のうちの姉たちのように、既に殺された女もある。そして、その結果、日本の場合はタブーを破られた女性が悲しくその場を去り、男はそのままそこに残されるのに対して、西洋では女性を助ける他の男性が登場する。それは、兄や父親、王様であったりするが、その男性の力によって恐ろしい男性を殺してしまう。そして、クロアチアの物語以外は、幸福な結婚の話へと展開してゆくのである。

「見るなの座敷」という共通のモチーフをもちながら、今まで見てきたように、日本の昔話と西洋のそれとでは話の展開が大いに異なっている。特に、ハッピー・エンドとしての結婚という点に注目すると、このことは、わが国の昔話において、全体としてたとえばグリムの昔話などと比較すると相当少ないことに、誰しも気づくことであろう。この点を端的に示しているエピソードを、ソ連の昔話研究家チストフが述べている。(7) チストフは日本の昔話「浦島太郎」を孫に読んできかせてやった。浦島が訪れた竜宮の美しさについての描写が続く間、チストフは孫がまったく興味を示さず、何か別なことを期待しているのに気づいた。彼が孫に何を考えているのかを聞くと、「いつ、そいつと戦うの?」と孫は言った。つまり孫は「英雄」浦島が「怪物」竜王を退治する戦いを期待していたのである。ソ連の子どもにとって、「主人公が竜と戦わず、また物語に出てくる竜王の娘と結局のところ結婚もしなかった理由はとうとうわからずじまい」ということになってしまう。これと同様のことは、西ドイツの昔話研究者レーリヒも指摘しており、「日本の昔話ではほかならぬこの結合が欠けている場合が多いように思われます[8]」と述べている。彼が「ほかならぬこの結合」とわざわざ述べているのは、ヨーロッパの本格昔話では、魔法からの救済と求婚の成功という一連の冒険が語られることが多い事実を踏まえて言っているのである。

このように言っても、もちろん日本の昔話のなかに結婚がテーマとなっているものも存在する。そして、柳田國男も指摘しているように、昔話が「童話化」するときの大人たちの子どもに対する配慮や、あるいは儒教の影響などによって、結婚のテーマが脱落していったことも考えられる。確かにそのような側面もあろうが、一方では「馬喰やそ八」のような、結構、悪者が大成功する話や、怠け者やずるい者が成功する話も多く残されているので、簡単に、既述のような影響によって結婚話が減少したとは考えられないのである。

以上見てきたように、日本の昔話は西洋のそれと異なる特徴をもっている。これは、人間の心は全体としては変りはないにしろ、その表層にある意識構造には相当の差があり、それこそ個人差や文化の差を生ぜしめているものと考えられる。つまり、人間は意識によって、ものごとを把握するのであるから、人間の無意識の深層は人類に普遍的なものであるにしろ、そのような内容を意識化しイメージ化して物語をつくるとき、表現されたものが意識の在り方によって差を生じてくるのも当然である。そこで、次節において、意識の在り方という点について考察してみたい。その際に、本節において明らかにされた、わが国の昔話における結婚話の少ない事実をも考慮にいれて考えてみたい。

3　意識体系

人間の意識構造は、そのときに意識していることのみでなく、必要に応じて意識することの可能な心的内容もすべて含めて考えると、何らかの体系をもち、ある程度の統合性をもっているといえる。また、ある程度は他からの影響を受けるにしろ、自分の行為を決定する主体性も有している。ある個人は、そのような統合性と主体性をそなえた意識構造をもつものとして、その人格が認められるわけである。ここで、そのような統合性と主体性の中心を自我とよぶことにしよう。自我の機能についての詳細な議論はここでは省略するとして、西洋近代に確立された自我というものが、全世界の精神史のなかで極めて特異なものである点に注目したいと思う。近代に確立された西洋人の自我は、その自立性や統合性の高さ、無意識や外界からの影響に対する防禦の強さなどにおいて他に比類を見ないものである。このような特異な自我は、どのような過程を経て形成されてきたのかを、ユング派の分析家エーリッヒ・ノイマンは極めて興味深い方法で記述している。すなわち、このような発達過程の根源的な様相を、神話的イメージによって見事に把握しているのである。ノイマンが名著『意識の起源史』(9)において明らかにしたことは、西洋人の自我確立の問題に対してのみならず、神話研究における新しい視座を提供するものとして高く評価されたものである。昔話のようにイメージに満ちた対象を研究するにあたって、ノイマンの説は非常に有用なものであるが、筆者としては、彼の説に準拠して日本の昔話を解釈したり分析したりしようとするものではない。日本の昔話を研究するためには、そのような西洋からの借りものでなく、独自の方法があると思われるし、それを見出してゆくことに本論の狙いのひとつもあると考えている。しかしながら、われわれは「学問」としては西洋の考え、方法論に強く影響されてきたことは事実であるので、一応、西洋の近代的自我の成立過程を念頭においておくことは必要と思われる。そして、それとの対比の上で、日本人の心の在り方を探ろうとするのである。次に、ノイマンの『意識の起源史』に述べられていることを、ごく簡単にスケッチしてみよう。あまりに簡略化して述べるので、あるいは、解りにくいかと思われるが。

自我確立の過程の一番最初は、多くの天地創造神話に示されるようにカオスの状態にある。つまり、意識と無意識は分離されず混沌のままである。この状態を象徴的に表わしているのが、古代から存在しているウロボロスの象徴である。ウロボロスは、自らの尾を呑みこんで円状をなしている蛇で表わされ、バビロン、メソポタミア、グノーシス主義をはじめ、アフリカ、インド、メキシコ、中国などに認められ、ほぼ世界的に遍在している。この象徴は、頭と尾、上と下、はらむものとはらませるもの、などが未分化な円環をなし、根源的な無意識を表わすのにふさわしいものである。

このウロボロス的な未分化な全体性のなかに、自我がその小さい萌芽を現わすとき、世界は太母《グレート・マザー》の姿をとって顕現する。太母の像は全世界の神話や宗教のなかに重要な地位を占めている。有名なヴィレンドルフのヴィーナスのように肉体的な面が強調されるものから、キリスト教におけるマリアのように精神性が強調されるものまで、いろいろなヴァリエーションがある。萌芽としての弱い自我にとって、世界が自我を養い育てる母として映るか、あるいは、出現し始めた自我を呑みこみ、もとの混沌へと逆行せしめる恐ろしい母として映るか、それに従って太母の像は肯定的あるいは否定的に認識される。わが国の例で言えば、何でも受けいれ、育ててくれる肯定的な太母像としては観音菩薩がその一例であろうし、何ものも呑みこむ否定的な太母像としては、後にも取りあげる(第2章参照)昔話の中の山姥などをあげることができる。日本神話におけるイザナミは、国生みをはじめ多くのものを生み出す神であると同時に、死後は死の国の女神となるので、肯定・否定両面をそなえた太母像を示すと考えられる。

このような太母のなかで育っていった自我は、次の段階において、天と地、父と母、光と闇、昼と夜などの分離を体験する。神話的表現としては、これは多くの創世神話における、天と地の分離や、闇の中にはじめて光がもたらされる物語として表わされる。ここにおいて、意識が無意識から分離されたことになる。

人間の意識の発達段階は、ここで画期的な変化を迎える、とノイマンは言う。それはこれまでの段階が創世神話によって表わされたのに対して、いわゆる英雄神話によって表わされる。無意識から分離された意識が、その自立性を獲得し、人格化されることは、神話のなかの英雄像によって顕現される。英雄神話も全世界にわたって存在するが、その根本的な骨組に注目すると、英雄の誕生、怪物退治、宝物(あるいは女性)の獲得という主題によって構成されている。

英雄の誕生、それは常人と異なる英雄であるのにふさわしい異常な誕生が物語られることが多い。ギリシア神話の英雄たちが、人間である女性と主神であるゼウスの間に生まれた子として伝えられるのも、このような意味である。わが国の昔話で言えば、桃太郎の誕生など、その典型であろう。この英雄が怪物退治を行うのであるが、これをフロイト派の分析家は、息子による父親の殺害と考え、エディプス・コンプレックスへと還元して解釈する。これに対して、ユングはこのような神話を個人的な父と息子という肉親関係に還元することに反対し、このような怪物を元型的な母なるものや父なるものの象徴として理解しようとした。つまり、怪物退治は父親殺し、母親殺しの両面をもち、それは肉親としての父母よりも自分の内面に存在する元型的な存在に対するものと解釈したのである。

ここに行われる母親殺しは、従って、自我を呑みこむものとしての太母との戦いであり、自我が無意識の力に対抗して自立性を獲得するための戦いであると考えるのである。このような象徴的な母親殺しが行われてはじめて、自我は相当な自立性を獲得する。さらに、父親殺しとは、文化的社会的規範との戦いであり、自我が真に自立するためには、無意識からだけではなく、その文化的な一般概念や規範からも自由になるべきであり、そのような危険な戦いに勝ち抜いてこそ、自我はその自立性を獲得しうると考えられる。

このような戦いの後で、勝利の結果として英雄は何かを獲得する。それは多くの西洋の物語の場合、たとえばペルセウスの英雄像に典型的に示されているように、怪物に捕えられていた女性と結婚するという結末となる。これは簡単に言えば、母親殺し、父親殺しの過程を経て、自らを世界から切り離すことによって自立性を獲得した自我が、ここに一人の女性を仲介として、世界と再び関係を結ぶことを意味している。これはウロボロス的な未分化な合一による関係ではなく、確立した自我が他者と新しい関係を結ぶことである。

これがノイマンの説の概略であるが、ここで特徴的なことは、自我が男性像によって示されていること、および、到達点としての結婚の重視という二点である。まず、男性像の問題であるが、ここに大切なことは、ノイマンの説に現われる男性、女性はあくまでも象徴[10]として用いられているもので、現実の男性、女性とは区別して考えるべきことである。たとえば、彼は「逆説的に見えることだろうが」と断りながら、「女性にとってさえ、意識が男性的性格をもつことは基本的な法則」であると明言している。「意識―光―昼」という連関に対立して、「無意識―闇―夜」という連関が存在し、「無意識が男性にとって女性性をもつのと同様に、意識は女性においてさえ男性性をもつ」と述べている。ここで、ノイマンは男性(men)・女性(women)に対して、男性性(masculine)・女性性(feminine)という用語を区別して用いている。前者は人間としての男、女を指すのに対して、後者の場合はそれぞれ象徴としての男性像、女性像によって表わされるもの、を示していると考えられる。もちろん、このように言っても、この両者はわれわれの心の中で混交され、男性と女性の問題を論じる際に無用の混乱を生ぜしめているようにも思われる。ともかく、ノイマンの述べているのは西洋のことであり、彼は世界の精神史のなかでも、西洋における近代的自我は極めて特異なものであるとし、無意識から明確に分離され、無意識の影響から自由になり、それを支配しようとする傾向の強い意識を父権的な意識(patriarchal consciousness)と呼んでいる。これに対して無意識の力が強く支配的で、意識が充分な自立性を獲得していないとき、それを母権的な意識(matriarchal consciousness)と呼んで区別している。そして、真に近代的な女性は父権的意識をもっており、従って、その自我は前節に述べた男性の英雄像で示される、と結論するのである。

ノイマンはここで、男性性、女性性、父権的、母権的という表現が象徴的な意味であって、個人としての男性、女性、社会制度としての父権、母権とは異なることを繰り返し述べている。確かに、母権的、父権的意識ということと、社会制度としての父系制、母系制、および父権制、母権制ということは微妙にからまり合うものではあるが、同一のものではない。人間の意識の発展過程を西洋中心的に考えると、母権的意識↓父権的意識という流れは誰にも気づかれるところであるが、これを直ちに社会制度に投影して、どのような文化でも父系社会の前に母系社会が存在したと即断することはできない。あるいは、遊牧民族と農耕民族とを比較すると、心理的には前者が父権的で後者が母権的であることが大体に認められるが、そこからすぐに前者はすべて父系家族制であり、後者が母系家族制をもつと推論したりするのは誤りであると思われる。意識構造と社会構造は必ずしも一致しないのである。たとえば、戦前のわが国の状態は、心理的には母性優位であるが、社会制度的には父権的であったと考えると、よく理解される。

西洋人の自我についての以上のような考察を踏まえて、西洋の「見るなの座敷」の物語において、禁じる者と禁じられる者との関係を示した表3を見ると、なかなか興味深いことがわかる。まず、日常の世界、これを意識の層とみてもよいわけだが、ここは父親が禁止を与えるものとなっており、これは西洋人の意識が父性原理によって統制されていることに符合している。そして、非日常つまり無意識の世界では禁止する者はグレート・マザーの姿となっている。ここで禁じられる側の子どもの像は、意識の世界における父と子の関係のように血のつながりによるものではなく、個人的なつながりを超えて、グレート・マザーの統制に従うものとなっている。ところで、この両者の中間帯に、夫と妻の関係が存在している。つまり、それは親子という上下の関係ではなく、一応男性が禁じる者、女性が禁じられる者にはなっているが、横の関係になっているわけである。このような異性の結合が、従って、意識と無意識との統合のイメージとなり、重要な意味をもってくるわけである。このように見てくると、表2の「結末」欄の記述は西洋人の心の構造を的確に反映しているものとして興味深い。ところで、このように重要視される「結婚」のテーマが、なぜ日本の昔話には、あまり生じないかということを考慮しつつ、もう一度「見るなの座敷」の例に戻って、この話は何をわれわれに告げるものであるかを考えてみたい。

4　何が起こったのか

「見るなの座敷」というモチーフは、相当普遍性の高いものであることが解ったが、それと同時に、そこに物語られる話の展開には文化の強い影響があることも認められた。

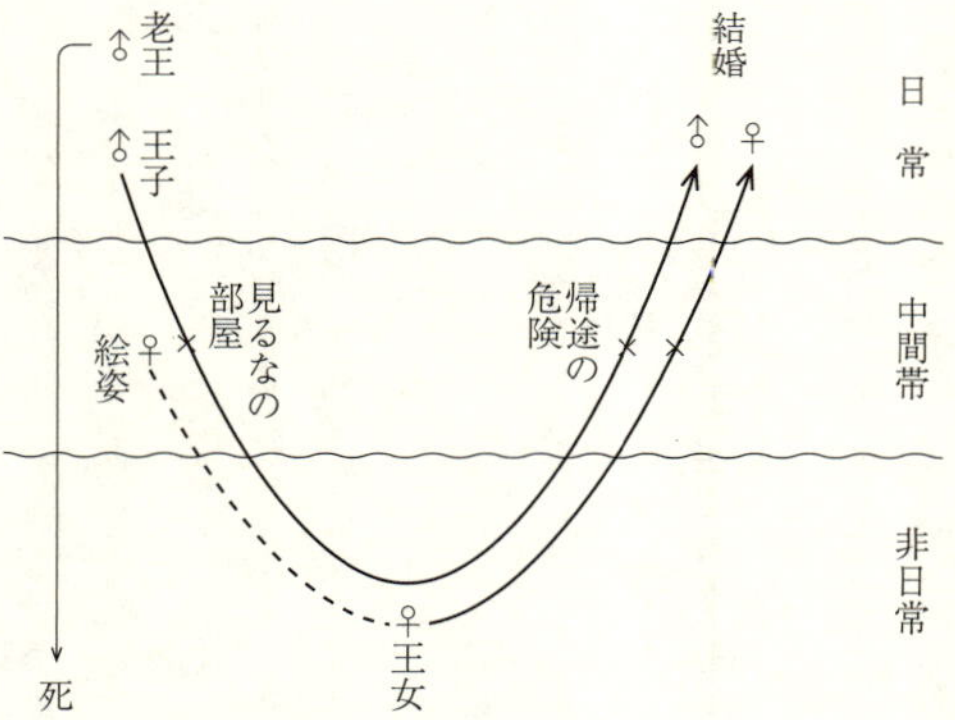

図2　忠臣ヨハネス

そこで、日本の「見るなの座敷」が、どのような特徴をそなえているのか、それはわれわれに何を物語るのかを考えてみようとするのであるが、そのためには比較対照する意味において、まず、西洋の物語について考えてみたいと思う。

「うぐいすの里」で禁止を破るのが男性である点に注目して、同じく、男性が禁を犯すヨーロッパの昔話「忠臣ヨハネス」を取りあげてみよう(付篇2参照)。これについては既に他に論じたこともあるので[11]、あまり詳しくは述べないが、日本の話を理解するためには、どうしても先に触れておくべきと思うので、われわれの話との対比に重点をあてて、簡単に述べてみたい。この話の展開を図1にならって示してみた(図2)。

図2を見ると明らかなように、最初は老王と王子、つまり「父と息子」の関係である。ここは父性原理が完全に優位する世界であり、王妃や王女などの女性が全く登場しない

のが特徴的である。しかし、老王が死の床についたことは、それまで優位を保っていた父性原理が生命力を失い、何らかの意味での革新を迫られていることを示している。ところで、王子は父親の禁止を破り、「見るなの部屋」に入って、「黄金茸《こがねぶ》きの館の王女」の絵姿を見てしまう。死んでゆく父親の息子に対する期待にはジレンマがある。彼は意識的には、息子が自分と同様の父性原理によって、彼の王国を統治してゆくことを願っているが、無意識的には、自分の為し遂げられなかった仕事――つまり、新しい女性原理を自分の国にもたらすこと――を、息子がやり抜いてくれることを期待している。しかも、後者の危険を充分に知っている王としては、わざわざ黄金茸きの館の王女の絵を一室に隠し、それを見てはならないと言い残すような、矛盾した行動をとらざるを得なかったのであろう。「見るなの部屋」のもつ心理的な意味は、このように考えるとよく解るのである。禁を犯した息子は、絵姿に魅せられて恋心を抱く。彼の希望を成就するためには、忠臣ヨハネスの存在が極めて重要であったが、今はその点については省略しておこう。ともかく、王子はヨハネスの機智と忠節によって、危険を克服し、王女と結婚することができる。

　この物語の展開は、前節に示したノイマンの説にそっくりあてはまるものではない。しかしながら、男性原理の支配する文化における、自我の確立過程を示しているものと考えられる。つまり、前節に述べたように、男性の主人公として登場した王子は、自我を象徴しており、父親の禁止を破り、危険を克服して、女性を獲得することになる。このことを、もう少し一般化して文化的に見ると、男性原理が強く支配するヨーロッパ文化圏において、女性性をいかに獲得し、補償するかという動きを示しているものとも考えられる。男性と女性、日常と非日常の統合によって、以前よりは高次の統合が完成するのである。

このように、西洋の「見るなの座敷」は、それが何を意味するかを比較的明確に言うことができる。これに対して、日本の話はどうであろうか。わが国の物語のヒーローは、せっかくこの世ならぬ美女に会いながら、最後はすべてのものが消え失せた野原に、茫然として立ちつくす、ということになってしまう。いったい何が起こったのであろうか。スイスの有名な昔話研究家マックス・リューティは、日本の昔話が西洋のそれと異なる点について論じているなかで、「禁令の違反はヨーロッパの昔話の場合のように冒険をよびおこし、それによって主人公の身分が上がっていくということはまれのようで、ヨーロッパで言えばむしろ伝説の場合のように、すべてを失った無の状態に至るのです(12)」と指摘している。確かに、「うぐいすの里」においても、禁令を犯した若者は冒険をすることもなく、最後は「すべてを失った無の状態に至る」のである。実際、ヨーロッパの昔話の分析に慣れてきたものにとって、日本の昔話は極めて扱いにくいものなのである。これを、ノイマンの説に当てはめて、ノイマンの言う意味での自我確立の段階の相当低いところに止まっているものとか、ウロボロス状態への退行とか、決めつけてみてもあまり面白くない。それよりも、これはこれなりに観点を変えて見るときは、それ相応の深い意味をもっていると言えないであろうか。そのような点を探し出してこそ、日本の昔話を分析し得たことになるのではなかろうか。

わが国の「見るなの座敷」において、それではいったい何が起こったのであろうか。本当に何も起こらなかったのであろうか。ここでわれわれは、何が起こったのかという考えにとらわれるよりも、一転して、何も起こらなかった、ということを積極的に評価してみてはどうであろうか。何も起こらなかったとは、つまり、英語の表現 Nothing has happened をそのまま借りて、「無」が生じたのだと言いかえられないだろうか。このような観点に立つと、ひとつの昔話が「無」を語るために存在している、というように受けとめられてくるのである。マックス・リューティの言う「無の状態に至る」結末は、否定的な意味合いをこめているが、これを肯定的に解釈することも可能である。本来「無」は否定も肯定も超えた存在である。このように観点を変えると、図1に示した二点で交わる二つの抛物線が、一円相へと収斂してくるのが感じられる(図3参照)。それは、日常・非日常、男・女などの区別を超えて、一切をその中に包含してしまう円へ変貌する。それは無であって有である。

このような「無」の直接体験は、おそらく人間の言葉を奪ってしまうものであろう。

日常・非日常の区別を超えると言ったが、それは主体と客体をもひとつの円のなかに包摂してしまい、それを客観化し、言語化することを不可能とならしめる。しかしながら、そのような「無」はそのまま言語化し得ないにしろ、そのはたらきの一端を何らかの意味で言語化しようと努めるとき、それはひとつの解釈としてあらわされる。このように考えると、昔話そのものが、ひとつの解釈であることが解る。「うぐいすの里」の話は、根源的な無に対する民衆の与えたひとつの解釈なのである。ではその内容はどうなのか。「うぐいすの里」の最初のシーンと最後のシーンは不変である。要するに何事も起こらなかったのだ。あるいは、もしそこに運動があったとしても、出発点と終結点は同一地点であり、それがどこの地点でもあり得るという、円周なのである。円の中は空であり無である。しかし、無とは何かとなお問いかけてくる人に対しては、昔話は「梅にうぐいす」という答えを用意している。あるいは日本人にとって最も大切な、稲の生長のすべてがそこに示されたように、それは「すべてのこと」と答えているとも考えられる。

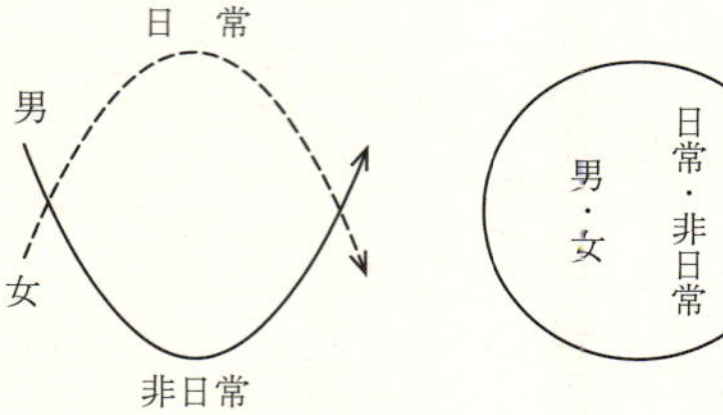

図3　一円相への収斂

ここに述べたことを簡単にして、「何が起こったのか」、「無」。「無とは何か」、「梅にうぐいす」というように表現すれば、これは禅家のいう問答になっているようにも思われる。筆者は禅についてはは無知であるので、このように言うのは軽薄のそしりを免れ得ない。しかしながら、「禅の問いは根本的には「自己とは何ぞや」という問いの発現である」(13)という上田閑照の言葉に照らして考えるとき、昔話は「自己とは何ぞや」という問いに直接的な答えを用意するものではないにしても、少なくともそれに対する解釈を提供しているものと言うことはできる。昔話というものは、言うなれば、「自己」という書かれざる経典に対する民衆の知恵に基づく解釈なのである。近代人はそのような知恵からあまりにも離れたため、昔話の解釈などという屋上屋を架することさえ必要となったのであろう。これは本来的には不必要なことである。

昔話の解釈が蛇足であることを了解した上で、もう一度、虚心に「うぐいすの里」と「忠臣ヨハネス」を読みなおしてみよう。この二つの話から受けるインパクトの質的な差を誰しも感じられることであろう。西洋の物語は、それ自身がひとつの完結された形をもち、その完結性がわれわれの心を打つ。これに対して、わが国の物語は、むしろそれ自身としては完結していないように見えながら、その話によって聞き手が感じる感情を考慮することによってはじめて、ひとつの完成をみるものとなっている。つまり、日本人であるかぎり、黙って消え去ってゆく女性像に対して感じる「あわれ」の感情を抜きにして、この話の全体を論じることはできないのである。西洋の物語は、それのみを対象として分析、解釈し得る完結した構造をもっている。これに対して、日本の物語は、物語のみを対象と考えるならば、それは既に明らかにしたように、分析を拒否する構造をもっているのである。このような事実が、日本の昔話の分析を著しく困難なものとし、あるいは既に示したように西洋の研究者の戸惑いを誘発するのである。そして、われわれ日本人も西洋の方法論に頼ろうとするかぎり、日本の昔話の分析は極めて困難になるか、西洋に比してつまらない物語であるとの断定を下すより仕方がなくなるのである。

聞き手に生じる「あわれ」の感情ということを述べたが、その「あわれ」とは、われわれの物語に即して言えば、完結に至る寸前における、プロセスの突然の停止によって引き起こされる美的感情である。若い男が美しい女性に会う。そして、その女性の住家の美しさが次々と語られ、話が完成に達するかと思われたとき、突然に男性のあやまちによって卵は割れてしまい悲劇をむかえる。悲しく立ち去ってゆく、うぐいすの姿によって、われわれの美意識は完成される。

5　消え去る女性

「あわれ」の美意識が完成するためには、女性が消え去らねばならない(これは日本文化のもつ宿命のように思われる)。このように考えると、日本の神話・伝説・昔話のなかで、消え去っていった女性の姿がつぎつぎと想起されるのである。そして、それらの像は、わが国の文学や演劇のなかにも特徴的にあらわれていることがわかる。たとえば第6章に取りあげる「鶴女房」にしても、男性が女性の禁止する戸棚のなかを覗き、それによって、女性は立ち去ってゆくのである。禁止を破られた女(実は鶴なのであるが)は、それに対して怒るどころか、自ら身を引いてゆくのだから、何ともあわれな物語である。

「見るなの座敷」を覗かれることによって女性が立ち去ってゆかざるを得なくなる話は、神話にはトヨタマヒメの物語があるし、能には有名な「黒塚」がある。これらいずれの話を取りあげても、禁を犯して見る罪よりも、見られることによる恥の方に強調点がおかれていることが著しい特徴である。われわれの「うぐいすの里」の物語には、恥のテーマは出ていないが、この点については佐竹昭広が『民話の思想』[14]のなかで論じている点が示唆的である。佐竹は「うぐいすの里」の物語を、「鶴の浄土」に招かれた男の話と対比し、後者の場合は「見るな」のタブーではなく「出るな」のタブーが存在していることを指摘する。鶴の浄土に招かれた男が帰ろうとするとき、女主人が座敷から「出るな」という禁を与え、それを守った男がお土産に反物を貰う話である。このような対比を明らかにした上で、佐竹は極めて興味深い結論として、「「見るな」と「出るな」、二つのタブーのあいだには、女主人公の年齢が関係していたかもしれない。なぜなら、「見るな」が、若い女の恥じらいをあらわし、「出るな」が、年老いた女の切ない願望の反映だったというような事情も、また、考えられなくはないからである」と述べている。やはり、直接的には述べられないにしろ、女性の恥じらいというモチーフは、そこに底流していると思われる。

見られることの恥を極限にまでおしつめた形で表現するのが、能の「黒塚」である。安達ヶ原に着いた一人の旅の僧が、一夜の宿を女主人の住む家に求める。女性は客僧を一人残して山に焚木をとりにゆくが、自分が帰ってくるまでは、閨《ねや》を見ないようにと言う。ところが、僧は禁を破り「見るなの座敷」をのぞき見してしまう。閨の中は「人の死骸は数知らず、軒と等しく積み置きたり、膿血忽ち融滌し、臭穢は満ちて膨脹し、膚《ふ》膩《に》悉く爛壊せり」という有様、僧は「心も惑ひ肝を消し」ひたすらに逃げる。女は鬼の姿となり僧を恨み、追いかけてくる。結局は僧の祈りによって女は消え去ってゆく。消え去る女が「黒塚に隠れ住みしも、あさまになりぬあさましや、恥づかしのわが姿や」と言うところが印象的である。恨みによって僧を殺そうとした女ではあるが、そこに強調されるのは、やはり、恥ずかしさの感情なのである。

このように見てくると、膿血の閨の凄まじさに肝を消される想いがするが、黒塚の物語はわれわれの「うぐいすの里」とほとんど同じモチーフによって構成されていることがわかる。「見るなの座敷」の内容の描写は、片方は美しい調度品によって飾られており、他方は膿血によって汚されているが、この両者は同一のものの両面なのである。それはどちらにしろ、見られることを拒否すべき「恥ずかしい」世界である。それは表から見れば限りなく美しく、裏から見れば限りなくおぞましいものである。いずれにせよ、女性にとってそれは恥ずかしい世界であり、見られたかぎり、彼女は消え去ってゆかざるを得ないのである。恥と結びつくものとして、どちらかといえば醜い側面として描かれ勝ちだった世界を、民衆の知恵はむしろ美しいものとして描くことを好んだのであろう。

このような楯の両面の存在に気づくと、既に述べた「あわれ」の美を裏打ちするものとしての「うらみ」の美の存在について述べねばならなくなってくる。わが国の「鬼」について鋭い考察を行った馬場あき子は、「黒塚」の鬼について興味深い解釈を行っている(15)。それは、能の「黒塚」のシテが般若の面をつけて舞うことにも関連して、この女性はもともと鬼であったのではなく、「膿血流れる閨の内をあらわにされたことによって、ふいにもどってきた女の羞恥から〈鬼〉となった」と考えるのである。そして、旅僧が女主人との約を破って閨房をのぞき、「この残酷な最後の背信行為によって、かずかずの情念の贄を秘めた閨をのぞかれた女が、羞恥のきわみ鬼となることはむしろ美しすぎるくらい人間的なことではないか」と結論する。それは「うらみ」の美であり、すぐれて人間的なことである。あわれは既に述べたように、プロセスの突然の停止、そして消え去るものに対して生じてくる。うらみは、プロセスの永続を望み、消え去ることに対する抵抗として生じてくる。「うぐいすの里」においても、消え去ってゆく女性は、「人間ほどあてにならぬものはない、あなたはわたしとの約束を破ってしまいました。あなたはわたしの三人の娘を殺してしまいました。娘が恋しい、ほほほけきょ」と、うらみ言を残してゆくのである。

ここに残された「うらみ」こそ、わが国の民衆の活力を示しているものと考えられないだろうか。「無」とか「あわれ」とかは、わが国の文化の表通りに存在しているものである。しかし、それの確立のためには女性の存在を犠牲にしなくてはならなかったのだ。消え去ってゆく女性は、それに対する抵抗として、うらみを残す。「黒塚」の場合は、それも仏法の前には結局は消え失せてしまわねばならなかったのである。昔話は民衆の無意識のはたらきをもっとよく顕在させるものとして、うらみをそれほど簡単には消してしまわない。むしろ、われわれはこの消え去った女性が、もう一度力を得て日常の世界に再帰することさえ、昔話のなかでは期待してよいのではなかろうか。そのような女性像こそ、古来からのわが国の文化の在り方に対して、新しい何ものかをもたらそうとするはたらきを象徴するものとなると考えられる。従って、これからの本論の展開は、最初にあわれにも消え去っていった女性が、再帰してくる過程を追い求めてゆくことにもなろう。

ところで、ノイマンは西洋の近代的な自我が怪物を退治する男性の英雄の姿によって象徴されると考えた。われわれは日本の昔話において、消え去ってゆきつつも「うらみ」を残した女性の軌跡を追おうと考えている。このような差についてさらに考えを深める意味において、象徴としての男性像・女性像についてもう少し述べておこう。ノイマンは西洋人の自我を――男性、女性を問わず――男性像で表わすのが適切であると考えた。とすると、西洋におけるシンボリズムでは、男性、女性はどのような含意をもっているかを、まず知らねばならない。西洋のシンボリズムにおける性的二元論は、長い歴史をもっているが、錬金術の体系のなかで極端な展開を見せる。錬金術は、ユングが明らかにしたように、人間の個性化、すなわち内的成熟の過程を、物質の変容過程に投影して記述したものと考えられるが、その中で、男性と女性およびその結合ということが大きい象徴的意味をもっているのである。ここで、錬金術の壮大な象徴体系について述べることは不可能であるが、男性と女性の象徴的意味を瞥見するため、ユタンによる『錬金術』中の表をあげておいた。[16] これでみると、この世界における多くの対立が、男性―女性という根本的対立を軸として秩序づけられていることが解る。錬金術操作の過

表5　錬金術の性的二元論
（ユタン『錬金術』より）

男	女
精液	月経
能動	受動
形相	質料
魂	肉体
火	水
熱―乾	冷―湿
黄金	銀
太陽	月
酵母	たねなし捏粉

程における重要な作業である「硫黄」と「水銀」の化合も、男性と女性の結合に他ならず、そこから新しいものが産み出されると考えるのである。

ところで、この表を見てすぐ気づくことは、日本の神話においては、太陽は女性、月は男性となっていて、この表に当てはまらないことである。あるいは西洋の空間象徴において強調される、右—意識(太陽)、左—無意識(月)という結合も、日本の神話や伝説においては、そのまま成立するものではない。象徴はユングの元型の概念に明らかなように、人類一般に極めて普遍的なものと、文化によって相当影響されるものがある。男性像・女性像は象徴的にはどの文化においても大きい意味をもつものであるが、意味そのものは時代や文化によって相当変化するものと思われる。その点を考慮して日本の昔話の読みとりを行わないと、大きい誤りを犯すことになるのではなかろうか。ただ単純にノイマンの自我確立の過程の図式に従っているかぎり、日本の多くの昔話は、低い成熟段階にとどまっているものとしか考えられなくなってくる。

以上の論点を踏まえた上で、結論を先取りした形で言えば、日本の昔話は「男性の目」ではなく、「女性の目」でみるとき、その全貌が見えてくるように思われる。しかし、この「女性の目」ということは説明が難しいのである。つまり、錬金術の表のように、男性と女性を明確に二分することが、そもそも男性的であり、そのように二分されてしまった後の女性では、やはり困るからである。というよりは、先の男性、女性の二分法は男性の目から見た二分法であり、女性の目から見ると、また異なった分類も可能かも知れない。

「女性の目」で見ると言うことは、換言すると、日本人の自我は女性像によって示す方が、より適切ではないかと言うことになる。日本の社会制度としての強い父権制は、このような心理的事実にできるかぎり目を閉じさせるはたらきをしてきたように思われる。しかしながら、一般的、公的なものを裏から補償する機能をもつ昔話においては、女性の英雄たちが自由に活躍できたのである。従って、以後に取りあげる昔話には、女性が多く現われることになる。しかしながら、これは今まで述べた点から解るように、女性の心理をこれによって語ろうとするのではなく、男女を通じて日本人全体のことについて語ろうとしているのである。そして、ここに登場する女性たちは、西洋の二分法による女性とは異なっていて、極めて積極的にもなれば、時には太陽にもなり得る女性であることを念頭において、読み進んでいただきたい。日本人の自我は女性によって表わされると考えるにしろ、その女性がどのような性格をもち、どのように行動するかを詳細に見ておくことが必要であり、それは今後の論述の中で明らかにされてゆくであろう。

（1）関敬吾他編『日本昔話大成』全一二巻、角川書店、一九七八―八〇年。（以後、本書を

「大成」と略記、その次に示す番号は、同書による分類番号を示す）
（2）同右。
（3）グリムの昔話は、ドイツ語の原名、Kinder-und Hausmärchen の頭文字をとって、KHM と略記するのが通例となっているので、本書もそれに従うことにする。
（4）S. Thompson, "Motif-Index of Folk-Literature", Indiana University Press, 1975.
（5）小澤俊夫編『世界の民話』全二五巻、ぎょうせい、一九七六—七八年。
（6）関敬吾他編、前掲書。
（7）キリル・ヴェ・チストフ「日本の民話をロシヤの読者が理解できるのはなぜだろうか」、小澤俊夫編『日本人と民話』ぎょうせい、一九七六年、所収。
（8）ルッツ・レーリヒ「ドイツ人の目から見た日本の昔話」、小澤俊夫編『日本人と民話』所収。
（9）E. Neumann, "Ursprungsgeschichte des Bewusstseins", Rascher Verlag, 1949.（エーリッヒ・ノイマン、林道義訳『意識の起源史』紀伊國屋書店、二〇〇六年）
（10）ここに言う「象徴」は、ユングの言う意味での象徴であり、一般の用語とは少し異なっている。ユングによれば、一つの表現がある既知のものを代用し、あるいは略称している場合、それは記号(sign)であって象徴ではない。象徴はたんなる既知のものの代用などではなく、ある比較的未知なものを表現しようとして生じた最良のものであると考えられる。
（11）拙著『昔話の深層』福音館書店、一九七七年。
（12）マックス・リューティ「日本の昔話にはさまざまの特徴がある」、小澤俊夫編『日本人と民話』所収。

(13) 上田閑照『禅仏教』筑摩書房、一九七三年。

(14) 佐竹昭広『民話の思想』平凡社、一九七三年。

(15) 馬場あき子『鬼の研究』三一書房、一九七一年。

(16) セルジェ・ユタン、有田忠郎訳『錬金術』クセジュ文庫、白水社、一九七二年。

第2章　飯くわぬ女

もっとも日本的な昔話として、最初に「うぐいすの里」を取りあげ、はかなく消え去ってゆく女性像に注目したのであったが、日本の昔話のなかで大いに活躍する、これとまったく対照的とも思える女性像がある。それが、これから取りあげようとする山姥である。山姥も後述するように丹念に見てゆくと、それほど単純な存在ではない。しかし、一般に昔話のなかに出てくるのは、人間をばりばり食ってしまう恐ろしい女性である。このような山姥の話は日本全国に分布している。それは、時に、山母、山女、山姫などとも呼ばれるが、すべて同様の存在である。柳田國男の有名な『遠野物語』にも、「御伽話のことを昔々と云ふ。ヤマハハの話最も多くあり。ヤマハハは山姥のことなるべし。其一つ二つを次に記すべし(1)」として、娘を食いにくるヤマハハの昔話が紹介されている。山姥の話は数多くあるが、その中でまず、「飯くわぬ女」という昔話を取りあげてみることにしよう(付篇4参照)。

1　山姥

　われわれが取りあげた話は、『日本昔話大成』には、二四四「食わず女房」として分類されているが、何よりもその類話が日本全国に分布し、数も極めて多い点が特徴的である。山姥の話は数多くあるが、人間を食ってしまうほどの山姥が、まず「飯くわぬ女」として登場する点が、われわれの先祖の心を強くとらえたのであろう。何も食わない――何でも食う、という対極性は案外多くの意味をそこに潜在させているのである。

　主人公の男は、友人たちも心配するほど、いつまでもひとり者であった。どのくらいひとり者で居たのか知る由もないが、熊本県天草郡で採集された類話などには、四十五、六歳とはっきり年齢が述べられている。ともかく、相当の間、独身で居たのであろう。このことは第5章で取りあげる昔話の浦島太郎が、四〇歳まで母一人子一人の暮しを続けてきたというのと、似たような設定である。ともかく、なかなか結婚しようとしなかった男性であるが、嫁を貰うようにという友人のすすめに対して、「物を食わない嫁があったら、世話してくれ」と答える。類話のなかには、男は貧乏だったのでとか、けちんぼだったのでとか、このことについて説明のついているのがある。われわれの話にはそのような説明はついていない。あるいは、この男はどうも結婚する気がなくて、友人たちがうるさいのでそれを防ぐために、ありそうもないことを言ってみたのかも知れない。それにしても、口は慎むべきもので、ありそうもないと思って口にしたことが案外実在していたりするものなのである。実際、彼のもとに飯をくわぬ女性——それもきれいな女性——がやってくるのである。一夜の宿を求める女性に対して、男は「うちには食べるものがないよ」と断ろうとするが、女は「わたしはなんにも食べません」とはいりこんでくる。女は飯を食べず仕事はよくするので、男は「いつまでもとめておきました」ということになる。それが次の節になると、「男は、世の中にこんなええ女房はないと思うて……」と語られるので、われわれは彼らが結婚したことを知るのだが、このような、結婚に対する曖昧な態度も特徴的である。類話の中には、「おらあ飯を食わんで、どうかあんたの嫁御に持ってくれ」と、女性の方からはっきりとプロポーズするのもある(熊本県球磨郡の昔話など)。いずれにせよ、男性の態度が受動的消極的であるのは注目に値する。ここに示された女性のプロポーズのモチーフは、既に前章においても触れておいたが(九頁参照)、今後も重要な課題として心にとめておきたい。

よい女房を貰ったと喜んでいた男も、友人の忠告によって、彼女の隠された半面をのぞき見してしまう。多くの類話の中で、男がのぞき見をしたことが語られるが、のぞき見こそは、現実の多層性との関連で言えば、異次元の真実に触れる方法として、昔話にはお得意のテーマである。アメリカ・インディアンの昔話「双面」(『世界の民話』24)は

「食わず女房」と類似点の多い物語であるが、ここでも、女が人間の耳などを食っているところを男がのぞき見するところがある。何も昔話とは限らない、現代においても、のぞき見によって異次元の真実を知ったため、その人の人生の軌跡が急激に変化する例は多く存在している。

男の見た真実は凄まじいものであった。飯をくわぬ美女は、頭に大きい口を持ち、にぎり飯を三三、鯖を三匹、ペロリと食べてしまったのである。何も食べない女は、実のところ、何でも食べる女であった。一般に、人間があまりにも極端なものを求めようとすると、必ずその逆の存在によっておびやかされることになるものである。驚いた男は友人のところへ逃げてゆき、友人は寝こんでいる女の病気を治す祈禱師になってやってきて、「何のたたりだあ。三升飯のたたりだあ。鯖三匹のたたりだあ」と言う。こんなことを唱えながら、友人は腹の底では笑いをこらえていたのではなかろうか。実際、この話は、ひとつの笑話としてここで結末にすることもできるのである。『日本昔話大成』では、類話として、AT 1458 があげられているが、これは今述べたような意味での笑話なのである。『日本昔話大成』にあげられているトルコの類話では、出費を心配する夫に何にも食わないと約束していた女房が、ひそかに大量の食べ物を食べているのを夫に見つけられ、からかわれる話である。あるいは、朝鮮の話では、金持でけちな男が飯を食わない女を女房に迎えたいと言う。知恵のある女が嫁に来て、男をごまかす。男は女の知恵にまきこまれて自分の心得ちがいを悟り、女によい待遇をするようになる。これも教訓的だが、一種の笑話とも考えられる。

「三升飯のたたりだあ」と女をからかった友人は、笑い出しそうになっただろうが、事態はここで一変する。女は山姥の本性をむき出しにして飛びかかり、友だちを頭から食ってしまうのである。笑いかけた男の顔は凍てついたように強ばり、恐怖の表情へと一変したに違いない。笑いと恐れとは案外近いところに存在している。対象との適切な距離にあるとき、われわれは笑うことができるが、その距離を破って接近が生じると、恐れの感情に変化する。この急激な変化によって、笑話で終りそうな話の次元が、もう一段深まってくる。食べる—食べないの対立が、教訓や笑いの次元を超えて、もっと深い次元へと持ちこされる。人間さえ食ってしまう女性が相手なのだ。からかって笑ってなどいられないのである。

男は恐怖にかられ逃げ出そうとするが、すぐにつかまってしまう。危ないところで木の枝につかまって難を逃れるが、このとき、「飯食わぬ女房の鬼はそれとも気づかないで……」と、鬼という表現が用いられる。つまり、話の推移とともに、きれいな女→鬼と変化してきたわけである。類話では、山姥と言われたり、山姥＝鬼という形で出現してきたりしている。男はよもぎとしょうぶによって鬼を退治するが、終りのところはやや唐突な感じがしないでもない。五月の節句の縁起に結びつけられてゆくわけである。

ところで、われわれの話に登場した鬼、あるいは山姥とはいったい何ものであろうか。山姥の登場する他の昔話なども参考にして考えてみよう。山姥の特性として第一にあげねばならないのは、その呑みこむ力、何でも食べてしまう凄まじさであろう。「牛方山姥」(大成二四三)という話では、山姥は牛方が牛にのせていた塩鮭と鱈のみならず牛まで食べ、牛方をさえ食べてしまおうとするくらいである。「食わず女房」の類話では、山姥がくもに変身する例が相当多くある。飯をたべているところを見られると女がくもに変身するのや、後になって、くもに変身して男を食いにくるのなど、いろいろとある。結局はくもを殺してしまう話が多いが、それが「夜の蜘蛛は親に似ていても殺せ」という言い伝えと結びつくのもある。この「親に似ていても殺せ」という表現は、「親に似ぬ子は鬼子」というのに対応していると思われる。たとい親に似ていても、くもの場合は鬼なので殺してしまえということなのであろう。

くもの恐ろしさを、「水ぐも」(大成、補遺三四)という昔話はよく伝えている。一人のやまめ釣りが淵で釣りをしていた。一匹のくもが淵から出てきて釣人の草履の鼻緒に糸をひっかけてゆく。くもは水に沈んだと思うとまた出てきて糸をひっかけ、何度もくり返しているうちに、それは太い綱になってしまう。釣人はだんだん気味悪くなって、その綱をはずし傍らの木の根にひっかけておいた。やがて川の中からぐいぐいと綱をひっぱり出し、木の根っこを根こそぎ川の中に引きずりこんでしまい、釣人は青くなって逃げ帰ってきた、という話である。ここには、くもの深淵に引きずり込む力の恐ろしさがまざまざと描かれている。くもの糸はそれによって生物をからめ取るものなので、そのようなイメージが強いのであるが、空中に糸を張りめぐらすことが、イマジネーションを心の中に描き出すことと関連して考えられるときもある。イマジネーションの内容は肯定・否定の両面がある。否定的な場合は、それは妄想などにまでつながることもある。「飯くわぬ女」の話では、最初に男が飯を食わぬ女がいるといいのだが、と空想するところから話がはじまるので、いうなれば、男は最初からくものはたらきにとらえられていたとも考えられるのである。

くもが糸で綱をつくり出すことは織物とも結びついている。ドイツ語のくもは die Spinne で、織る(spinnen)という動詞と関係していることは明らかである。このことから、くもは運命を織り出す運命の女神の像とも関係してくるのである。この点、わが国の山姥が機織《はたお》りと関連深いのも、むしろ当然のことと言えるであろう。山姥と同様の存在と考えられるアマノジャクと瓜子姫の話では、機織りの場面が登場する。あるいは、「山姥の糸車」(大成二五三C)という話では、山姥が木の上で糸を紡いでいるところがある。柳田國男によると、(2) 山姥のヲツクネという物を拾い、それから物持ちになった代りに、鬼の子が生まれたという話がある。このヲツクネは方言で麻糸の球のことで、ここにも、山姥と糸を紡ぐこととの深い関連性が示される。ここで、これを拾ったので、話をとりあげよう。

「物持ちになった」という点が興味深いが、もうひとつ、くもと機織りとの関係を示す話をとりあげよう。

ギリシアの女神アテーナーも機織りに秀でていた。ところで、コロボーンの町の少女アラクネーは機織りが大変上手であった。彼女はそのために傲慢となり、アテーナー女神よりも自分の方が素晴らしいと言うほどになった。アテーナーはそこで老婆に姿を変え(老婆になるところが興味深いが)、アラクネーに身のほどを弁《わきま》えるように忠告を与える。思いあがった少女はそれを聞きいれないので、女神は本来の姿を現わし、機織り比べをして打ち負かしてしまう。少女は恥じて首を吊るが、アテーナーはさすがに憐れんで命を助ける。しかしアラクネーを高みに吊したままで、くもの姿に変えてしまった。ここでも、くもは否定的な女性像とつながってくる。しかし、アテーナーもアラクネーも等しく機織りをする点から考えると、この両者は女性の肯定的な面と否定的な面をそれぞれ表わしている。もう少し踏みこんで言うなら、アラクネーは輝かしい女神アテーナーの影の部分を表わすものと言えないであろうか。

話を山姥のことに返そう。先に柳田の紹介した話を示したが、そこでは、山姥のヲツクネは肯定的・否定的両面の効果をおよぼすものであった。山姥が必ずしも恐ろしいとはかぎらないのである。たとえば、日本の昔話「姥皮」(大成二〇九)の類話のなかには、山姥が親切にしてくれるのも存在している。これは道に迷った娘が山姥の家に行くと、人を食う者の泊るところだと断られるが、身につけると老人にも子供にもなる蓑をくれる。これによって娘は幸福になるという話である。あるいは、金太郎の伝説では、金太郎が足柄山の山姥に育てられたことになっているし、それらの山姥像は情深さや、子どもを育てるような肯定的な面を示しているのである。このような山姥のもつ両面性について、次に考えてみたい。

2　母なるもの

第1章の第3節において、ノイマンによる西洋の自我意識の発達過程に関する理論を簡単に紹介した。その際、自我の萌芽が生じてくるとき、世界は太母《グレート・マザー》の姿をとると述べたが、前節において、山姥のイメージを明らかにしてゆくにつれて、それが太母の側面を示しているものと気づかれた人も多かったであろう。山姥とくもの結びつきに関しての考察を重ねたが、実際、くもは太母の否定的側面を表わす典型的な存在である。張りめぐらした網によって、虫をとらえて殺してしまう姿は、小さい自我をとらえこんでその成長を阻む太母そのものである。山姥の何もかも呑みこんでしまう属性も、その顕れである。

太母の肯定的な側面は、子どもを抱きかかえ慈しむこととして示される。山姥のヲックネ(五一頁参照)はその麻糸をいくら使っても尽きることはないと言われる。つまり、それは無限の存在なのである。子どものためには自分のすべてをささげたい。このようなひたむきの感情は、前述した否定的なものと紙一重の状態である。「山姥の仲人」(大成、補遺三〇)の類話のなかには、婆さんが孫かわいさになめているうちに、食べてしまって、それ以来鬼婆になったというのもある。これなど、子どもを可愛がる感情が強くなりすぎると、その命を奪ってしまうことにもなることを如実に示しているものである。

良きにつけ悪きにつけ、山姥の像によって示されるものは、普通の人間関係としての母と子の経験を超えたものである。確かに子どもにとって、母親は限りなく優しく感じられるにしても、人間であるかぎりそれは本来的には有限のものである。しかし、そのような有限の個人的経験を超えて、われわれは「母なるもの」とでも呼びたい普遍的な元型を心の中にもっており、それが太母の像として意識化されるわけである。すべてのものがそれから生まれ、死んだ後はそこへと帰り、死と再生の過程が生じる場としての太母は、農耕民族にとっては特に重要なものであり、宗教的崇拝の対象となったのも当然のことである。折口信夫が、山姥について「最初は、神を抱き守りする役で、其が、後には、其神の妻ともなるものをいふのです」(3)と述べているのも、このような点をおさえてのことと思われる。

太母の像は既に述べたように肯定的・否定的の両面があり、山姥も同様である。折口信夫はむしろ山姥の肯定面を明確にしているのだが、一般に——特に昔話のなかでは——否定的な像がよく示されるのはどうしてであろうか。これはおそらく、わが国においては、母性というものが極めて大切にされてきたので、それを補償する機能をもっていたのではないかと思われる。子どもを産み育てる母親の尊さは常に子どもに教えられ、母親をないがしろにしたり、非難したりすることはタブーと言ってよいほどのものであったろう。それに対して、昔話の世界では、母性的な呑み込む力というものが、どれほど恐ろしいものであるかが生き生きと語られていたのである。「観音さま二つ」(4)という昔話では、山姥が追いかけられ、逃げ場を失って観音様に化け、結局は見破られて退治される。これも、太母の肯定面を表わす観音にも、その影の部分が存在することを示す物語として受けとめると、なかなか興味深く感じられるのである。

「飯くわぬ女」との関連で、太母と食物のことについて少し考察してみたい。食物というものは、人間にとってまことに不思議な意味をもつものである。食物を食べる前は、それは人間にとってまったくの他者として存在している。しかし、それを取りあげて食べると、それは自分の一部となる。食物摂取の元型的な様相には、一体化、あるいは、同化などのはたらきがこめられてくる。先に述べた、孫が可愛いあまりに食べてしまった老婆などは、その一体化の願望を如実に示しているものと思われる。太母と食物の関係は、このために大変密接なものであり、グリム童話のなかの「ヘンゼルとグレーテル」(KHM 15)の魔女のお菓子の家や、同じく「ホレおばさん」(KHM 24)の物語では、ホレおばさんのところに行く途中に、パンがパンがまにいっぱいつまっているところや、りんごが鈴なりになっているところなどが出てくるのなどは、それをよく示している。太母は「食物」として人間を食ってしまうようなところがある反面、食物を人間に与えてくれる豊穣の女神としても顕現するものである。

食べることを「一体化」と受けとめるのとは異なり、食物が自分の血や肉に変化すると考えるとき、そこに「変容」のはたらきも含まれることになる。人間が成長してゆくとき、それは単に生命を維持するだけではなく、時と共に成長変化するということが含まれている。子どもが大人に、娘が母親に、と変容するとき、そこには質的な変化が生じるのであり、人間にとってこれは極めて大切なことである。極端に言えば、昨日よりは今日、今日よりは明日と、進歩変化していなくては死んでいるのに等しいということになる。ところで、母性との関連における「変容」は、食物の摂取、あるいは妊娠・出産などに示されるように、身体性と切っても切れぬ関係をもつことを、その特性としている。男性的な「変容」は、時にあまりにも精神的で身体性と切り離されたものとなり勝ちである。それは、土と切り離されて高く飛翔することが可能であっても、常に墜落の危険に満ちている。山姥の話で、山姥が牛を「頭からみちみちと食べ始め」たり、頭の毛をばらりとほどくと、そこに大きい口が見えたりするとき、聞き手の子どもたちは、ぞくっとするような体感を感じるに違いない。これらの話は聞き手の心だけではなく身体にまではたらきかけるところに特徴がある。太母を知ろうとする者は、身体性を通じて知ろうとしないと駄目であるし、女性の心の変容には常に身体性がつきまとうのである。

それでは、飯を食わぬことにはどのような意味があるのか。それは変容の拒否である。太母による変容のはたらきを、あくまでも拒否しようとすることである。これを徹底して行けば、人間は生命力を失い死ぬより仕方がない。このことの意味をもう少し深めるため、筆者が臨床家である利点を用いて、思春期拒食症のことに少し触れておきたい。思春期拒食症は思春期の女性に特有のノイローゼで、食事をとることを頑強に拒否し、痩せ衰えて、そのまま放置しておくと飢死することさえある。裕福な国に発生率が高いのも特徴的で、最近、わが国においても増加しつつある。本来なら、最も生き生きとした若さを感じさせるだろう娘さん——それも美人が多いと言われている——が、「皮膚をまとった骸骨」のような姿で、われわれの前に現われてくるのだから、何とも悲惨な感じがするものである。思春期拒食症の心理機制について単純に述べることは出来ないが、そこに「大人になりたくない」、「女になりたくない」という願望が存在していることは、誰でも認めるであろう。そして、それが身体のレベルで示されているのである。

多くの学者が母＝娘関係や、両親の夫婦関係に問題があることを指摘している。両親の関係の悪いのを娘が知るとき、自分もあのようになりたくないと思い、従って、大人にはなりたくないと思うことも当然である。ただ、ここで母＝娘関係や両親の関係の問題として述べたことは、常識的なレベルの関係の悪さを意味するものでないことに注意しなくてはならない。そのようなレベルでは殆ど問題を感じさせない関係でも、その根底に強いネガティブな太母のはたらきが作用していることが多い。太母の否定的な力が強いので、母親自身が自分が母であること、女であることを受け容れていないこともある。娘は母になることを拒否し、食事を拒否する。太母と食事との関連の強いことは既に述べたが、そのような心性がこの症状に影響を与えているのである。

拒食症の人が一転して過食になることもある。そのときは、食べるのをやめることができない。みるみるうちに肥満になるときもあるし、消化できないのに食物を食べ続け、死に至ることさえある。拒食、過食、いずれにしろ、その背後には、死の女神のはたらきが感じられる。このように見てくると、「飯くわぬ女」の話は、外国の類話にあるように、単なる笑話ではなくなってくる。その点、わが国の話の方がはるかに人間の心の深層に迫っているものと思われる。何も食べない女性が、あるときににぎり飯を三三個食べるという話は、非現実的でも笑話でもなく、極めて現実的な悲劇に直結している話であり、広い普遍性をもつ話なのである。

太母はその中にすべてのものを包含し、その中で変容の過程が生じる、という意味において、何らかの容器によって象徴されることが多い。壺に目鼻を描いて、太母像として崇拝されているものもある。「食わず女房」の類話の中で、山姥が男を捕え、桶に入れて山へ運んでゆくのも、このような象徴性を反映しているものと思われる。男は太母の容器の中に取りこまれたのである。そして、男がそこから脱出するときに、木の枝にとびついて逃げるのも象徴的である。つまり、男は上方へ志向することによって、太母のしがらみから逃れることができたのである。ただ、残念ながらそれも束の間のことであり、気がついて追いかけてきた山姥にすぐ見つけられてしまう。われわれの話では、男はよもぎとしょうぶによって鬼(山姥)を退治する。この点については後に考察するとして、その前に、外国における類話について少し考えてみることにしよう。

3　大食いひょうたん

「食わず女房」における、食う＝食わぬの対比のモチーフに注目すると、その類話としては、笑話の形態となったものが外国にも存在することを既に指摘した。ここで、太母的な山姥の呑みこむはたらきの方に注目すると、そのようなモチーフをもつ話は、全世界にわたって存在するといっても過言ではないだろう。幼児を連れ去ってきて食べていた鬼子母の話など、その典型である。鬼子母は仏の教えを受けて、後に幼児の守り神である訶梨帝母《かりていも》となるので、太母の否定・肯定の両面を示すものと言える。呑みこむ太母像に関する昔話や神話は世界中に数多く存在しているが、その中でも特に凄まじい、アフリカの「大食いひょうたん」の話を取りあげてみよう。

『世界の民話7　アフリカ』に収録されている「大食いひょうたん」は、ひょうたんと少女の話である。ある金持のめかけの娘フライラは、母親におんぶされていて、親びょうたんにたった一つついている小さなひょうたんを見つけて欲しがる。母親は一つきりのひょうたんだからと取ってくれない。しかし、父親がとってやれと言うので、フライラはひょうたんを手に入れる。このときから、ひょうたんは少女にくっついて歩き、しょっちゅう「お肉が食べたい、フライラ、お肉が食べたい」と言う。ひょうたんはそれ以後、どんどん何でも食べて、一五〇頭のやぎの群れ、七〇〇頭の羊の群れをパクパク食べてしまい、牛もらくだも奴隷も食べる。その間しょっちゅう、「お肉が食べたい」と言っており、しまいには、人間もホロホロ鳥もにわとりも全部食べ、残ったのは家の主人だけとなった。ひょうたんは少女のあとを、なおもつけまわしたので、彼女は父のところへ逃げていった。父親は、自分以外に何もない、「もし私でよければ食べてくれ」と言うと、ひょうたんは父親も食べてしまった。少女は父の持っていた、いけにえの牡羊のところへ逃げていった。ひょうたんは彼女を追ってきたが、いけにえの牡羊は角でひょうたんをついた。すると、ひょうたんがはじけて、羊も、やぎも、牛も、みんな出てきた。これでおしまい、である。

何よりも、このひょうたんの食い方の凄まじさに誰でも驚かされるであろう。日本の山姥の比ではない。そのスケールは昔話の範囲を超えている感じがするが、神話学者の吉田敦彦は、アフリカにおける創世神話の一部として、「大食いひょうたん」の類話を紹介している。(5) すべてのものが呑みこまれ、その後に再生してくるパターンは、まさに神話的である。ところで、先述の物語について考えてみると、最初に、母＝娘結合の姿が現われるところが興味深い。ここで母親がめかけであるということは、この家族は母＝娘の家族であり、父親はその関係からは一歩離れたところにいることを意味している。古代の人間にとって、生み出す者としての母の重要性が意識されるにしても、そこに男性が関与していることは意識されなかったであろう。かくして、子孫を産み増やしてゆく女性の存在が重要とされ、母＝娘結合の世界が中心におかれ、男性はその周辺にいることになる。太母の崇拝と母＝娘結合の強さとは、人間の文化のはじまりであると考えられる。あるいは、文化以前の状態と言ってよいかも知れない。それは、もっとも「自然」の状態と言うこともできるであろう。

娘がひょうたんを手に入れたところから、母親の姿が物語の中で消え失せるのは示唆的である。ひょうたんは父親まで食べてしまったと語られるが、母親のことは何も語られない。つまり、ここに母親とひょうたんの結びつきが暗示されている。ひょうたんは肉を欲しがり何でも食べてしまう。その力に対して、父親は何と弱いことであろう。彼にできることは、「もし私でよければ食べてくれ」と言う位のことである。そして、ひょうたんはあっさりと父親も食べてしまうわけである。このようなひょうたんに関するアフリカの類話を紹介した吉田敦彦は、ひょうたんがアフリカにおいて、きわめて明瞭に女性を意味するという事実を指摘している。「多くの原住民の言語で、処女を無くした女を指して「割れたヒョウタン」という意味の俗語的表現が用いられ、またたとえばオート・ボルタのグルマンチェ族の間では、ヒョウタンは子宮を表わ」すというのである。

ひょうたんがすべての生物を呑みこんでしまうかと思われたとき、いけにえの牡羊が登場し、角でひょうたんを割ってしまう。ここに、この牡羊が太母に対抗する父性を示すものであることは明白である。ただし、その父性は元型的な様相を帯びたものである。少女フライラの父は、ひょうたんに食われ、彼女の母親は物語の中途から姿を消している。つまり、個人的な意味での父母の次元を超えてしまって、母性と父性の衝突が生じ、新しい世界が開けるのである。ここに、ひょうたんが割れてしまうところは、母親殺しのテーマを想起させられるが、ノイマンの説によって言うならば、ここでは人格化された英雄による「母親殺し」の段階よりは、むしろ、天地の分離の段階を思わせるものである。吉田の紹介しているモシ族の神話では、最後にひょうたんが割れたところで、一方は海に、片方は陸になったということである。

ところで、前節において問題とした、食う＝食わぬのモチーフと関連して、吉田の紹介している、もう一つの類話ベテ族の神話を見てみることにしよう。この話では、ひょうたんが多くのものを食べたところへ、一人の母親が息子を連れてやってくる。ひょうたんはすぐにその息子を食べたので、母親は悲しみ、助けを求めて、ある「老女」のところにやってくる。老女は母親を憐れみ、あるスープの作り方を教え、それを西方にある岩にかけると岩が開くので、その中に入り、そこにいる牡羊神に助けを求めるように、しかし、スープを作ったときに決して味見をしないように、と忠告を与える。母親は早速スープを作るが、いつもの習慣に従って味見すると、あまりにおいしかったのですっかり平らげてしまって、結局うまくゆかなかった。母親は老女のところにゆき、言われたとおりしたが駄目だったと嘘をついた。それでも老女は怒らず、もう一度老女の見ている前でスープをつくらせ、それによって母親は地下の世界にはいる。そこは水の流れはあるが草木のまったくない鉱物だけの世界であり、みごとな角を生やしたたくましい白い牡羊がすんでいた。牡羊は母親と共にひょうたんの所に行き、角でひょうたんを突いた。そのとき、雷鳴が轟き稲妻が走って、ひょうたんは割れ、流れ出た血が地上に氾濫した。このひょうたんの中から、人々がとび出してきたのである。

この話で印象的なことは、優しい老女が登場すること、および、スープを食べる＝食べないというモチーフが存在すること、の二点である。この老女は肯定的な太母像として、ひょうたんの凄まじい否定的なはたらきに対応するものである。ここで、母親が老女の禁止を犯しているのに、罰するどころか、もう一度やらせている——今度は自分が監視しながら——のなどは、その優しさを充分に示している。（このような無罰的な反応は、既に前章に述べた、わが国の昔話の傾向と一致するものとして興味深い。もちろん、全体的状況は随分異なっているが。）このようなスケールの大きい太母像によってこそ、ひょうたんの害から逃れることができるのだが、ここで老女自身は手を下さず、直接に戦う者として、牡羊が現われているのも興味深い。やはり、荒々しい父性による対抗が、この際どうしても必要なのであろう。

牡羊がひょうたんと戦ってくれるのであるが、母親は牡羊の助けを得るためには、ひとつの試練を経ねばならない。彼女は自分の食欲をおさえ、地下の世界においても断食を続けて、牡羊のところまで行かねばならない。地下の世界は太母の子宮とも考えられるが、ここは草木のまったくない鉱物のみの世界である。これは吉田も指摘するとおり、ひょうたんの貪欲と明瞭に対立する世界である。このような厳しい禁欲の体験を経てこそ、母親はひょうたんに打ち勝つ父性をそなえた牡羊に会うことができたのである。

このような話は、一人の生きた人間としての母親の心の深層において演じられているドラマの凄まじさを示しているものとも言うことができる。あるいは、否定的な太母像のはたらきと戦うためには、どれほどの禁欲と、鉱物的な冷たい世界の体験を必要とするかを示しているものとも考えられる。このように考えると、これは思春期拒食症の女性が体験する恐ろしい世界を描き出しているようにも感じられるのである。

大食いひょうたんは、ともかく、牡羊の角の一突きによって破れてしまった。われわれの山姥の方は一体どうなるのかを、次に考えてみることにしよう。

4　山姥退治

恐ろしい山姥に対して、日本人はどのように対処してきたのであろうか、それをいろいろな山姥に関する昔話のなかに探ってみることにしよう。例としてあげた「飯くわぬ女」においては、男がよもぎとしょうぶのくさむらの中に逃げこみ、山姥は近よれなくて残念がる。そこで、男が草を投げつけると、「さすがの鬼も毒にかかって死んでしもうたそうです」ということになる。この山姥殺しは、やや唐突な感じを受けるが、実際に類話を調べてみると、山姥がよもぎとしょうぶに閉口して逃げ去った、というのが多いのである。つまり、山姥を退治することもあるが、それを追い払うことも重要なテーマとして存在している。わが国の行事や祭などで行われる、鬼祓い、厄祓いなどがこれに対応している。悪を根絶することは難しいので、何とかそれの害から逃れようとする考え方である。努力を怠らないかぎり、その難を逃れることはできる。しかし、悪は無くなったのでもないし、無くすることもできない。このような考えは、後に述べるような山姥との和解共存のテーマにも関連するものであるが、ヨーロッパの昔話と比較するとき、やはり日本の昔話の特徴としてあげられるものであろう。

山姥を殺してしまう話も、もちろん多くある。「食わず女房」の類話の中には、山姥がくもになって出てくるのを殺したというのが相当数ある。あるいは、その他の山姥の話でも、殺してみると、実は狸だったとか、むじなであった、蛇であった、などと動物が正体を現わす形のものが多くある。山姥が殺されるときは、太母の否定的な側面が動物で示されるような、相当に本能的な段階へと退行した状態にあるのであろう。あまりにも低い次元にまで退行した母性には、日本人でも許容し難いことを示しているものと思われる。

山姥のなかには、水に映った自分の影を見まちがって、水の中にとびこんで死んでしまうのもある。これは、「ヘンゼルとグレーテル」の話で、魔女が自分からパンがまの中にはいってゆき、グレーテルの一突きで焼け死ぬことになるのと軌を一にしている。太母は恐ろしい存在ではあるが、時に自ら消滅の道を歩むことがあることを、これらの話は示している。否定的な太母のコンステレーションが生じたとき、われわれはじたばたしてその犠牲になるよりは、じっと待っていた方がよいときがある。「とき」がくると太母が自己消滅してゆくからである。

　山姥退治という表現にふさわしい話が展開するのは、「踵太郎《あくとたろう》」(大成一四一)の話である。権之助とお覚という若夫婦がいた。権之助が年越の買物に出かけるとき、山姥がくると困るというので、お覚を長持に入れ錠をおろして高いところにつるしておいた。すると、山姥がやってきてお覚を探し出し、お覚は妊娠していて七カ月の子を孕んでいたが、山姥はお覚を食べてしまった。ただ、踵だけは堅いので食べ残していった。権之助は帰ってきて、踵を紙の袋に入れてつるし、毎日念仏をとなえていた。ある日のこと、踵が割れて男の子が生まれた。権之助は喜んで踵太郎と名づけ、大事に育てた。踵太郎は二〇歳になると山姥退治に出かけ、山姥に焼いた餅だと言って石を食べさせ、煮立った油をかぶせた。山姥がまだ死に切れずにいるので、太い縄を頸《くび》に巻き、氷の張っている流れに突き落として退治した。

　これは怪物を退治する英雄の話ではあるが、類話が極めて少ないことが注目に値する。『日本昔話大成』には、ここに紹介した青森県八戸採集のものの他、岩手県にひとつあげられているだけであり、原文ははなはだしく文飾されて報告されていることが記載されている。これらの点から考えて、この話は伝播によるものにしても、起源が比較的新しいのではないかとも思われる。英雄による山姥退治というのは、どこか日本人の心性に沿いにくいのかも知れない。踵から生まれた踵太郎というのも奇妙なモチーフではある。この点についてはあまり意味のある連想が浮かび難い。ここで注目すべきことは、山姥退治の際に、山姥に石を食べさせたというモチーフである。このことについて少し考えてみよう。

山姥に石を食べさせるモチーフは、「山姥と石餅」(大成二六七)という話に認められる。これには類話がかなりあるが、いずれも山姥に石を食べさせたり、焼きたての石を投げつけたりして、殺してしまう話である。太母的な呑みこむ力の強い存在に石を食べさせて退治すると言えば、誰しもグリムの「狼と七匹の子山羊」(KHM 5)や「赤頭巾」(KHM 26)を思い出すことであろう。これらの物語は、明らかに否定的な太母的存在に打ち勝つことをテーマとしている。そのどちらにおいても狼が腹の中に石を入れられて退治されるのである。おそらく、このように石が使用されるのは、石女との関連からであろう。わが国においては、石女という字そのものが、石を不妊と結びつけて考えることを示しているが、西洋においても同様に、石は不妊を示すものである(6)。母性の否定的な面があまりにも強調されると、それは、死の方にのみ片より再生への可能性が消え去ってしまう。それは何も産み出さないのである。生産性を失った太母的存在は、石を腹に入れて殺されるわけである。

しかしながら、わが国においては、山姥をこのように一方的に葬り去ることに対して、迷いがあることも認めねばならない。そのような感情は、山姥が石を食って死ぬときに、正月の餅は石にしてやるといって死んだので、その家の餅はみな石になった、あるいは、それ以後は祟りをおそれて正月に餅をつかなくなった、などという類話に示されている。あるいは、山姥が死んでから祟りを恐れ、社を建て産土神として祭る、というのさえある。このようになると、山姥はむしろ死んでから肯定的存在へと変化するわけで、鬼子母から訶梨帝母への変化を思わせるものがある。柳田國男が強調しているように、山姥を単なる妖怪として一方的な断定を下すことは誤りである。われわれの先祖は、山姥の姿の中に肯定面も否定面も、その両面を見、時にアンビバレントな態度をとったものと思われる。

山姥を殺しておきながら、祟りをおそれて産土神とするのは、日本的な特徴を示していると思われるが、「山姥の仲人」(大成、補遺三〇)という話も、日本人の心性を考える上で興味深いものと思われる。『日本昔話大成』に「鬼婆さの仲人」として記載されているものを簡単に紹介しよう。これは新潟県古志郡で採集されたものである。

あるところに、婆さんと「一人あんにゃ」が居た。あんにゃは嫁が欲しいが貧乏なので嫁の来てがない。ある節季(正月前)の荒れる晩に、どっかの婆さんがはいってきて火にあたり、いろいろ話をしていたが、あんにゃにいい嫁を世話してやる、と言って去る。

ある夜、家の前に大きい音がして何か落ちたようなので見にゆくと、きれいな籠の中に、いとしげなお姫様が死んだようになっていた。介抱して聞いてみると、大阪の鴻池の娘だが、嫁にいく道中にさらわれたのだと言う。ある晩に例の婆さんが現われ、自分が仲人をしてここの嫁にしたのだから、逃げようとすると食べてしまうぞと言う。娘は仕方がないので、ここの嫁になって暮らすことになった。大阪の鴻池では、娘がさらわれて大騒ぎ、番頭がとうとう探しあててやってくる。しかし、娘はここのあんにゃがいいと言うので、番頭は大阪の親に報告する。親は、それなら娘に家も倉もたててやろう、越後で暮らすといいと言った。そこで、安楽に暮らすことになった。

最後はなかなかめでたい話になるが、この話のなかで際立っているのは、気まぐれとも思える山姥の強引な親切である。しかも、その親切は一歩まちがえば大変な悲劇になりかねないものである。突然に引っさらわれた娘や、その親族にとっては大変なことであり、こちらを中心として考えれば、まったく悲劇的な「神隠し」に遭遇したことになる。ところが、娘さんは、「ここのあんにゃが、いっちいい、ほかへはいがん」と言うし、親は親であっさりと娘の願いを聞き入れてしまう。これがヨーロッパの昔話であれば、たとい結末は幸福になるにしろ、それまでに一仕事も二仕事もしなくてはならないであろう。物語の山場を盛りあげる葛藤が存在せず、無葛藤の調和的解決が生じるところに、日本の昔話らしさがあるように思われる。葛藤の存在は意識化の前提である。葛藤を解決しようとして、われわれは無意識的な内容に直面し、それを意識化することになる。葛藤を経過しない解決は、意識・無意識の区別があいまいなままで、全体として調和した状態にあることを示している。このように考えると、これは前章に述べた「無」の状態のやや安定した様相を描いているとも考えられる。二人の若者の幸福な結婚が語られているが、これはノイマンが自我発達の最終段階として記述している結婚とは、次元を異にするものである。

山姥の仲人による結婚、それは当人たちの意志を無視した運命的なはからいである。われわれの物語には、山姥がなぜこのようなはからいをしたかについては明らかにされていない。それはまったく唐突に生じている。生起する事象を何とか説明したいという欲求は、人間の意識のなかで強くはたらいている。「山姥の仲人」の類話をみると、山姥がなぜこのような仲人をしてくれたのか、説明されているものも相当ある。たとえば、男が山姥に食われないように機嫌をとるため、背負って家に送ってやったので(静岡県浜名郡)、男が孝行者なので(新潟県小千谷市)、親切にもてなしてやったので(新潟県上越市)、などと因果応報的な説明がついている。その他の昔話においても、孝行や親切は報われることが多いし、これらの説明は納得のいくものであろう。しかし、おそらくこれらの説明は後世につけ加えられたもので、古い形は最初に紹介したような説明ぬきのものであったと推察される。無意識のはたらきは、それが深い次元で生じるほど意識的な説明の及ばぬものであり、おそらく、昔話は無意識のはたらきをそのまま、あまり意識的彫琢を加えずに語りつぐものであったと思われるからである。

それにしても、山姥の仲人によって幸福な結婚が生じるなど、――しかも、この物語にでてくる山姥は人を食うことが明らかにされていることが多いので――山姥と人間の共存ぶりは、まことに印象的である。それは、わが国の昔話のひとつの特性と言うべきであろう。われわれは無意識の恐ろしさを知りつつ、それを拒絶しようとはしない。時に、それを追い払うことはあるにしても、どこかに共存の可能性もあると考えているわけである。山姥のアレンジした幸福な結婚というテーマは、まだまだ深い意味を内包しているようにも感じられるが、この点はまた後に取りあげることにして、「飯くわぬ女」の話に考えをもどしてみよう。

山姥の両面性についていろいろと知ってくると、「飯くわぬ女」の話のはじめに、美しい娘となって登場した山姥の在り方について違った考えが生じてくる。つまり、物語を単純に読んで、この娘は山姥が男を食うために化けてやってきたのだとしか考えられないだろうか、という疑問が生じてくる。事実、馬場あき子は、この山姥について、「おそらくは人との交わりを求めて飯を食わぬという苛酷な条件に堪えて嫁いで来たのではなかろうか。頭頂に口があったという荒唐無稽な発想は、民話的ニュアンスのなかで、山母が常人との交わりの叶わぬ世界の人であることをにおわせたものであろう。むしろ山母が常人との交わりを求めるためにはたした努力のあとが語られていて哀れである(7)」という注目すべき意見を述べている。

ここで連想の輪をもっと広げてみよう。筆者の連想は、この哀れな山母のイメージから、常人の違約によって、この世から悲しく去ってゆかねばならなかった、「うぐいすの里」の女性のイメージへと広がってゆくのである。つまり、その連想は次のように展開する。この世とのつながりを求めようとした、「うぐいすの里」の女は、樵夫に「見るなの座敷」を見られることによって、あの世へと立ち去っていった。それでも「常人との交わり」への望みを棄て切れぬ彼女は、飯を食わぬという条件に堪えてでも、この世とのつながりをもとうとしてやってきた。しかしながら、男性の「のぞき見」によって、彼女はこの世の人でないことを見破られてしまった。「うぐいすの里」以来の彼女の怨念は頂点に達した。再度にわたる危害——見られることは彼女にとって最大の傷である——を受け、彼女は相手を食い殺すより仕方なくなる。しかしながら、常人の知恵に負けて彼女は再びこの世から立ち去らねばならなかった。

連想の鎖は、前章の場合と同じく、あわれの感情へと収斂していった。このことと、既に四八—四九頁に述べたような、恐れと笑いの感情との関係は一体どのようになっているのだろうか。今までに明らかにしたように、「飯くわぬ女」の話において、山姥が娘に化けたというように考えるよりは、ある存在に対してわれわれがいかに接するかに従って、それは若い美しい娘に見えたり、人を食う鬼婆に見えたりすると考えるべきであろう。山姥の仲人によって幸福な結婚をした男性も、「見るな」の禁をどこかで犯すかぎり、自分の妻をまったく異なった存在として見なければならなくなるだろう。ところで、そのような存在に対して、われわれが、若い女性像で示される側に接近するとあわれの感情が、山姥で示される側に接近すると恐れの感情が生じるということができる。そして、それらから適切な距離をとって接するとき、笑いが生じてくる。このような笑いの説明は、ベルグソンの説に近いものと思われるが、実のところ、次章においてわれわれは、このような感情の三角形を根底からくつがえすような、底抜けの笑いを聞くことになるのである。

(1) 柳田國男「遠野物語」『定本 柳田國男集 第四巻』筑摩書房、一九六三年、所収。(以後、『定本 柳田國男集』は、『定本』と略記する)
(2) 柳田國男「山の人生」『定本 第四巻』所収。
(3) 折口信夫「翁の発生」『折口信夫全集 第二巻』中央公論社、一九五五年、所収。
(4) 関敬吾編『一寸法師・さるかに合戦・浦島太郎——日本の昔ばなし(Ⅲ)』岩波書店、一九五七年、所収。(大成二八二類話)
(5) 吉田敦彦「アフリカ神話にみるトリックスター像と呑みこむ太母像」『現代思想 総特集

＝ユング』青土社、一九七九年、所収。

（6）たとえば、フロムによる「赤頭巾」の解釈には、このような考えが採用されている。エーリッヒ・フロム、外林大作訳『夢の精神分析――忘れられた言語』創元新社、一九六四年。

（7）馬場あき子『鬼の研究』三一書房、一九七一年。

第3章　鬼が笑う

第2章においては、日本の昔話にしばしば登場する山姥を取りあげた。山姥は特にその恐ろしい面を強調されるとき、鬼と同定されることが多い。鬼は前章にも示したとおり、人間を食ったりもする存在であるが、西洋における悪魔とは異なって、もっと多義的・多面的な存在である。本章においては、付篇5に示した「鬼が笑う」という昔話を基にして考察してゆくが、この話に示される鬼の笑いが、いかにも日本的な笑い――といっても、それはどこかでより普遍的な層へとつながっているが――であるように感じられる。このような類話を世界の昔話のなかに見出すことは、極めて困難であると思われる。

早速ながら、「鬼が笑う」という昔話の話の筋道に沿って考察してゆくことにしよう。

1　美女奪還

この話は、『日本昔話大成』には、二四七Ａ「鬼の子小綱」として分類されているものの類話である。奪われた女性をいろいろな手段で取りかえす、このような一群の昔話を、柳田國男は「美女奪還」と呼んでいる。美しい娘が突然何ものかによって連れ去られてしまう。それを探しにゆくのは、その娘の夫となるべき人であったり、母親であったりするのだが、娘を連れ出した相手は鬼とか山賊とかであり、苦心して奪還に成功するのである。前章にあげた、山姥による「神隠し」の話は、当然これと関連性をもつと考えられる。山姥の仲人による場合は、連れ去られることによって幸福になるわけだが、この話では、連れ戻すことに焦点がおかれるのである。

さて、「鬼が笑う」話を一通り見てみることにしよう。「しんしょのよい旦那」の一人娘が、嫁入りに行く途中で、不可解なものにさらわれてしまったのだから、まったく大変である。ところで、この聟《むこ》は話の展開にまったく関係しないので、話はもっぱら、母親＝娘の軸を中心に回転していることが解る。「神隠し」になった娘を探しにゆくのは、母親なのである。母親は苦労して娘を探すが見つからず、小さなお堂に泊る。そこに親切な庵女さまがいて、娘が鬼屋敷にさらわれていったこと、どうしてそこへ行くかなどを教えてくれる。母＝娘の軸上に、もう一人の女性が現われるが、この女性は優しく、知恵に満ちていて、母を超えた母なるものであると思わされる。

母親は庵女さまの教えを守って、うまく鬼屋敷にゆき、娘に会うのだが、娘はこのときに機《はた》を織っているのが印象的である。女性と機の結びつき、従って山姥との結びつきについては、既に述べたとおりである(五一―五二頁)。ところで、この話に登場する鬼は男性である。最後に川の水を呑みこんだりして、呑みこむ力の凄いところがみられるので、それは既に述べた(五三頁以下)、母なるものの属性を思わしめるものである。『日本昔話大成』に、「鬼の子小綱」の類話としてあげられているAT 327をみると、たとえばAT 327 Aは、おなじみの「ヘンゼルとグレーテル」(KHM 15)であり、われわれの話の鬼に相当するのは、魔女なのである。つまり、西洋の昔話では女性として出現してきているような存在が、ここでは男性として出現しているのである。ついでのことながら、「ヘンデルとグレーテル」は、子どもが森に迷いこむのであり、「鬼(魔女)に捕えられたものが、そこから逃げ帰ってくる」ことに注目すれば、これは「鬼の子小綱」の類話ということになるが、筆者がとりあげようとしているモチーフ(今後、それを明らかにしてゆく)に注目すると、ほとんど類話とは言い難いということになる。つまり、この話は相当、日本的な特性をもっているわけである。何ものか(非日常的存在)によって、日常の世界から連れ去られた人が、そこからこちらの世界へと帰ってくる、というモチーフは、極めて普遍的なものであるが、そこで、どのような存在がいかにしてという細部を見てゆくと、文化差が認められるのである。

娘は母親の来訪を喜び、夕飯を食べさせる。このあたりの情景は、母と娘の絆の強さを思わせるものがあるが、これも文字どおり「鬼の居ぬ間の洗濯」で、鬼が帰ってくるまでに、母親を石櫃《せきひつ》にかくまわねばならない。鬼は鋭い感覚で、人間の存在を嗅ぎあてようとし、そこに咲いている不思議な花もそれを裏打ちする。ここで鬼も人の数のうちにはいっているところが興味深い。鬼は人とは異なるが、それほど判然と人と区別されるものでもないのである。娘は機智をはたらかせて、「俺が身持になったすけに、花が三つになったのだろう」という。このときの鬼の喜び方が、また面白い。「酒だ太鼓だ、それおお犬こま犬たたき殺せ」と大さわぎをして、せっかくの番犬を自ら殺してしまうありさまである。人間、嬉しくなって酒を飲んだりすると、ガードが甘くなるものだが、ガード役の犬を自分で殺してしまうのだから、なかなかのお人好しで、このあたりにも、「鬼」という存在が人間離れをしていながら、かつ、人間くさいところがよく示されているように思われる。

鬼が酒に酔いつぶれ、寝ているうちに、母娘は逃げ出すが、このときも庵女さまが現われて、舟で逃げるようにと助言してくれる。庵女さまは常に大切なときに出現し、母娘を救ってくれるのである。ところが、鬼は目をさまし、せっかく、母娘が閉じこめておいた石櫃を破り、家来をつれて追いかけてくる。そして、舟をよび戻そうと、川の水を飲みはじめる。鬼どもの「呑みこむ力」は相当なもので、川の水がへり、舟はだんだんと後もどりをはじめ、鬼の手がとどくほどにまでなる。このように水を飲みほそうとする話は外国にもあって、グリムの「見つけ鳥」(KHM 51)では、魔女が水を飲みほそうとするところがある。魔女に追われた男の子と女の子が(ここでも追うものは魔女、追われるものは子どもとなっていて、「ヘンゼルとグレーテル」型である)、男の子は池になり、女の子は鴨になって逃れようとする。魔女は池の水を飲みほそうとするが、鴨がくちばしで魔女のあたまをくわえ、水の中に引っ張りこんで殺してしまうのである。

水を飲みほそうとする存在に対して、いかに対処するか。グリムの場合と、日本の昔話は随分と違っていて、奇想天外な帰結を迎える。絶体絶命の危機に「また庵女さまが現われて、「お前さんたちぐずぐずせんで、早よ大事なところを鬼に見せてやりなされ」というて、庵女さまもいっしょになって、三人が着物のすそをまくりました」。これを見て鬼どもは笑いころげ、その拍子に水をすっかり吐き出してしまい、母娘は危ないところを助かり、こちらの世界に帰ってくる。ここのところが極めてユニークであり、おそらく、世界の昔話のなかで類話を見つけ出すのは困難であろう。性器の露出、鬼の笑い、というテーマは後にも示すように、極めて興味深いものなのである。それにしても、恐ろしい存在である鬼が、笑いころげて失敗する話は、まことに日本的な感じを与えるものである。

鬼の笑いを引き出すために、この話では性器の露出が見られるが、『日本昔話大成』におさめられた多くの類話には、その他のいろいろ滑稽な仕ぐさが述べられている。尻をまくって、へらでたたくというのが一番多いようであるが、それも広義には性器の露出と考えていいだろう。「屁をひる」と鬼が笑うというのもある(岡山市採集)。屁についても後の考察で触れるが、笑いを誘うものとして、昔話の中に登場するものである。西洋の話では、あまり聞いたことがないが、西洋ではあまり笑いの対象とならないものか、あるいは、下品なこととして敬遠されているのであろう。

鬼にさらわれていった娘は、庵女さまの助けによって救い出された。娘の救出の際に、鬼(あるいは賊)を殺してしまう話もある。しかし、多くの類話では、鬼は殺されることなく、娘が助けられる。いうなれば、鬼はあちらの世界、人間はこちらの世界という「棲み分け」が行われ、平衡状態が回復されて、話は終るのである。この「棲み分け」を破るものとして、類話のなかには、さらわれていった女が鬼との間に既に子どもを生んでいる場合のことが述べられていて、注目に値する。人間と鬼の間にできた子どもは、「片子」とか「片」とかいう名であると、言われている。「小綱」という名の場合もあり、この類話が「鬼の子小綱」と題されているのも、そのためである。鬼と人との間にできた子は、すべて人間の方に好意的で、人間の救出に力をつくす。「鬼が笑う」の場合の庵女さまのような役割を果たす。しかし、その後の話の展開が印象的で、子どもは半鬼半人の存在であるため、人間世界におれず、消え去ったり、人間界では暮らせないので父のところに帰ったり、人が食べたくなってきたので頼んで殺してもらったりする。小綱の場合は成長して人間が食いたくなり、小屋をつくって入り自ら焼け死んでいる。これらのことは、因果応報の考えからすると、不可解なことである。人間を救った子どもが、後で不幸になるのである。これをいかに解釈するかはなかなか難しい問題であるが、後に取りあげて論じることにしよう。

「美女奪還」は、このようにして成功するのだが、そもそも話のはじまりにある「神隠し」について少し触れておこう。柳田國男もこのような「神隠し」の昔話には関心が強かったらしく、「山の人生」(1)のなかで、いろいろな角度から論じている。そのなかで、神隠しに遭い易い気質のようなものがあるのではないかと述べ、さらに「私自身なども、隠され易い方の子供であつたかと考へる」と、興味深い発言をしている。柳田は自分が「神隠し」に遭いそうになった体験をあげて、「外部の者にも諒解し得ず、自身も後には記憶せぬ衝動があつて」このような意外なことが生じるのだと述べている。彼はその原因として、「一時性の脳の疾患であり、又体質か遺伝かに、之を誘発する原因が潜んで居たことと思ふ」と、極めて自然科学的な説明を求めつつ、一方では、このような子どもたちは、「何等か稍々宗教的ともいふべき傾向をもつて居ること」を指摘するのを忘れないのである。

確かに、鬼にさらわれたり、「神隠し」に遭ったりする人は、普通の人よりも宗教性が高いのであろう。そのような人は非日常の世界に親近性をもつのである。柳田が自分自身を「神隠しに遭いやすい子」だったと述べているのも、彼のその後の業績と照らし合わせると、なるほどとうなずけることである。われわれの「鬼が笑う」物語も、外国の昔話のなかに、ほとんど類話を見出せないと言ったが、実のところ、それは思いがけず神々の物語と密接な関連をもつものなのである。次節において、その点について考えることにしよう。

2　日本の神・ギリシアの神

女性性器の露出と、それに伴う笑い、というモチーフに対して、日本の神話を想起された読者は多いことであろう。確かに、日本神話の中枢部をなしている、天の石屋戸《いわやと》神話に、それが認められるのである。日本神話の最高神とされる女神アマテラスは、弟の神スサノオの乱暴を怒り、天の石屋戸に身を隠してしまう。アマテラスの心を和らげ、石屋戸から出て貰おうとして、神々はいろいろな手段を考える。神々の考えた方策のひとつとして、女神のアメノウズメは、「神懸《かむがか》り為《し》て、胸乳《むなち》を掛《か》き出《い》で裳緒《もひも》を番登《ほと》に忍《お》し垂《た》れ(2)」て踊り、それを見て八百万《やおよろず》の神々が笑い、アマテラスはそれを不思議に思って、石屋戸を出てくることになる。アメノウズメが性器を露出し、神々が笑ったのだから、ここにわれわれの昔話において重要と考えたモチーフがそのまま認められるのである。しかも、この昔話と神話の構造は、よく調べてみると、前記の点のみではなく、多くの点で類似性をもつことが見出される。その点については後に論じるが、このような神話との類似度の高さは、「鬼が笑う」昔話の内包する意味の深さを示唆するものと思われる。この意味を明らかにしてゆくために、天の石屋戸神話と――従って、われわれの昔話と――極めて類似性の高い、ギリシアにおけるデーメーテール(3)神話について述べることにしよう。

わが国の天の石屋戸神話とギリシアのデーメーテール神話の類似性については、内外の学者によって、つとに指摘されているが、ここでは、神話学者の吉田敦彦の(4)説を参考にして、そのあらましを述べることにする。

大地の女神デーメーテールの娘ペルセポネーは、牧原に咲き乱れる春の草花を摘んでいた。彼女は一輪の水仙を摘もうとしたが、実はこれはゼウスが彼女を冥府の王ハーデースの妃にしようと企んでしたことであり、そのとき大地が割れて、黄金の馬車に乗ったハーデースが現われ、ペルセポネーを地下の世界へと強奪していった。最愛の娘の悲鳴を聞いたデーメーテールは、早速彼女を探しに出かけるが、なかなか見つからない。

とうとうそれがゼウスの企みであることを知ったデーメーテールは烈しく怒り、神々の住処オリュンポスに近づかず、人間の世界を放浪した。

老婆の姿に身をやつした女神デーメーテールは、エレウシースの王ケレオスの館に招かれる。女神は(女神であることを誰も知らなかったが)娘のことを思って悲しみのため、押し黙って、食物を何も食べなかった。そこで侍女のイアムベーがさまざまなおかしな仕草をしたので、女神も笑い出し心が和んだ様子を示した。その後、彼女がケレオスの息子を養育するエピソードがあるが省略する。デーメーテールは女神の本性を顕わし、エレウシースの神殿に祭られるが、隠棲して娘を失った悲しみに耽っているので、大地の実りが止まってしまい、人々は飢えに苦しむことになる。ゼウスも仕方なくハーデースを説得し、ペルセポネーを母親の許に帰らせる。しかし、ハーデースはペルセポネーに石榴《ざくろ》の実を食べさせる。冥府で食物をとったものは、死者の国との縁を完全に絶ち切ることができないという掟により、ゼウスの妥協案によって、その後、ペルセポネーは一年の三分の二は母親の許で過ごし、三分の一は地下で夫と共に暮らすことになった。このため、一年のうちの三分の一は、デーメーテールが大地を実らさないので冬がくるのである。

この神話において、侍女のイアムベーが「おかしな仕草」をして女神を笑わせたと言われるが、このときに性器の露出があったと思われる。アレキサンドリアのクレメンスによれば、エレウシースにきたデーメーテールは、バウボーという婦人に招かれ、そのもてなしを受けた。女神は食物に手をつけなかったので、バウボーは自分が軽んじられたと思って怒り、性器を露出する。女神は失笑して、ついに飲食を摂るのを承知したという。バウボーの性器露出は、もともと笑わせるためではなかったかも知れないが、ここに、性器の露出と笑いというモチーフが認められる。

ギリシア神話と日本神話——従って、われわれの昔話——との類似は、単にひとつのモチーフの共通性ということではなく、実はその根本的な構造において一致点をもっている。それは、男性神の暴行によって、大女神が怒って身を隠し、そのため世界は実りを失って困りはてるが、神々がさまざまの手段によって大女神の心を和らげ、それによって世界の状態が正常に復す、という根本構造において一致するのである。ここで、男性神による暴行と述べたことを少し詳しく見てみよう。まず、ギリシア神話においては、ハーデースが、大女神の娘ペルセポネーを強奪するのであり、直接的な行為は娘の方に向けられている。これに対して、日本の神話では、スサノオの行為はアマテラスという大女神に直接に向けられていて、両者の間に差があるように見える。ところが、アルカディア地方に伝わる話によると、愛する娘を尋ねて遍歴していたデーメーテールは、ポセイドーンに凌辱されるのである。女神はポセイドーンが欲情を燃やして後についてきているのを悟り、一頭の牝馬となって身をくらまそうとする。しかし、ポセイドーンは女神の変身を見破って、自ら牡馬となってデーメーテールの牝馬に対して想いを遂げるのである。つまり、この話では、大女神が暴行を受けることになっていて、日本神話と一致するのである。

ところで、日本神話の方はどうであろうか。これは『古事記』によると、スサノオの暴行はつぎつぎとひどくなり、「天照大御神、忌服屋《いみはたや》に坐《ま》して、神御衣《かむみそ》織らしめたまひし時、其の服屋《はたや》の頂《むね》を穿《うが》ち、天《あめ》の斑馬《ふちこま》を逆剝《さかは》ぎに剝《は》ぎて堕《おと》し入るる時に、天《あま》の服織女《はたおりめ》見驚きて、梭《ひ》に陰上《ほと》を衝《つ》きて死にき」ということになる。ここで印象的なことは、馬が出現していることである。ポセイドーンが馬に変身してデーメーテールを襲ったことは既に述べた。また、機織りがなされているのも、五一—五二頁および七九頁において論じたことなどを考え合わせると興味深いことである。それらのことはともかくとして、ここで、馬を投げいれたのはスサノオであり、投げこまれたのは大女神アマテラスであるが、「梭《ひ》に陰上《ほと》を衝《つ》」いて死んだのは、天《あま》の服織女《はたおりめ》ということになっている。これは相当明白に性的な暴行を示している言葉であるが、その対象はアマテラスでは無いかの如き記述になっている。しかし、これはこのようなことを大女神に対して、あまりに直接的に表現し難いときによく用いられる話法であり、アマテラス自身が性的な暴行を受け死の体験をもったと見てよいであろう。死んで後に再生が生じるのだが、それはアマテラスの岩屋隠れとそこからの出現として語られるわけであり、そのような象徴的表現の裏に存在する部分は、彼女の分身としての天の服織女のこととして描かれたと見るべきである。

以上の推論が牽強附会でないことは、『日本書紀』の方を見るとよく解る。『日本書紀』の記述によると、「又《また》天照大神の、方《みざかり》に神衣《かむみそ》を織《お》りつつ、斎服殿《いみはたどの》に居《ま》しますを見て、則ち天斑駒《あまのぶちこま》を剝《さかはぎには》ぎて、殿《おほとの》の甍《いらか》を穿《うが》ちて投《な》げ納《い》る。是《こ》の時に、天照大神、驚《おどろ》動きたまひて、梭《かび》を以《も》て身《み》を傷《いた》ましむ⑤」とある。機織りや馬を投げいれるところなどは同じであるが、ここでは、アマテラス自身が傷ついたと明確に述べられている。しかし、この際は「身《み》を傷《いた》ましむ」という表現となり、「陰上《ほと》を衝《つ》」いて死んだとは述べられていない。ところが、『日本書紀』には、一書《あるふみ》に曰はく、として次のような記述が認められる。「稚日《わかひる》女尊《めのみこと》、斎服殿《いみはたどの》に坐《ま》しまして、神之御服《かむみそ》織《お》りたまふ。素戔嗚尊《すさのをのみこと》見《みそなし》はて、則《すなは》ち斑駒《ぶちこま》を逆《さか》剝《はぎには》ぎて、殿《みあらか》の内《うち》に投《な》げ入《い》る。稚日女尊、乃《すなは》ち驚《おどろ》きたまひて、機《はたもの》より堕《お》ちて、持《も》たる梭《かび》を以《も》て体《み》を傷《やぶ》らしめて、神退《かむさ》りましぬ。」つまり、ここでは、ワカヒルメという女神が梭で体を傷つけ死んだことになっている。このワカヒルメは、アマテラスが大日女(オオヒルメ)と呼ばれることから考えて、アマテラスの娘ではないかと考えられる。そのときは、暴行を受けたのは、大女神の娘であることになって、ギリシア神話との類似性が高くなるのである。

このようにして見てくると、むしろ、母と娘のどちらがどうであったかと考えるよりは、母＝娘というひとつの結合体、あるいは、ひとりの女という存在を考え、その母親としての側面、娘としての側面が強調されるときに、それは母として、娘として分離して語られると考える方が、解りやすいように思われる。この点、日本神話の方は、母＝娘の分離が不明確で、どちらもアマテラスのこととして語られているというべきであろう。これに対して、昔話の方は、鬼にさらわれる娘と、それを探しにゆく母として、母＝娘の分離があるので、この方がむしろギリシア神話に近くなっている。もちろん、昔話であるので宇宙的な拡がりをもたず、大女神の歎きによる世界の困窮などということになると、日本の神話の方が、ギリシア神話に近くなるのである。ついでに述べておくと、ギリシア神話の方は、すべてのことが起こり、妥協が成立したりするときに、最高神ゼウスの計らいということが存在しているが、日本神話においては、被害を受け、歎き悲しみ、神々によって心を和らげられる女神自身が、実は最高神なのであり、この点が、ギリシア神話と日本神話の決定的な相違点となっている。

母＝娘結合を破る異性の侵入によって、事が生じる。その解決のときに女性性器の露出による笑いが決定的な役割をもつ。この二点においては、日本の昔話、日本神話、ギリシア神話の三者とも共通である。しかし、細部においては、少しずつずれが生じている。この点を表記すると、表6のようになる。これをみると、三者間の異同が明確に認められ興味深い。男性的な侵入者の存在は三者に共通である。それによって侵される者

表6　日本の昔話・日本神話・ギリシア神話の比較

	日本昔話	日本神話	ギリシア神話
侵入者	鬼	スサノオ(馬)	ハーデース ポセイドーン(馬)
侵される者	娘	アマテラス ワカヒルメ	ペルセポネー(娘) デーメーテール(母)
探しだす人	母	神々	デーメーテール(母)
笑わせる人(性器の露出)	母・娘・庵女	アメノウズメ	バウボー(イアムベー)
笑う人	鬼の家来ども	神々	デーメーテール

が娘であり、それを探し出そうとするのが母である点は、日本の昔話とギリシア神話(少し混乱もあるが)が同一である。この点、日本神話では、アマテラス(ワカヒルメ説もあるが)が、デーメーテールとペルセポネーを合体したような存在となる。ところで、次の笑いのところになると、三者はそれぞれ異なってくるのである。つまり、「笑う人」は、日本昔話では、鬼であり、日本神話では神々であり、ギリシア神話では、デーメーテールという大女神である。ここで、アマテラスは笑ったのかどうかという、高橋英夫の提出した疑問[6]はなかなか意味深いと思うが、不問にしておこう。ともかく、「笑う人」が異なるように、「笑わせる」人も異なってくる。バウボー(イアムベー)とアメノウズメは少し類似点も感じられるが、昔話の方で、笑わせる人(性器を露出する者)が、母＝娘、それに庵女さままでが加わっているところが注目に値する。

以上、明らかにしてきたような日本神話、ギリシア神話との異同を踏まえて、「鬼が笑う」昔話における、鬼、性器の露出、笑い、などについて次に考察してみたい。

3 母＝娘結合を破るもの

「鬼が笑う」に登場する鬼とは一体何ものであろうか。馬場あき子はその名著『鬼の研究』(三一書房、一九七一年)の冒頭に、「〈鬼とは何か〉という命題は、さかのぼるにしたがいたいへんむずかしく、民俗学的な把握にも未開の部分を残している」と述べている。現代人のわれわれがすぐに思い起こすイメージは、角を生やし虎の皮の褌《ふんどし》をしめ、怪異な姿ながらも、節分に子どものまく豆に退散してゆく、「おちぶれた鬼」であるが、深く探究しはじめると「たいへんむずかしく」、昔話の世界にのみ限定するとしても、この小論のなかで究めつくすことは不可能である。筆者としては当面、この「鬼が笑う」のなかの鬼のイメージになるべく限定して、それも、日本人の心の内奥の世界の住人としての意味ということに焦点をあてて、考察してゆくことにしよう。もちろん、柳田、折口などの先覚者の意見も、参考にしながらのことであるが。

われわれの昔話に登場する鬼について考える上において、既に述べた日本神話、ギリシア神話との類似は大きい示唆を与えてくれる。女の世界へ侵入するものとしての、ハーデース＝ポセイドーン、あるいは、スサノオの神の姿は、折口信夫の有名な、「おに」「かみ」同義説を想起させるものがある。ギリシア神話における、デーメーテール＝ペルセポネーの関係は、昔話の母＝娘関係に極めて類似している。このような緊密な母＝娘関係は、心理的に何を意味しているのであろうか。このような母＝娘関係を、ノイマンは「原初的関係」と呼んでいるが、それは、「関係」というよりは、「一体性」というべきものである。原初の時代において、母は子を生み出すものとして、絶対的な存在であった。そこに、男性の果す「役割」はおそらく意識されなかったであろう。母なる大地を文字どおり母胎として、そこに植物は生まれ死に、甦り、そのサイクルは永遠にくりかえされる。母なるものは常に存在し続け、その上で死と再生が繰り返される。

エレウシースの密儀においては、死と再生の主題が最も大切なことであったが、その再生の特性について、久野昭は次のように述べている。「狩猟が生存の手段であるとき、ひとは獣を捕獲し、殺し、これを喰い、あたりの獣を喰いつくせばさらに新しい群れを求めて移動する。大地は生存のための闘争の舞台である。だが、農耕が生存の手段であるとき、種子を保存するという手段が必要なのである。保存された種子が蒔かれ、みずからは死ぬことによって、新たな生をもたらすのである。一粒の麦が死ぬことによって、多くの実を結ぶのである。[7]」このような植物的な死と再生のパターンがエレウシースの密儀においては重要なのであり、植物的な死と再生においては、死んだ麦と再生してくる麦とは同じものである。これに対して、獣を殺して食べることを死と再生のパターンとしてみるにしろ、死んだ獣は食べた人間の生として甦るとき、それは同一のものではないことに注目しなくてはならない。つまり、植物的な場合は、同一のものの反復による再生なのである。母と娘は同一物なのである。娘は老いて母となり、母は死んで再生し娘となる。これは同一物の異なる側面を示しているのに過ぎない。

根元的な母＝娘結合の支配する世界においては、事象の変化は永遠に繰り返され、そこには本質的な変化は生じないともいうことができる。このような永遠に続く反復を打ち壊すためには、母＝娘の結合を破る男性の侵入を必要とする。しかし、その侵入者はよほど強力なものでなければ、母＝娘の結合力によって阻止されてしまうであろう。二つに割れた地面から四輪馬車を駆使して出現する冥府の王ハーデースの姿は、まことにそれにふさわしい荒々しさを感じさせるし、スサノオがいかに荒ぶる神であるかは、日本神話に描かれている。これらの神が馬の連想を生み出すのも、馬の突進する力の強さと関連してのことであろう。日本神話の場合は、母＝娘結合の姿は認められないが、女性が最高神であるという事実によって、そこは母なるものの優勢な世界であることが示されていると思われる。ところで、ここに侵入してきた男性神は、男性ではあるが、母なるものとの関連が極めて密接なことが特徴的である。ハーデースはそもそも地底の国の王である。土は母なるものの象徴である。あるいは、ペルセポネーを割れた地中に連れ去ってゆくのは、土の中に呑みこんでゆくとも言えるわけで、それは第2章に述べた母なるものの属性としての、呑みこむ力にも関連してくる。スサノオと母の結びつきは明白である。彼は、父のイザナキに、「海原《うなばら》を知らせ」と命じられながら、母の国に行きたいといって泣きわめいたくらいである(彼と海との関連は、ポセイドーンのことを連想させる)。事実、彼は――ハーデースと同じく――最後は根の堅洲国という冥府に住むことになるのである。

われわれの昔話に住む鬼も、男性ではあるが、水を飲みこんだりするときに、呑みこむ力の凄まじさを示している。つまり、母＝娘結合を破るものは、ハーデース、スサノオ、鬼いずれも共通して、父性と母性の両方をプリミティブな形で共にもちつつも、なお、父性の方に重点がおかれている存在ということができる。既に第1章第3節に述べたウロボロスの状態――父性と母性が未分化のままである混沌の状態――を想起するならば、この昔話に登場する鬼は、ウロボロス的父性の体現者として考えることができる。それは父性ではあるが、天に坐すゼウスのような輝きをもたない。それは暗く凄まじい。強くはあるが威厳に乏しく、時に滑稽に陥ることすらある。馬車馬のように突進する力は想像を絶するが、自らの方向を定める力はもっていない。それは父性とはいうものの背後に存在する母性を常に感じさせるものである。ウロボロス的父性のイメージを提供するものとして、かつての日本の軍隊などはぴったりであろう。そこからは死の突撃を繰り返した鬼神たちが多く輩出されたことを、われわれはよく知っている。もちろん、ウロボロス的父性そのものは、善でも悪でもない。破壊力の強さと無方向性のため、悪のレッテルを貼られやすいが、これ無くしては、母＝娘結合は永遠に破れないのである。ウロボロス的父性の侵入によって分離された母と娘は、またもとの状態に返ろうとする。母による娘の発見は、再生の儀式としての意味をもつが、一方からみれば「男性の侵入を無に帰する」はたらきと見ることができる。実際、われわれの物語においては、鬼は鬼どもの、女は女どもの世界へと立ち返り、あたかも何事も起こらなかったかのような結末を迎えるのである。庵女さまは自らは石塔であることを明らかにし、毎年自分のかたわらに石塔を立てて欲しいという。母娘は(娘がその後結婚したのかどうかは語られない)庵女さまの恩を忘れずに、毎年、一本ずつ石塔を立ててあげた、という終結は極めて印象的である。毎年増えてゆく石塔は、永遠に無事に同じことが繰り返されることを、見事にイメージ化している。平和な姿であり、母と娘の感謝の気持がそこにこめられている。しかし、何事も起こらない。われわれは、第1章において既に指摘したような、日本の昔話における、無に返るはたらきの強さを思い知らされるのである。

ここで、文化的な観点よりは、個人的な観点に立って少し考えてみることにしよう。女性は生まれたときから、母＝娘結合の世界に住んでいるのは当然である。女性がこの結合の世界に安住したままで生きてゆくとき、結婚・出産・育児・老・死というサイクルは、自然のままに、つまり、母なるものの偉大な膝に包まれたままに、生じてゆくであろう。ここでは、男の男としての役割はほとんど意識されないか、あるいは、母なるものの従者としての役割を担うことになるだろう。現代のわが国の女性のなかには、これに近い心性をもって生きている人もあるようだ。ところで、このような母＝娘結合を破るものとして、前述したようなウロボロス的父性が作用し、女性がそのような父性の存在を受けとめたとき、その女性は母＝娘結合の段階から、父＝娘結合の段階へと変化する。

父＝娘結合の段階に住む女性も、それよりなお一段進もうとするとき、前よりも異なった男性像の受け容れを経験しなくてはならない。あらたな男性像の侵入によって、父＝娘結合は破られねばならないのである。この段階へと進むことのできぬ女性は、結婚を拒否するか、父＝娘という近親相姦の段階にとどまることになるだろう。このような観点に立つと(人生はいろいろな観点から見られるが)、日本の現代女性は、このあたりの段階に居る人が一番多いかも知れない。それはともかく、父＝娘結合を破る男性も、まず最初は怪物として――時には鬼として――認識されるものである。このような話は、いわゆる「美女と野獣」型の昔話として、全世界に満ちているというべきであろう。第1章にあげた、付篇3に示してある「三つ目男」もその典型例である。父＝娘結合を破る男性は、三つ目男という怪物となって現われている。この場合、三つ目男は殺され、女性は王子と結婚するが、この際、「美女と野獣」のように、野獣が王子に変身しても、その基本構造においては変りはない。怪物としての男性をまず受け容れることによって、それは王子へと変化するのである。

母＝娘結合から父＝娘結合への移行段階にあたるものとして、日本の昔話「鬼聟入」をあげることができる。これと似ているが、「猿聟入」は、もう父＝娘結合の話に近くなっている。「鬼聟入」は、『日本昔話大成』に一〇二としてあげられているが、次の一〇三としてあげられている「猿聟入」や、既に論じてきた「鬼の子小綱」に類話の多いのに比較すると、類話の数が極めて少ないのが特徴的である。おそらく、これが移行段階にあるからであろう。次に「鬼聟入」の話の要約を示す。鹿児島県大島郡奄美大島において採集されたものである。

三人の娘をもつ寡婦がいた。長女はあわめんかしら、末娘はおとまだるかなと呼ばれた。母親が大水にあって川が渡れず困っているとき、鬼が渡してくれるが、そのかわりに自分の娘を一人嫁にやると約束させられる。長女も次女も鬼のところへなど行かないと怒ったが、末娘は、母の言い付けならなんでも聞くと言って、鬼の嫁となることを承知する。鬼は喜んで、おとまだるかなを抱きかかえて連れてゆくが、あいにく洪水で川を渡るときに足を踏みはずしてしまう。おとまだるかなはそのときにうまく向う岸に飛びつくが、鬼は急流に流されて死んでしまう。

助かったおとまだるかなの前に殿様(あじがなし)が現われ、殿様の嫁になる。そこで、おとまだるかなは幸福な暮しをするが、それを母親に知らせたいと思い里帰りをする。妹の幸福を嫉妬した姉のあわめんかしらは、妹を泉に突きおとして溺死させ、自分がおとまだるかなになりすまして城に帰る。一夜あけて、あわめんかしらが泉に水を汲みにゆくと、おとまだるかなが鰻に化けていて、あばれて水を濁し、水が汲めない。あわめんかしらの話を聞いて、殿様のあじがなしは自ら泉へゆき、鰻を取ってくる。料理をさせて食べようとすると、生煮えで食べられないので、殿様は不平を言った。すると、すかさず料理された鰻の頭が口をきいて、鰻の煮えているのと煮えていないのがわかるあなたが、どうして妻が変っているのがわからないのかと言った。あじがなしは事の真相を知り悲しむし、あわめんかしらは身のおきどころがなく、とどろ虫になってしまった。今日でも生煮えの料理をあじがなしというのはこんないわれからだそうである。

この話の前半には、母＝娘結合を破ろうとする鬼の出現が語られる。しかし、一般に、母＝娘結合が強調されるときは、ハーデースの出現のように、それはもっと非合理に突如として現われるものである。母＝娘結合の世界は目に見えるような構造をもたないのである。これに対して、鬼が自分のしたことの反対給付として娘を貰おうと約束するような構造をそなえた物語は、むしろ、父＝娘結合の話としてふさわしいのである。事実、「美女と野獣」型の物語は、そうなっているのが多い。この話は移行型として、おそらく両者が混合したのであろう。ところで、鬼の死につづいて殿様が現われ、これは、父＝娘結合を破る男性像の変身と同様のことが生じているのである。幸福になったヒロインが里帰りをし、姉が嫉妬するところまで、西洋の「美女と野獣」の話と同様である。ところが、結末に至って、それは急激に日本化する。姉の悪事は露見したにしろ、姉はとどろ虫となり、「生煮えの料理をあじがなし料理という」と因縁話に収斂してゆくのは、何とも、おかしくあわれなことと感じさせられる。

日本における母＝娘結合の強さ、あるいは、母なるものの強さを、この話によって再認識させられるが、われわれの美意識の完成のために、命を棄てていった多くの女性の姿は、まさにあわれというより仕方のないものである。もちろん、このような女性たちが、そのままでいるわけではなく、その後の軌跡を今後追求してゆくのではあるが、ここで、テーマを変えて、性器の露出について考えてみることにしよう。

4　性器の露出

性器の露出というモチーフは、既に述べたように、ギリシアのデーメーテール神話におけるバウボーの行為のように、重要な意味をもって認められる。しかしながら、筆者の調べた範囲では、世界の昔話のなかにそれを見出すことができなかった。トムソンのモチーフ・インデックスにも記載されていない。後述するように世界の神話のなかには相当認められるので、もっと昔話の研究がすすめば見出されるものかも知れない。ともかく、神話を手がかりとして、その意味を考えてみることにしよう。

日本の天の石屋戸神話において、アメノウズメの性器露出が語られることは先に述べたとおりであるが、彼女が再び性器を露出したことが、『日本書紀』や『古語拾遺』には記載されている。ただし、この事実は『古事記』には認められない。『日本書紀』の一書《あるふみ》に曰はくによると、天孫がまさに出発しようとするとき、先駆のものが還ってきて、「一《ひとり》の神有りて、天八達之衢《あまのやちまた》に居《を》り。其の鼻《はな》の長さ七咫《ななあた》、背《そびら》の長さ七尺余《ななさかあま》り。当《まさ》に七尋《ななひろ》と言《い》ふべし。且口尻明《またくちわきあか》り耀《て》れり。眼《め》は八咫鏡《やたのかがみ》の如《ごと》くして、絶然《てりかかやけること》赤酸醬《あかかがち》に似《の》れり」と報告する。容貌怪異、どこかに後代の鬼を思わせるものがある。八百万の神の誰もが彼に問いかけることができなかったので、アメノウズメが「汝《いまし》は是《これ》、目人《めひと》に勝ちたる者《かみ》なり」と遣わされることになる。そこで、アメノウズメは、「其《そ》の胸乳《むなぢ》を露《あらは》にかきいでて、裳《も》帯《ひも》を臍《ほそ》の下《しも》に抑《おした》れて、咲噱《あざわら》ひて向《む》きて立《た》つ」と、怪神が口を開いて問いかけてきて、彼が猨田彦大神《さるたひこのおおかみ》であり、天孫を迎えに来ているのだということがわかる。ここで、アメノウズメの性器の露出は、相手の笑いを誘い出すものではなかったが、一見して天孫降臨を妨害するかのように思われた恐ろしい神の口を開かせ、事情を明らかにするという効果を発揮したのである。

アメノウズメが天の岩屋の前で行った行為は、ギリシア神話におけるバウボーの行為と極めて類似しているが、サルタヒコに対するときの行為は何を意味するのであろうか。これについて、比較神話学の立場から、吉田敦彦が、「日本神話中に物語られているアメノウズメの行動が、ほとんどすべての場合において、鎖《とざ》されている口、入口、通路などを開く働きとして解釈される(8)」と述べているのは、まことに卓見といわねばならない。そもそも、性器の露出ということが「開く」行為であるが、天の岩屋の場合では、アメノウズメの行為によって、神々の口を笑いによって一斉に開かせ、続いて怒りによって沈黙を守っていた女神アマテラスの口をも開かせるのである。このことは、ギリシア神話のバウボーにも相当する。サルタヒコの口を開かせたのは、既述のとおりである。これに加えて、吉田敦彦は、『古事記』のなかの次のような物語の存在を指摘している。すなわち、アメノウズメが魚たちに「汝《いまし》は天つ神の御子に仕へまつらむや」と問い、諸《もろもろ》の魚はすべて「仕へまつらむ」と答えたのに、海鼠《なまこ》だけが黙っていた。そこでアメノウズメは「この口や答へせぬ口」と言って、刀で口をさいた。ここにも、鎖された口を開くという機能が見られるのである。

吉田はさらに、このように、鎖された口を開くという機能をもち、世界に光をもたらしたりするアメノウズメは、「インドのウシャスなどと似た曙の女神として観念されていたのではないか」という興味ある示唆を与えている。『リグ・ヴェーダ』に見られるウシャスは、笑ったり踊ったりして、その乳房や裸体を露出すると言われている。このことは、天の岩屋神話と関連して、性器の露出が世界に光をもたらす話として、松本信広によってつとに紹介されているアイヌの伝承を想起せしめる。(9) これは、金田一京助の『アイヌラックルの伝説』によるものである。その話の冒頭は、「春は女の季節である。冬が来ると青草が国土の上に萌えいで、梢々が萌え出でる。冬は男の季節である。冬が来ると青草が国土の上に長々と寝てしまい、梢々も散りつくし、白い雪が国土の上に積る」という印象的な言葉によって始まっている。「春は女の季節である」という言葉は、エレウシースの密儀が麦の死と再生と結びつく、春の祭典でもあることを想い起こさせる。ところで物語に戻ると、アイヌの村に饑饉魔がやってきて、人間の郷を饑饉に陥れようとして、通りすがりの若者に、いっしょにやろうと声をかける。その若者はオキクルミといってアイヌの文化英雄的存在であったので、彼は何とか魔神の行為を妨げようと考える。オキクルミはそこで魔神に酒を飲もうというが、「酒は善神の喜ぶものだ、なに悪神などが飲みたがるものか」と相手にされない。そのとき、オキクルミの妹が、「婦人着の前紐をはらはらとほどき、ぼっくりした乳房をあらわに前をはだけた。すると東の方がぱっと明るくなり、西の方がぱっと暗くなった」。これを見ると悪神は考えが変って、家にはいってきてオキクルミのすすめる毒酒を知らずに飲み、退治されてしまう。

このアイヌの物語では、女性の胸乳を露にする行為によって、東の方が明るくなり、それによって悪神の気が変ることになっている。東が明るくなることは、吉田の指摘している曙の女神とも関連するのではないか、と思わせる。また、松本信広は前述のアイヌの伝承を紹介した後に、オキクルミの妹の行為は、「饑饉の魔をほほえます。笑いというものは思いつめた意思をゆるませるものである。悪魔の憤り、獰猛さは、笑いの中に消えてしまう」と述べている。アイヌの悪神が笑ったかどうかは本文中に明らかではないが、女性の性器露出の行為によって、「思いつめた意思をゆるませ」たことは事実である。そこには緊張からの解放、一種の開けが認められる。ギリシア神話や日本神話における性器の露出が、大女神の沈黙を破ることに目標をおいているのに比して、このアイヌの神話は、悪神＝鬼の緊張をゆるめることを意図している点で、「鬼が笑う」昔話に近いとも考えられる。

性器の露出について、吉田敦彦の論考に従って、もう少し類似の神話について述べることにしよう。[10] 吉田によるとオセットの叙事詩伝説中に次のような物語があるという。ナルトの血を引く、プシ＝バディノコという無双の勇士が居た。彼はナルトの村で生まれたが母親によって箱に入れられ海に捨てられたため、他所で育った。彼はナルトの村にソスランという勇士のいることを知り、一勝負してみたいと思い立ち、ナルトの村へやってきた。ソスランの母親(と言っても、その関係は複雑であるが、その点は省略する）サタナは、下女からの報告で、誇り高い騎士プシ＝バディノコが自分の村の方に向ってくるのを知った。彼女はこのまま行かしてはソスランの命が危ないと思い、下女に、酒も肉もふんだんにあり、大勢の美女もいるから、とプシ＝バディノコを自分の家に引きとめさせようとする。これに対して、プシ＝バディノコは、そのようなものに関心がなく、自分は、「手柄をあげたいと渇望している自由な騎士で、わたしの友となり戦いの相手をしてくれるナルトを探しに来たのだ」と、下女の誘いをはねつける。そこで、サタナは粧《よそお》いをこらし、自ら家を出て彼を誘おうとした。言葉による誘いが効果のないことを知って、彼女は頭の被衣をとって、真白なのどを見せたが、やはり駄目であった。サタナはそこで、「両の乳房を、彼の眼の前に露呈し、最後にはとうとう、絹の下紐を解いて恥部まで曝け出した」。

しかし、この場合、サタナの行為は効果をもたらさず、プシ＝バディノコはそのまま馬を進め、ソスランと対面することになる。二人の勇士は最終的に、盟友の契りを結ぶことによって、この物語は終る。ここでは、女性性器の露呈が効果をもたらさなかった。このサタナの行為は、天孫降臨の道に突然に現われた恐ろしい相手に対して、性器を露出したアメノウズメの行為と類似している。しかしながら、アメノウズメの場合は、それが威圧的、あるいは呪術的な効果を狙ってなされたのに対して、サタナの場合は、明らかに女性の性的誘惑の行為としてなされている。アイヌのオキクルミの妹の場合は、この中間位になるであろうか。それにしても、サタナの行為は呪術的要素があまりにも少なく、それ故にこそ、無双の勇者によって無視されてしまったと思えるのである。

次にケルト伝説に見られる類話は次のとおりである。アルスターの王コンホバルの甥、クーフラインは半神的な勇士である。彼はアルスターの強敵をつぎつぎと倒し、都に帰ってくる。しかし、戦いの熱によって身体を灼熱させて帰ってくるので、コンホバル王はそのままでは、自分の都が危険に陥ると考えた。そこで王は王妃のムガインを先頭に、一五〇人の女たちに、全裸になって城外に出て、クーフラインの前で裸体と恥部を露呈するように命じた。すると彼はこの光景を見まいとして、懸命に顔をそむけた。その隙に人々は彼の灼熱した身体を冷水を満たした三杯の桶につぎつぎと漬け、その熱をさますのに成功した。コンホバルはそこでクーフラインを自分のもとに連れて来させ、武功を称えた。

ケルト伝説の場合、性器の露出は灼熱した勇士の勢いを静めるのに役立ったのだが、勇士が見まいとして顔をそむけるのは、単なる恥ずかしいといった感情よりは、むしろ、呪術的な力の方を感じさせられる。ここで、性器の露出が勇士を威圧する力をもったのか、その心を和らげる力をもったのかは定かではない。松村武雄が天の岩屋神話の考察に関連してあげている琉球の古伝承は、性器の力の方を直接に伝えており、しかも、これは鬼に対する話なので、われわれの昔話の場合を考え合わせると興味深い(11)。昔首里の金城に食人鬼がいて、人々は困っていた。ある人の妹が鬼に性器を示した。鬼はその口は何をする口かと尋ねた。女は上の口は餅を食う口で、下の口は鬼を食う口だと答えたので、鬼は恐怖のあまり、崖からおちて死んだ、ということである。この伝承の場合は、女性性器が鬼をも恐怖せしめるものであることを示している。

以上、多くの類話を示してきたが、女性性器の露出が呪術的な威圧力をもつこと、そのため相手に恐怖感を与えることや、それは、何らかの意味で「開け」に通じ、夜が明けて朝がくること、あるいは、冬が終り春の花開くときがくること、などにまで関連する意味があることがわかった。このような「開け」は笑いにも通じるものであるが、その他の神話と異なり、われわれの昔話の場合は、鬼が笑ったことにその特徴が認められる。そこで、次節においては、鬼の笑いについて考察することにしよう。

5　鬼の笑い

鬼は恐ろしい存在である。その鬼の笑いと言えば、おかしいというよりは恐ろしい感じを、まず与えるのではなかろうか。たとえば、『地獄草紙』には笑っている鬼の姿が描かれているが、人間どもをいためつけて哄笑している鬼は、人間に対する鬼の絶対的な優位性を示している。古来、「笑い」に関する論考は数え切れぬほどあり、それらのすべてと関連づけて考えるのは、筆者の力を超えることであるが、笑いの本質について、ホッブス以来「優越感」をあげる論者は多い。『地獄草紙』の鬼の笑いは、まさにその典型であろう。柳田國男が「笑の文学の起原」[12]において示している「天狗笑ひ」に通じるものがある。彼は、「天狗笑ひと称して深山の奥などで、不意に天地も響くやうな高笑ひの声を聴くことがある。さうすると人は「取つて食はう」と言はれた時よりも、なほ一層怖れて縮み上つてしまふ」と述べている。そして彼はまた、「笑は一つの攻撃方法である。人を相手とした或積極的の行為(手は使はぬが)である。寧ろ追撃方法と名づけた方が当つて居るかも知れぬ。弱くて既に不利な地位に在る者になほ働きかけるもので、言はば勝ちかかつた者の特権である」と言っている。柳田は笑いと反対とも思われる怒り、それにともなう怖れの感情などが、案外、笑いと関連して存在していることを見事に洞察しているのである。

ところで、「鬼が笑う」昔話における、鬼の笑いはどうであろうか。この昔話においても、鬼の人間に対する優越性は絶対と言ってよいほどである。人間をさらってくるし、それこそ「取って食う」ことだって出来そうである。人間たちが逃げ出そうと必死になって乗っている舟を浮かべている、川の水を飲みつくして、今にもつかまえそうになる。しかしながら、このように「既に不利な地位に在る者になほ働きかける」笑いを、ここで鬼たちは笑ってはならないのである。これがこの昔話の素晴らしいところである。しかも、鬼たちはそれでも笑い転げてしまって、彼らの優越性は一挙にして崩れ去るのである。笑いによって優者と劣者の地位は逆転してしまうのだ。このようにして見てくると、この「鬼の笑い」は一筋縄では解明できないものであることがわかってくる。この鬼の笑いは『地獄草紙』の鬼の笑いや、西洋の物語に登場する悪魔の高笑いとは異質のものであることが明らかである。

われわれが問題としている鬼の笑いが、神の笑いに通じるものであるらしいことは、既述してきたような昔話と日本およびギリシア神話との比較によって感じられたことと思う。ただ、どの話にも共通して、笑わせる例が性器の露出という行為をするのに対して、笑う側は、鬼であったり、神々であったり、大女神であったりして、そこに相違が認められるのである。笑い方も、デーメーテールの笑いは失笑に近い感じを受けるし、日本の神々や鬼の笑いは哄笑というべきものである。特にこの昔話の鬼どもの笑いは、底抜け笑いとでも表現したくなるほどのものである。

デーメーテールの笑いの背後には、怒りと悲しみがある。娘を失ったこと、あるいは自らの受けた凌辱に対する怒りと悲しみによって、女神は沈黙を守り、口を開こうとしない。それに対するバウボー(イアムベー)の思いがけない行為によって、女神は思わず失笑する。ここにも「開け」の現象がみられるが、これは喪があけたことを示す、とも考えられる。このことは、夜があけて朝となる、あるいは、暗い冬があけて春となる現象とも重なり合ってくる。昔話によく登場する「笑わないお姫様」は、おそらく「春の訪れ」のおそい女性像を示すものであり、それを「開花」させ得る男性こそ、彼女の夫たるにふさわしいということになるのであろう。たとえば、グリム童話「黄金のがちょう」(KHM 64)では、主人公の抜作《ぬけさく》が、笑わないお姫様を笑わせたために、彼女と結婚して王様にまでなってしまうのである。

天の岩戸の前での日本の神々の笑いも、今までに述べてきたような意味を背後にもっていると考えられる。ここで笑ったのは、女神ではなく神々であるにしろ、その意味はデーメーテールの笑いと通じるところが多い。「神の笑いについて」の高橋英夫の考察も、筆者の考えと重なるところが多い(13)。高橋の提出している「この女神(アマテラス)は笑わない神であるのか否かという疑問」に対しては、筆者は次のように考えている。アマテラスの場合もデーメーテールと同じく、彼女が笑うのが本当なのであろう。ただし、既に述べたように、ギリシア神話と日本神話との相違は、前者はゼウスという男性の最高神をもつのに対して、後者では、アマテラスという女神自身が最高神だという点にある。(これらの最高神は、ユダヤ＝キリストの唯一神と異なることは後に述べる。)従って、デーメーテールの場合は、ポセイドーンによる凌辱や、バウボーによる笑いなどが直接にデーメーテールのこととして語られるのだが、日本神話では最高神としての神格を守ろうとするかぎり、その行為を語るためには、ワカヒルメなどという、いわば一種の分身を設定する必要が生じてくるのである。天の岩戸の前で笑ったのは神々であったが、彼らがどうして笑っているのかといぶかしがるアマテラスに対して、「汝命《いましみこと》に益《ま》して貴き神坐《いま》す。故《かれ》、歓喜《よろこ》び咲《わら》ひ楽《あそ》ぶぞ」と答えているのは極めて示唆的である。象徴的に言えば、神々は「笑わぬ神」が「笑う神」に変化したこと、より「笑う神」の方が「益《ま》して貴き神」であることを述べていると考えられるのである。つまり、笑わぬ最高神としての女神は、笑うことによって神々の側に、もっと極論すれば人間の側に近よってくることによって、より貴き神に変化するという逆説がここに含まれているのである。

高橋英夫が、「神の笑い」について、天の岩戸につづく、アメノウズメとサルタヒコの出会いをもあわせ考えて、「笑いは神を人間の場所に引寄せるが、怪物、妖怪のたぐいをも逆方向から人間の方に引きつける……笑いは存在の人間化である」と述べているのは、まさに卓見であると言わねばならない。ここに笑いによる相対化現象が生じるのである。「鬼が笑う」昔話に相当する話は、なかなか他に見出し難いと述べたが、柳田が「南太平洋のどこかの島」の伝承として記載しているものは、われわれの物語と似たところをもっている。(14) それによると、大昔に一匹の蛙がこの世の水を飲み尽くし一滴も残さなかった。そこで多くの知恵者がいろいろと工夫して笑わせに行った。口を結んで苦い顔をしていた大蛙が、とうとう堪えきれずに笑い出し、たちまち水が世界に戻り、人間は大旱魃を免れたという。これも柳田のいうとおり、「我々の天の岩屋戸と、要素に於て共通の点がある」わけだが、絶対者としての大蛙は、笑いによって、その地位は相対化され、一人占めにしていた水が人間全体へと戻されることになるのである。

「鬼が笑う」場合の笑いも、この蛙の笑いと同一であり、一所に貯めこまれていた水が、笑いによってもとの姿へと戻されるのである。ただ、ここで興味深いのは、大蛙に関する物語では、笑わせることの意図が極めて明らかであるし、それは話の聞き手にとっても明白なこととして展開してゆく。それに対して、「鬼が笑う」昔話では、性器の露出も突然だし、それによる笑いということも突然で、おそらく話の聞き手はこのような結末を予想することが困難であろうと思われる。一歩進めて言えば、性器を露出してみせた庵女さまたちでさえ、これは予想外の結果だったかも知れないのである。既に、オセットやケルトの神話を取り上げて示したとおり、性器の露出は、恐ろしいものの怒りを和らげたり、静めたり、あるいは、それを誘惑したりする力をもっている。鬼に対して性器を露出した女たちは、このような他の意図をもっていたかも知れない。しかし、そこには突発的な鬼の笑いが生じ、一挙に相対化の現象が生じるのである。このような、突発的な展開は極めて特徴的であると感じられる。馬場あき子は『鬼の研究』の第一章の冒頭に「鬼と女とは人に見えぬぞよき」(「虫めづる姫君」)という、すばらしい警句をあげている。ところが、この昔話の結末では、女も鬼も本来ならば隠すべきものを逆に露呈させている。完全な価値の顚倒が生じているのである。

アメノウズメの機能として「開く」ということが考えられることは、既に指摘したが、今まで問題にしてきた笑いも、広義においてすべて「開け」と関係していると言える。「開け」という言葉は、宗教的な開示へとつながっていく言葉である。われわれ人間が、ある限定された空間を唯一の世界として認識しているとき、それを超えた世界の存在を突如として体験させられる。そのとき、われわれは「開け」を体験する。このような「開け」をもたらすものは、笑いのみではなく、怒りも同様のはたらきをもつ。高橋英夫が「神の笑いについて」の考察のなかで、ユダヤ教における神の怒りについて述べ、日本やギリシア神話について既述したような相対化がそこには生じることなく、「神はつねに垂直的関係の中に存在するしかなかった」と指摘しているのは、深い洞察を含んでいる。彼はこのような差が生じてくるのは、ユダヤの神が唯一神であるのに対して、ギリシアや日本では最高神と言えども「唯一絶対」ではなく、他の神々と言わば水平的な関係を保つからであると指摘している。ユダヤにおいて、神と人との差は絶対である。これに対して、「鬼が笑う」昔話においては、鬼の底抜け笑いがすべてを相対化してしまうように、絶対的な相対化が水平方向に生じているのである。ユダヤの神の怒りは垂直方向への「開け」を示し、日本の鬼(神)の笑いは水平方向への「開け」を示すのである。この考えは、「日本文化と日本語をめぐって」対話する哲学者たちの次のような言葉と呼応している。(15) すなわち、宮川透「超越者が不在であるということは、坂部さん流にいえば、直ちに、超越性が不在であるということにはなるまい……」坂部恵「そうです。私はいろいろな超越があると思うんです。垂直じゃない、水平の超越というのもね。……」という二人の対話を受けて、中村雄二郎は、日本に超越がない科学がないという発想は、あまりにも一つの観点に縛られていたからであり、「いろいろなかたちの超越があり、いろいろなかたちでの科学的思考の動きがあった」のだから、それをすくいあげてゆくことが必要であると結論している。

高橋がギリシアや日本の最高神が唯一神でなかったことを指摘しているのは、非常に重要なことである。この上に、筆者は、ギリシアの最高神が男性であり、日本のそれが女性であることの差にも注目したいと思う。このため、ギリシアではゼウスという最高神の存在のもとにおいて、デーメーテール＝ペルセポネーの母＝娘結合の世界に対する「開示」というよりは侵襲ともいうべき事象が生じ、デーメーテールの笑いは、その「開け」を受け容れるものとして生じたのであるが、日本においては、そのような過程を、最高神のアマテラス自身が体験しなくてはならなかったのである。従って、相対化のはたらきは日本において著しく、「鬼が笑う」昔話においては、それが極端にまで押しすすめられているのである。昔話の結末が、既に述べたように、石塔を毎年増やしてゆくことで示されているように、第1章において指摘したような、Nothing has happened のパターンはここにも見られ、すべてを相対化する絶対的な無の強さを、思い知らされるのである。梅原猛が、日本人の笑いを分析して、「東洋に於ける最高の笑いは、ジャン・パウルの云うような、すべての有限な現実を、無限なる理念に対照させて笑う笑いではなく、むしろ一切の相対的有を、絶対的な無に対照させて笑う笑いであろう」(16)と述べているのも、同様のことを指摘しているものと思われる。

「鬼の子小綱」の類話では、鬼を笑わせるために、尻をまくって、へらでたたくのや、屁をひるものなどがあり、「下品な」感じを与えるものだが、これは、下品という考えが既に、精神的なものを上品として、身体的なものを下品とする価値観にとらわれているからだと思われる。世界の開示は、心の次元をとおしても、肉体の次元をとおしてもなされるのであり、上からの開示が精神性と結びつくのに対して、水平方向(あるいは下方)の開示は、肉体を通じてなされるのではなかろうか。「底抜け笑い」を誘い出しそうな昔話として、わが国にある「屁ひり嫁」(大成三七七)タイプの昔話が、ヨーロッパ文化圏に認められないのも、こんな点が関連しているかも知れない、と思われる。ちなみに、「屁ひり嫁」の類話は朝鮮には存在している。

(1)　柳田國男「山の人生」『定本　第四巻』所収。
(2)　『古事記』日本古典文学大系1、岩波書店、一九五八年。以下『古事記』からの引用は同書による。

(3) ギリシアの神の名の表記法は、学者によって一定していない。本論では、高津春繁『ギリシア・ローマ神話辞典』岩波書店、一九六〇年、に従った。
(4) 吉田敦彦『ギリシァ神話と日本神話——比較神話学の試み』みすず書房、一九七四年。
(5) 『日本書紀』上、日本古典文学大系67、岩波書店、一九六七年。以下『日本書紀』からの引用は同書による。
(6) 高橋英夫「神の笑いについて」『新潮』一九七七年七月号、新潮社、所収。
(7) 久野昭『死と再生』南窓社、一九七一年。
(8) 吉田敦彦『小さ子とハイヌウェレ——比較神話学の試み』みすず書房、一九七六年。
(9) 松本信広『日本神話の研究』平凡社、一九七一年。(同書は最初、一九三一年に出版されている)
(10) 吉田敦彦、前掲書。
(11) 松村武雄『日本神話の研究』第三巻、培風館、一九六八年、に伊波普猷『琉球古今記』より引用されている。
(12) 柳田國男「笑の文学の起原」『定本 第七巻』一九六二年、所収。
(13) 高橋英夫、前掲論文。
(14) 柳田國男、前掲書。
(15) 坂部恵+山崎賞選考委員会『仮面の時代』河出書房新社、一九七八年。
(16) 梅原猛『笑いの構造』角川書店、一九七二年。

第4章　姉の死

母＝娘結合を破るものとしての鬼の侵入の話も、最後に生じる鬼の笑いが肯定的な響きをもつとはいえ、すべてがもとに返ることとなって、第1章に示した「無」の力の強さを痛感させるものがあった。あるいは、「鬼聟入」の例によって示したように(九八頁以下)、女の世界へ侵入してきた怪物は、西洋の物語のように男性に変身して結婚に到るのではなく、女性の力によって消滅させられてしまうのである。結婚の話が日本の昔話に少ないこと、および西ドイツの昔話研究者レーリヒが小澤俊夫の翻訳による日本昔話を検討した結果、同様のことを結論していることは既に第1章に指摘しておいた。彼は、西洋の物語では求婚の成功やそのための一連の冒険の成功が語られることが多いのに、日本の昔話では結婚のテーマが欠けている場合が多いと指摘し、「たしかに変身のモティーフはたびたびでてきますが、物語の期待水準はドイツ語の昔話とは別のもののようです。「救済」ということばも概念も、小澤の日本民話集にはいっさいみつけられません」(1)と述べている。

彼の結論に対して筆者も賛成であり、それ故にこそ、その意味を考えようとしているのであるが、昔話の面白さは、このような一般原則を破るものが必ずといっていいほど存在することである。そして、そのような例外を詳細に検討することによって、一般原則の意味も明らかになってくるものと思われる。ここに、「結婚」や「救済」が語られる物語をとりあげるのも、そのためである。

1　白鳥の姉

付篇6にあげてある「白鳥《しらとり》の姉」を読んで、どのような印象を、読者は持たれたであろうか。既に述べたように、日本の昔話には珍しいとされている「結婚」や「救済」が語られているために、どこか日本離れをした感じを抱く人もあろう。確かに、この物語は沖永良部島で採集されたものであり、類話が極めて少ないので、わが国本来の話ではなく伝播によったものではないか、とも思われる。しかし、一方では、この話に示される姉の甲斐甲斐しくもまたあわれな姿は、日本的な感じを受けるものであることは否めない。この話をここに選んだのは、このような姉の姿が、相当に日本的であると感じさせられるからである。後に触れることになるが、この姉の姿に、日本人なら誰でも知っている「安寿とづし王」の安寿の姿を重ね合わせて見た人も多いことであろう。

さて、「白鳥の姉」の物語を例のごとく、一通り見てゆくことにしよう。「さしゅの国」の殿様が、女の子一人、男の子一人が生まれたところで、奥方を失ってしまったという。日本の昔話は伝説に近く、大名やお姫様が主人公として登場することが少ないことは、外国の学者も指摘するところであるが[2]、この話の冒頭は、西洋の昔話と似た感じを与える。ただ、シンデレラなどと違って、姉と弟の二人の子どもという組合せが珍しく思われる。殿様はおきまりの如く後妻を貰うのだが、一〇年の間は辛抱していたことが語られる。このような継母子の物語は、世界に数多く存在するが、父親が一〇年間後妻を貰わずに辛抱したことが語られるのは稀ではないか、と思われる。父と子の絆の深さをこれによって示したかったのであろう。

一〇年後に、父は後妻を貰い、後妻は連れ子を伴ってくるのも、多くの昔話のおきまりのパターンである。継母は継子を排除し、自分の子どもを大切にしようとする、シンデレラでおなじみの話が展開するのだが、ここで、昔話における継母の意味について考えてみよう。このことは既に他所で論じたが[3]、グリム童話における、「ヘンゼルとグレーテル」や「白雪姫」の母親は継母となっているが、もともとの話は実母だったのである。第2章第2節において、母なるものの二面性について述べた。母親は実母であっても、その暗い半面として、自分の子を死に至らしめようとする力をもつものである。母なるものの二面性のうち、肯定的な側面がとりあげられ、それを母性の本質と考える傾向が一般に強いので、否定的な面は無意識内へと追いこまれる。そこで、母について述べるとき、無意識的な面にまで注目するならば、実母が子どもを殺したり、棄てたりしても別に不思議ではないのだが、社会によって一般に承認される意識的な見方に立つと、母親は絶対に肯定的なものとされ、その否定的な面は、もっぱら継母というイメージに集約されるのである。このため、昔話に出てくる継母は実際のそれよりも、はるかに悪いイメージを背負わされることになる。

日本の昔話の継子譚を通観して、すぐに気がつくことは、そのほとんどが母＝娘関係であるという事実であろう。『日本昔話大成』に継子譚として分類されているものは、唯一の例外、「灰坊」を除いてすべて母＝娘の間の継母子関係の話である。「灰坊」は、関敬吾はむしろ婚姻譚の方に分類すべきではないかと提案しているが、筆者も同意見である。そこで「灰坊」はこの際、例外として切り棄て——「灰坊」自身は大変興味深い話だが——なぜ、母＝娘の継母子が問題となるかについて考えてみよう。既に述べたように、ここに継母として表わされていることは、必ずしも実際の継母とは限らず、母性の否定的側面が明確に表わされていると考えるべきであろう。そうすると、これを娘の側を中心にして考えれば、娘にとって、母親の否定的な面が意識されるような母子関係を指していると考えられる。

母＝娘結合を破るためには、強力な男性の侵入を必要とすることは前章に述べた。継母＝娘の関係で表わされるのは、母＝娘結合が以前のように一体ではなく、娘が母親の否定的な面を意識していることを示す。人間は他との一体性を破り自立しようとするとき、まず相手の否定面を意識する必要がある。これは、多くの思春期の女性が母親に対して急に批判的になったり、実際よりはるかに母親を低く評価したり、時には嫌ったりする現象として現われる。彼女たちは時に、自分の母親は、本当の母親だろうかと疑ったりする。このような時期を経てこそ、女性は母から自立することができるのである。このことは、母＝娘の継子譚の主人公、つまり娘たちが結婚に至る昔話の多いことを説明しているように思われる。われわれの昔話は、後で明らかにするように、この筋道からは少しずれるのだが、その典型としては第7章に取りあげる、「手なし娘」をあげることができるであろう。既に指摘したように、男性の英雄が竜退治に相当する仕事を為し遂げて結婚に至る話は、日本に少ないのだが、女性を主人公として、彼女が継母による迫害に打ち克って結婚する話は割に存在しているのである。このことの意味は、第7章でもう一度深く考察するとして、ここでは、継母＝継娘の関係の重要さと、その意味を指摘するのにとどめておこう。

継母＝継娘の関係は、シンデレラの物語に典型的に示されているが、われわれの話の特徴は、娘の結婚話が生じるまでに、継母による娘への迫害の事実が全く語られず、結婚の相手も簡単にきまってしまうところにある。シンデレラにおいても、あるいは、日本の昔話（たとえば、付篇9「手なし娘」）でも、娘が継母によって苦労させられるところが必ず語られる。それと、男性に見出されるまでのいろいろな経過や、時には結婚後も続く継母による妨害などが述べられるのである。ところが、「白鳥の姉」の物語では、結婚の取り決めまでは、すんなりと話がすすんでしまう。このことは、この話の主眼点がその後に語られる姉と弟との関係にあるためであると思われる。従って、この話に結婚は生じるが、物語の焦点は男性と女性の結合ではなく、姉と弟との結合におかれている。その証拠に、この話の結末は、結婚生活が幸福であったというのではなく、姉も弟もそれぞれ結婚するのだが、「姉弟たがいに助けあい、いまがいままでよい暮しをしているそうであります」ということになるのである。このことは、第3節に取りあげる「姉と弟」の話においても同様である。姉と弟とがお互いに協力して幸福に暮らすことが第一の目標であり、そのためにそれぞれの結婚のことが語られるのである。

話が先走ってしまったが、もとへ返して、継母が娘を殺すところについて考えてみよう。娘は大鍋にわかした湯のなかに投げこまれて殺される。ここのところの類話をみてみると、大釜とか風呂とかではあるが、要するに大きい容器に投げこまれて殺される点では同一である。これはおそらく、女性の成女式(4)においては大切なこととされる胎内復帰を示しているものと思われる。娘の殺され方が、その他の方法ではなく、大きい器にいれられる方法である点が、それを裏づけている。女性は乙女から妻へと変化するとき、死の体験をしなくてはならない。

姉の玉のちゅは殺され、継母は自分の娘のかなを首尾よく結婚させる。物語の筋から言えば、これは継母の悪だくみということになるが、象徴的に読みかえると次のようにも考えられる。母性の否定的側面を意識することによってこそ、娘は自立し結婚に至ることになる。しかし、結婚するときや、結婚して暫くは、むしろ母＝娘一体の母性の肯定面を受けいれ、あるいはそれに守られていなければならないのであろう。ある時がきて、相手の男性の愛の確信を得てこそ、女性は明確に母＝娘結合の世界と分離して、その男性と結ばれるのであろう。このことが、物語の展開における婚約より最後のハッピー・エンドに至るまでの、ちゅ—かな—ちゅ、という変遷、および中間段階でのちゅの死とその後の再生によって示されていると考えられる。女性が結婚してゆくとき、それは直ちに血縁の守りを棄て、夫婦の縁によって守られるのではない。彼女は身体は婚家におくことになるが、心は実家とのつながりのなかで守られていなければならない。そのことを示すのが、ちゅに代るかなの嫁入りであり、血縁をひきずっていることの表われとしての、かにはるという弟の同道があるのである。

もちろん、心理的には了解できることではあっても、婚家にまで弟がついてゆくのは異例のことである。その後に示される、かにはるに対する姉のちゅの献身ぶりなどから推して、既に指摘しておいたように、この物語は、姉＝弟の結合に焦点をおいたものであると思われる。人間の心の深層における発達的な変化に注目すると、最初の母子相姦の段階の次に、きょうだい相姦の段階がくることは、一般に指摘されている事実である。ちゅ＝かにはるの結合の強さは、そのあたりの心性を反映しているものと思われる。きょうだい相姦のことは重要であるので、次節に考察するとして、この話に示される、かにはるの行動の受動性に注目しておこう。「姉と弟」は、「兄と妹」の場合と異なり、男性の方がむしろ受動的な役割をとる。次節に明らかにするように、ヨーロッパ文化圏の物語に比して、姉＝弟の結合が語られるのが多いところに、わが国の特徴があると考えられる。この物語において、かにはるの行為は徹底して受動的である。継母に言われるままに義姉の結婚についてゆき、姉が殺されたことに対する抗弁はおろか、その事実を誰かに告げることもできない。後は他人の言うままに動き、殿様に優しく話しかけられて、はじめて真相を語るのである。しかし、考えてみると、このような受動的な男性性、他人の言いなりに動く男性像を通じてこそ、姉のちゅは夫としての殿様との絆を深めることができたのである。

殿様が真相を知って後は、日本の昔話に珍しいとされる「救済」のモチーフが生じる。しかし、さわってはいけないという妻に殿様がさわって、「捕えて見ると蠅が三匹ばかり手の中に残っていました」というところは、ひょっとして、この物語もここで日本的結末をむかえたのかも知れないと思わされる。第3節に紹介する、この物語とよく似たモチーフをもつ「姉と弟」という話の類話では、姉の結婚が語られることが少ないので、あるいは、ここから後は後代のつけ足しかとも思われるし、「姉と弟」の話にある、弟の死と再生が姉のこととして混入したのかとも思われるが、その点は判然としない。

ともかく、日本的な無化の力に逆らって物語は発展し、ハッピー・エンドをむかえる。擂鉢《すりばち》のなかの水をあびて、姉が救済されるのは、明らかに水中への浸礼を意味している。イし、これは先の大鍋の湯につけられることと対応していることは、もちろんである。イニシエーションの儀式に浸礼を行うことは多く、湯のたぎる大鍋と、水を満たした擂鉢とに身をひたすことは、それぞれ死と再生の過程に伴う苦しみと喜びを表わしているのであろう。あるいは、熱と冷の対比は、イニシエーション儀式によく用いられる火と水とによる試練と清めを思わせる。「白鳥の姉」の類話には、鵯《ひよどり》になった姉(白鳥ではなく鵯になっている)が、殿様に、たらいに水をはり、火どこに火をおこしておいてくれと頼み、「約束どおりにしておくと、鵯が飛んできて火に入り水を浴びるともとの奥さんになる」というのもある(鹿児島県上甑島)。

再生した美女は殿様と、あらためて結婚することになり、わるい妻は殺され、その母も死んでしまう。すなわち、母＝娘結合の心性とはここで完全に訣別し、主人公の玉のちゅは弟を通じて関係を獲得した男性と、めでたく結ばれることになる。まことにめでたいことであるが、結末に姉弟のことが語られているように、この物語はあくまで、姉弟の関係に焦点があてられているものと思われるので、次節では、その点について考えてみたい。母＝娘結合の次に、われわれはどうしても、きょうだい結合のことを考えねばならないのである。

2　異性のきょうだい

きょうだいの結合は、血による結合である。親子関係といっても、父と子の関係は原初の時代には、血の関係として意識されなかったであろう。そのために、既に述べてきたように、母＝娘結合が原初の血による関係として存在するのである。そして、その次に、きょうだい、それも異性のきょうだいの関係が問題とされる。血による結合に相対するものとして、性による結合としての結婚が存在するが、第1章第3節に明らかにしたように、ヨーロッパ型の自我確立の過程は、簡単に言ってしまえば、母子一体の結合状態を抜け出て、異性との結合関係を確立する過程として提示することができる。つまり、血の関係から性の関係へというよりは、西洋流に言えば、契約関係への移行である。そこで、きょうだい関係はその中間に存在するのであるが、ここできょうだい婚という形態をみると、それはまさに中間段階を示すものという見方と、血の関係と性の関係をあわせもった関係として極めて高い結合であるとする見方との両方が可能である。後者のような観点に立つものとしては、実際に、古代エジプトの王と王妃は、きょうだいでなければならなかったという事実が存在している。それは王と王妃にのみ許された、あるいは、王と王妃であるための必要条件としての、聖なる結婚を意味したのである。

世界の神話に数多く登場するきょうだい婚の話は、以上のような観点から説明することができるであろう。それは世界のはじまりにふさわしい、もっとも聖なる結合として生じるときもあるし、母＝娘一体の文化に父性的なものが侵入して、父性的な文化がでてきあがる中間段階の物語としても生じるのである。世界のはじまりにおける、きょうだい婚は全世界に存在するといっても過言ではないが、わが国のことで言えば、日本の国土を生みだした、イザナキ、イザナミの神は、きょうだいであり、夫婦である。それに、既に前章において論じた、アマテラスとスサノオは、姉弟であり、彼らの婚姻についてきは述べられていないが、象徴的にみれば彼らの間に生まれた子どもアメノオシホミミは、天皇家の祖先となるのである。ここに、イザナキ、イザナミのきょうだい婚は、世界のはじまりとしての意味が強く、アマテラス、スサノオのきょうだい婚は、既に論じたように、母＝娘結合の段階を越えようとする意味が強いものとみることができる。ちなみに、デーメーテール、ポセイドーンもきょうだいであり、この場合も同様の意味をもつことは、前章に論じたとおりである。

神代の時代を過ぎても、記紀に語られる多くの物語は、わが国における「兄と妹」

「姉と弟」の関係の重要さを示している。実際、イザナキ、イザナミ以来、記紀に示されたきょうだいの関係について考察すれば、それだけで一書をなすほどのものであり、今回はその事実を指摘するのみにとどめておき、昔話の方に話を戻すことにする。記紀に登場する兄妹、姉弟の間の近親婚、近親相姦について、その事実の有無が歴史学者によって論争されているが、今まで述べてきたように、心理的な現実としての、きょうだい婚は、この時代においては、むしろ一般的状況であると思われる。しかも、記紀においては、内的現実と外的現実とは常に混交して語られているので、それを外的事実のみに絞って、存在の有無を立証することは極めて難しいであろうと思われる。筆者の場合は、もっぱら内的現実に注目しているので、心理的次元における、きょうだい婚が問題であり、外的事実の有無は問題外のことである。

　記紀に示される妹たちの活躍ぶりは、柳田國男の『妹の力』[5]を想起せしめる。彼は、沖縄のオナリ神、アイヌ神話における兄と妹という一組の神の重要さなどを指摘しつつ、家族内において女性がいかに大切な役割をもっていたかを明らかにしている。彼は、「祭祀祈禱の宗教上の行為は、もと肝要なる部分が悉く婦人の管轄であつた。巫は此民族に在つては原則として女性であつた」と述べ、太古以来、わが国においては、姉妹(あるいは女性一般)がいかに霊的な力をもつものとして認められていたかを明らかにしている。オナリ神によって示されるように、女性の同胞は、その兄弟にとって守護指導の霊であったのである。柳田はこのようにして、もっぱらわが国のことを問題にしているが、女性の同胞のこのような役割は、世界的に相当なひろがりをもつ事実であると思われる。そのことが、姉妹の登場する世界の昔話のなかに認められる。

姉妹が兄弟にとっての救済者である、というのは昔話における話型のひとつと考えられ、アールネ＝トムソンによる分類では、AT 451として記載されている。これは「兄弟を捜す乙女」と題されていて、居なくなった兄たちを苦労して捜し出す妹の物語であるが、そこには魔法を解くというモチーフが認められる。グリムの昔話「一二人兄弟」(KHM 9)、「七羽のからす」(KHM 25)、「六羽の白鳥」(KHM 49)などがその類の物語である。いずれも、からすや白鳥などに変身させられた兄たちを、妹がその魔法を解くことによって救済する話であるが、ここで注目すべきことは、妹の誕生そのものが、兄たちの変身の直接・間接の原因となっている事実である。たとえば、「一二人兄弟」などでは、王妃が一三番目の子を妊娠したときに、王は、もし女の子が生まれたら、その子の財産を多くするために、一二人の男の子を死なせよう、と棺桶を一二用意させていた。つまり、妹は後に兄たちの救済者となるのだが、自分は知らないことながら、自分の誕生そのものが兄の存在をおびやかしているのである。妹のもつ霊力がプラスにもマイナスにもはたらく可能性をもつことを、これらの話は示しているものと思われる。

この点は、日本の昔話においても同様であり、たとえば、「鬼と賭」(大成二四八)では、この場合は姉であるが、鬼と勝負する弟を姉の知恵によって助け、弟の勝ちを導くのである。なお、「七羽の白鳥」(大成二一四)は、白鳥になった兄を妹が救済する話であって、グリムの類話とあまりにも似通ったものである。喜界島と沖永良部島でしか記録されていないので、伝播によるものかどうか、今後の研究が待たれる。これらのように、救済者としてではなく、むしろ、恐ろしいイメージをもって現われるものとしては、「妹は鬼」(大成二四九)がある。これは文字通り、妹が鬼である話で、妹が両親を食ってしまうのである。妹の鬼は、結局は兄によって退治されるが、この場合は、グリムの昔話について述べたように、妹の霊力のネガティブなものが取り出されて語られているものと思われる。『妹の力』のなかで、この話を紹介した柳田は、これについて、「妹の地位の特に重要であつたことだけは、古今を一貫して居るらしいのである」と結論している。

妹がそのような力をもち、兄妹の絆が強すぎるときは、前に母＝娘結合を論じたのと同様に、人間の心の発達は兄＝妹結合の段階に固着してしまう。母＝娘結合を破るために、強烈な男性の侵入を必要としたように、この結合を破るためには、兄にとっては他の女性が、妹にとっては他の男性が、兄妹以上の魅力をそなえたものとして立ち現われねばならない。兄妹関係は、血のつながりから性のつながりへの移行段階であると述べたが、血の結合を破るに値する魅力ある異性――それは昔話の話法で言えば、魔法の力を身につけた異性ということになるが――が出現することによって、それはより高い段階へと発展するのである。

ユングは『転移の心理学』(6)のなかで、兄妹関係が異性関係へと発展する典型的な昔話を紹介している。彼はアイスランドと、ロシアの二つの昔話を提示しているが、どちらもまったく同型といってよいものなので、ここではロシアの昔話の方を要約して述べる。

これはロシアの「ダニラ・ゴボリラ王子」という物語である。ある一人の王子が魔女から魔法の指輪を授かった。その指輪がぴったりと指にはまる女性と結婚するときにのみその指輪は力を発揮するという。王子は多くの女性に指輪をこころみさせたが誰にもぴったりしなかった。ところが、彼の妹の指にそれが完全におさまることを知り、彼は妹に求婚した。妹はそれを罪深いことと思い悩んだが、そこに現われた乞食の助言によって、四つの人形をつくり、寝室の四隅においた。兄妹が結婚式の後で寝室にくると、人形の魔力によって地面が裂け、妹は地下のババ・ヤガー(ロシアの魔女)の小屋へとおちていった。ババ・ヤガーの娘の助けによって、妹はそこを逃れ、二人で兄の王子のところに戻ってきた。ところが、ババ・ヤガーの娘の指に指輪がぴったりとおさまったので、王子は彼女と結婚し、妹にはふさわしい男性を見つけて結婚させた。

この物語の構造をユングは図4のような図式に示している。これはアイスランドの昔話についても、まったく同様であるが、兄妹の近親相姦関係が、魔力をもった女性の出現によって破られ、兄はその女性と結婚し、妹も他の男性と結婚して、二組の結婚によ

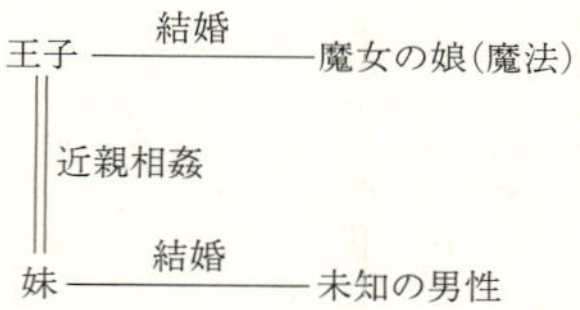

図4　ロシアの昔話の人間関係

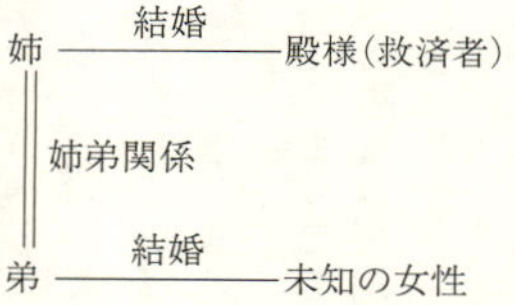

図5　「白鳥の姉」の人間関係

って、話はハッピー・エンドをむかえる。この図式をわれわれの「白鳥の姉」の物語にあてはめてみると、なかなか興味深い（図5）。物語の最初に、きょうだい関係があり、最後に、二組の結婚式が生じることにおいて、相当に類似度の高い構造を示すのであるが、ロシアの方は、王子という男性を中心に話が展開しているのに対して、わが国のは、白鳥の姉という女性を中心としているところに特徴をもっている。きょうだい相姦関係はロシアの物語では明白に語られているのに対して、日本のそれは潜在的である。ここに興味深いことは、ロシアの兄妹相姦関係は明白に語られるとともに、話の展開によって、その解消も明確にされるが、日本の方は、あいまいなままに、姉弟関係の存続は結末にまでもちこされている事実である。ロシアの物語において、兄妹関係を切る女性の魔術的な力が明らかに示されているのに対して、日本の物語では、殿様という位の高い男性ではあるが、その魔術性は示されていない。むしろ、姉の方が魔術を身につけているのではないか、と思わせるくらいである。きょうだい結合が破られる過程において、西洋の女性は妹として受動的な役割を担っているが、日本の昔話では、姉として、むしろ中心的存在となっている。このことは、母＝娘結合の破られる日本神話において、アマテラス自身が最高神としての地位にあるという事実を想起せしめる。

このように見てくると、母＝娘結合より、兄＝妹結合へ、そして、夫＝妻結合へと発展する西洋流の図式によって、「白鳥の姉」の物語をみることは、部分的にはあてはまるものの、完全にそのとおりとは言い難いものを感じさせられる。その理由のひとつとして、西洋の物語では、妹が大きい役割を演じることが多く、姉の登場する物語が極端に少ないのに対して、われわれの昔話では、姉が重要な位置を占めていることが考えられる。そこで、わが国の昔話における、姉の意味、その役割についてもう少し詳細に検討してみよう。

3　姉と弟

柳田國男が『妹の力』を書いたとき、これは、姉妹としての妹を意味するものとしてではなく、血縁関係をもつ女性すべてを指すものとして、妹《いも》という言葉を使ったものと思われる。彼はこれによって、家族のなかにおける女性のもつ意味の重要性を示そうとしたと思われる。既に第1章第3節に論じたように、西洋における自我確立の過程においては、母親殺しの象徴によって示されるように、血による関係の強烈な否定があり、その後に、異性との結合という段階にすすむことになる。ここでも、女性の力が重要となり、それは霊的世界の先導者としての意味をもつものである。いずれにしろ「女の力」は偉大なものであるが、母によって代表される女性と、異性としての女性は質的に異なっている。このとき、姉妹というものは、その中間的存在としての意味をもつことは前節に述べたとおりである。ただ、いずれも中間的存在ではあるが、年齢の上下の関係から、姉の方が母に近く、妹の方が異性としての女性の方に近いと言うことができる。日本の昔話において、西洋の昔話に比して、姉の活躍するのが多いのは、このような意味合いのためかも知れない。つまり、わが国においては、妹も結構活躍はするのだが、母性の力が強いので、姉のはたらきを示すものが多く存在すると思われるのである。とは言っても、今までに示してきたように、わが国の昔話を西洋的な図式によってのみ見るのは片手落ちであることは当然で、わが国の昔話に特有のものを見出すことも必要である。そのようなことを考えさせる昔話として、「白鳥の姉」とも関連性が深いと思われる、「姉と弟」(大成一八〇)を取りあげてみよう。沖永良部島で採集されたものである。

まず、「姉と弟」の話の要約を示す。姉と弟、名は「ひとむすめ」と「いじょー」。弟が三つのときに母が死に、三年後に父も死んだ。親類の援助にたよらず姉が弟を育てる。姉は弟を寺子屋に行かせる。弟が一番になるので友達にねたまれ、扇争いをいどまれる。

扇を持参してどれが素晴らしいかの競争をするのである。姉は扇を買いに出て、白髪の老人に会い、その老人に貰った扇を弟にもって行かせる。弟は扇争いに勝つが、続いて、舟争い、弓争いをいどまれる。これらも同様に老人の助けによって勝つ。友人たちはどうしても勝てぬので別れの宴をもとうという。姉はその夜の夢で、両親から、友人たちが弟に毒を盛ろうとしていることを告げられる。姉は弟のいじょーに友人たちの出す食事を食べず、馬に乗って逃げ帰ってこいと助言する。いじょーは友人たちのすすめる食事を断っていたが、ついに無理矢理に口に押しこまれ、馬に乗って逃げ帰ろうとしたが、途中で死亡して、死体となって家にたどりつく。姉は、いじょーの死体を酒樽に入れ、自分は男装して、いじょーになりすまして歌を歌ったりする。友人たちはそれを見て、毒がきかなかったのだと思い、自ら作った毒入りの料理を食べて全員死んでしまう。姉は男装したまま旅に出て、「花のもーしん城」にゆき、見こまれて聟になってくれと言われる。そこで聟入りの約束をして、「人を生きかえらせる花」を取り、家に帰って弟を蘇生させる。姉は生きかえった弟を、自分の代りとして「花のもーしん城」に聟入りさせようと、いろいろ工夫する。これが成功して、いじょーは豊かな暮らしをするようになり、「姉の暮らし向きが衰えるときは、花のもーしん城から(物を)持って行き、花のもーしん城の暮らし向きが衰えるときは、姉の世帯から持って行って、その二株が今でもよい暮らしをしている。かっさとうーさ」で終りとなる。

これも「白鳥の姉」と同じく、姉が活躍する物語である。しかし、姉が活躍すると言っても、それはむしろ弟の幸福のためのものであって、自分のためのものではないのが著しい特徴となっている。「白鳥の姉」の場合でもそのような感じはあったが、この物語ではその傾向が一層顕著になっている。彼女は両親の亡き後、親代りとなって弟の世話をする。弟を寺子屋に行かせ、弟と友人たちの葛藤に対しては、見知らぬ老人の助けを借りてではあるが、弟を常に勝ちに導くのである。ここに出現した、見知らぬ老人の像は重要なものと思われるが、それについての考察は第8章に述べることにする。続いて弟が死の窮地に立ったときは、姉は夢のお告げによってそれを察知するものの、このときは救うことができず、弟は死亡する。姉にとって、姉＝弟結合を破るため、一度は弟との別離を経験する必要があったのであろう。「白鳥の姉」の場合は、姉の死によって、姉弟の別離が生じ、次に再生へと続くのだが、この話では弟の死と再生の話になっている。ただ、どちらの場合も弟が受動的で、姉がすべてを律している点は同様である。

弟の死を契機に、姉が男装するところは極めて興味深い。姉は男装することによって、弟を死に至らしめた友人たちに復讐し、弟の聟入り先を探し出し、弟の蘇生法を手に入れるという一石三鳥の効果を得るのである。ここに、姉が男装して聟入りをすすめられたところを、心理的には同性愛的傾向を示しているものと考えてみると、どうであろうか。西洋における、男性を中心として、母子一体の段階より異性としての女性を獲得する段階に至る発達過程は、母子一体の次にきょうだい婚の段階があると述べたが、それに続いて同性愛の段階がくることは、深層心理学の知見の教えるところである。[7]つまり、血による結合を離れたが、まだ異性との結合には至らず、同性との結合を欲するのである。われわれの物語では、女性が中心とも思えるが、姉弟が親を亡った後、一体的な結合を保っていたのが、次に同性愛の段階へと発展したと考えると興味深い。

この物語では、両親が早く死亡しているので、母子一体の段階は既に通過して後の物語と考えられる。従って「白鳥の姉」のように継母のモチーフが生じないのである。この話で印象的なのは、姉＝弟結合を破るものとして、弟の友人たちの男性同輩集団がはたらいていることである。彼らは弟を無理に毒殺する。彼らは母＝娘結合を破るべく、地下の世界から侵入してきたハーデースほどの凄まじい姿をもっていない。彼らはこの世に生きている普通の男性である。しかし、個人としてではなく集団として、つまり没個性的な存在として行動し、いじょーという一番になる男の特殊性を許さない。特殊なものを何とか打ち負かし集団内へと平均化してゆこうとする力は、ウロボロス的な感じを与えるものである。やはり、母＝娘の場合と同じく、姉＝弟の場合もその結合を破るには、何らかのウロボロス的存在によるアタックを必要とするのである。そして、襲撃を受ける側が弱いときは死の危険が生じ、強いときには死に続く再生によって、より高い段階へとすすむことも、母＝娘結合の場合と同様である。

姉の方に焦点をあててみると、姉＝弟結合が破られた後に、彼女が男装するのは、その次の同性愛段階へと変化したものと見られることは、先に述べた。このことは、女性のイニシエーションにおいて、成人となる前の隔離期間中は、修練者《ノヴィス》は男でも女でもないものと見なされ、一時的に両性具有化(androgynization)と無性的存在(asexuality)のテーマが認められることとも関連していると思われる。(8)このような段階を経て、彼女は首尾よく弟の結婚を成功させる。しかし、物語のなかでは彼女自身の結婚については触れられず、姉＝弟の結合の深さが再び述べられて、話は結末をむかえる。「白鳥の姉」の考察において、姉の結婚は語られるにしろ、話の焦点は、姉＝弟結合の方におかれているのではないか、と述べたが、その傾向は「姉と弟」の物語において顕著に認められる。異性との結合の段階を論じるためには、次章以下で取りあげるような他の物語による方が適切であると思われる。

今述べたことは、もう少し異なる観点から論じることもできる。この物語における姉は、弟のためにいろいろと工夫をこらし、遂には変装をして人をだましまでして、弟の結婚の成就のためにはたらき、自らは結婚することもない。この役割は第1章に論じた「忠臣ヨハネス」(付篇2)のヨハネスの役割に似ているように思われる。第1章においては、「うぐいすの里」との対比のため、むしろ、王子の行動に焦点を当てて論じたが、既に前著『昔話の深層』において考察したように、ヨハネスはこの物語のなかで、典型的なトリックスター役を演じている。トリックスターについてはここで詳述することはさけるが、神話・伝説などに出てくる、いたずら者で、人をだましたり、いたずらをしたり、神出鬼没の活躍をし、低級な存在としては、まったくのいたずら者にすぎないが、高度な存在は救済者にまで近似する存在である。ヨハネスがそうであったように、この姉も救済者の姿に近いトリックスターとみることもできる。確かに、オナリ神という守護霊のことを思い浮かべると、この姉はそれにぴったりとも言えるのである。トリックスターは一般に(それは両性具有、あるいは、無性的存在ではあるが)男性像によって表わされることが多いが、女性像のトリックスターとして、この姉の姿をみると興味深い。これは、わが国においては、母性的な神が優性である文化であるので、それに近似するトリックスターも女性像であらわされていると見ることもできる。

「姉と弟」の昔話では、姉のトリックスター的なはたらきが話を陽気な雰囲気に導いてくれるが、ここで姉の姿が母性的な犠牲を強調する姿へと近づき、死と再生の過程が簡単には生じ難い現実の方に話が引き寄せられてゆくと、日本人好みの悲劇的展開をもつ物語となってゆく。その典型が「さんせう太夫」であると思われる。安寿とづし王丸という姉弟が主人公となる物語「さんせう太夫」は、中世末期頃に発生した語り物とされており、昔話ではない。このような説教は、『さんせう太夫考』の著者、岩崎武夫の言うとおり、「民衆的な世界の豊かさと多様性、常に未来的なものを見失わぬエネルギー」(9)を感じさせるものであるが、昔話と比較すれば、昔話が無意識的な傾向を示すのに対して、その当時の民衆の意識により近いものであると考えられる。そのような観点にたって、昔話ではないが、われわれの問題としている「姉と弟」の主題に大いにかかわってくるものとして、「さんせう太夫」について少し触れてみたい。

「さんせう太夫」の話は、あらためて紹介するまでもないことと思う。ただ、鷗外の『山椒太夫』は文学作品としては、それ自体で素晴らしいものであるが、当時の中世の民衆の意識を知ろうとする上では、岩崎武夫が明確に指摘しているとおり、あまりにもマイルドなものになっていて不適切であると思われる。説教「さんせう太夫」では、安寿とづし王丸の姉弟は、まず父親が流罪となることによって父と離れ、次に人買いの手によって母とも離される。この点は、父と母とをつぎつぎと失った「姉と弟」と同様である。しかし、「さんせう太夫」の安寿とづし王丸は、さんせう太夫という恐ろしい主人に使われることになり、残酷な仕打ちを受ける。そこで、姉の安寿はづし王丸を逃がしてやり、自らは犠牲となって死ぬのである。

この物語における、さんせう太夫はウロボロス的父性の顕現そのもので、その否定的側面をあますところなく見せつけるのである。わが国の文化は母性が優位であるために、唯一男性神を背後にもつような父親像を見出すことは不可能に近いが、このようなウロボロス的父性像は、現実世界においても、物語などの世界においても随所に見出すことができる。それは、その強さや凄まじさにおいて父性的な感じを与えるが、貪欲、陰湿さなどに母性的なものが混入していることを感じさせる。それは「義」や「理」と無関係に、ただ途方もなく恐ろしい存在であり、多くのものを死に導くのである。子どもたちが、途方もなく恐ろしい存在に捕われて生命の危険を感じさせる状態に追いこまれながら、それを克服する物語としての「ヘンゼルとグレーテル」(KHM 15)と、この物語を比較してみると、その差がよく解るであろう。ヘンゼルとグレーテルは、兄妹であり、彼らを捕えたのは魔女である。西洋の物語では、子どもを食ってしまうグレート・マザーと、兄妹の戦いが描かれているのに対して、わが国の物語では、子どもを理不尽に迫害して死に至らしめようとするウロボロス的父親と、姉弟との相克――というよりは、子どもたちがいかにしてそこから逃れるか――が描かれている。ヘンゼルとグレーテルは魔女を退治した。ところで、われわれの物語では、弟の逃走と、その後の復讐とが語られるのだが、それには、姉の死が必要であった。

づし王丸はさんせう太夫のもとを逃れた後も苦労を重ねるが、そのことは省略して、彼が出世して後の行為に注目してみよう。物語の眼目は、づし王丸が年老いた母を尋ねあて、盲目となって鳥追いの仕事にたずさわっている母との感激の対面と、さんせう太夫に対する復讐とにおかれている。づし王丸は、さんせう太夫の息子三郎(彼も父と同じく残忍な人間であった)に命じて、父の太夫の首を竹鋸で三日三晩にわたって引かせるという刑を与える。この場面はあまりにも残忍なためか、鷗外の『山椒太夫』ではカットされているが、説教が語られていた時代においては、岩崎武夫の指摘するとおり、「いきどころのない、閉ざされた情念の表出」として、ここにこそ作品の生命があったと言えるであろう。さんせう太夫に与える刑は、父性的な明確な切断の原理によるものではなく、あくまでもウロボロス的に、時間をかけて行うものでなければならなかった。それだけに、そこに込められた「うらみ」は深く、その表出のなかに当時の民衆のもつバイタリティーが示されているのである。

このように見てくると、安寿の死に伴う「あわれ」と、づし王丸が抱きつづける——といっても姉の身代りとなってのことだが——「うらみ」とが、この話を支える二つの柱となっていることは明白である。「あわれ」と「うらみ」については、第1章に既に述べた。そして、「うらみ」こそわが国の民衆の活力を示すものであると述べたが、「さんせう太夫」の物語は、それを如実に示していると考えられる。しかしながら、それは民衆の意識に近いものとして、いわば大向うをうならせる必要上、相当に誇張されたものとなり鷗外の美意識からは逸脱するほどの表現となってしまっている。ところで、このことを踏まえて、もう一度「白鳥の姉」や「姉と弟」の昔話をふりかえってみよう。これらの昔話は、「さんせう太夫」に示される中世の民衆の意識の、もうひとつ深層に存在するものを示してくれてはいないだろうか。

「さんせう太夫」のなかで、安寿は火責め水責めの極刑を受け惨死する。その凄まじさが民衆のあわれの情をかきたてる。しかし、「白鳥の姉」においては、火と水によるイニシエーションの儀式、再生への密儀として、それは捉えなおされている。あるいは、ウロボロス的父性の襲撃によって死に至った「姉と弟」の弟は、姉の力によって再生するとき、「朝寝ぞしたる、夕寝ぞしたるへんてこまかせ」と言って起きあがってきて、姉は「おまえは朝寝したのでもない、夕寝したのでもない、毒薬を食わされて死んだのだ」と説明してやっている。このあたりの巧まざるユーモアは思わず微笑させるものがあるが、この微笑は前章に論じた底抜け笑いにも通じている。恐ろしい迫害や死が語られる底に、生を肯定する笑いが潜在している。このような強い生への肯定感こそ、民衆の「うらみ」の活力の深層に存在しているものと言えないであろうか。弟の犠牲となり、ただ弟の幸福のみを願って死んでゆく姉の姿は、わが国の母性優位の文化に適合する女性像を与える。しかし、昔話のなかに示されるような、なおもそれを超えて積極的に行動する女性像は――姉＝弟結合の段階にとどまっているとは言え――日本人の心の深層に存在する活力を示すものとして、注目に値するものと思われる。このような、日本的なうらみがましい悲劇性からふっきれた、さわやかな女性像は、最終章に提示する「意志する女性」の姿へとつながってゆくものであろう。

（1）ルッツ・レーリヒ「ドイツ人の目から見た日本の昔話」、小澤俊夫編『日本人と民話』所収。
（2）インチ・クラウゼ＝アキディル「日本の昔話における超自然的世界」、小澤俊夫編『日本人と民話』所収。
（3）拙著『昔話の深層』。
（4）成女式における胎内復帰のテーマについては、ミルチャ・エリアーデ、堀一郎訳『生と再生』東京大学出版会、一九七一年、参照。
（5）柳田國男「妹の力」『定本 第九巻』一九六二年、所収。
（6）C. G. Jung, "Psychology of the Transference", in The Practice of Psychotherapy, The Collected Works of C. G. Jung, vol. 16, Pantheon Books, 1954.（カール・グスタフ・ユング、林道義・磯上恵子訳『転移の心理学』[新装版]みすず書房、二〇一六年）
（7）C. G. Jung, ibid.
（8）ミルチャ・エリアーデ、前掲書。
（9）岩崎武夫『さんせう太夫考』平凡社、一九七三年。

第5章　二つの女性像

「白鳥の姉」における姉の献身的な姿は、まことに日本的なイメージを提供するものであった。物語では一応その結婚のことが語られているが、心理的な構造に注目すると、それはあくまで姉＝弟結合の段階のことを物語っていると思われた。従って、この次には、女性の結婚の段階へとすすんでゆかねばならないのだが、既に何度も指摘しているように、結婚をもってめでたしめでたしと終る日本の昔話は、案外と少ないのである。日本人にはよく知られている「浦島太郎」の話にしても、せっかく、乙姫という美しい女性に会いながら、主人公は結婚することもなく帰ってくるのである。このため、既に述べたように(一八頁)、ソ連の坊やの興味を失わせてしまうようなことになってしまう。日本の昔話に登場する女性と結婚の関係、あるいは結婚ということに関連して日本人の心に存在する女性像、ということについての考察が必要となるが、実のところ「浦島太郎」の物語は、それを考えてゆく上でまことに好都合なものなのである。浦島の物語は後に示すように多くのヴァリエーションがあるが、その中には、浦島と乙姫(亀姫)の結婚が語られているのもあることは、案外知られていない。多くの浦島物語を通じて、そこに現われる結婚する女性と結婚しない女性のイメージを比較検討してゆくことによって、われわれは先に示したような問題に迫ってゆくことができるのである。

1　浦島太郎

日本人であるかぎり、「浦島太郎」の話を知らない人はまずないことであろう。主人公の浦島太郎が助けた亀に連れられて、竜宮城にゆく。そこで美しい乙姫さまの歓待を受けるが、故郷が恋しくなって帰る。竜宮の三年はこの世の三百年になっていて、心細くなった浦島は開けてはならないと乙姫に言われていた玉手箱を開け、老人になってしまう。これが一般に知られている浦島太郎の話である。しかしながら、この話はもともと、『丹後国風土記』や『日本書紀』巻十四、『万葉集』巻九の高橋虫麻呂による「水の江の浦島の子を詠める一首」などに伝説として記されているものであり、それが時代とともに変遷を重ね、現在一般に知られているような話型となったのである。付篇7としてあげている「浦島太郎」の昔話を読んで、自分の知っている浦島とは、やはり異なっているところがあるのに気づかれることと思う。浦島の話は、このように多くの時代的変化とヴァリエーションをもち、日本人好みの話であったのか、それに対する研究も極めて多いものである。近代・現代の作家が、浦島を素材として作品を数多く書いているのも、特徴的である。そこで、筆者の力では全体を概観することは不可能に近いが、筆者の目に触れたものだけでも、次に簡単に紹介しておきたい。

まず、浦島の物語の変遷であるが、時代的にみると、文献的には奈良時代に成立した前述の三つの記録が最初である。続いて平安時代には『浦嶋子伝』『続浦嶋子伝記』『水鏡』などに記され、鎌倉時代には『無名抄』『古事談』『宇治拾遺物語』などのなかに言及されている。室町時代には、御伽草子『浦島太郎』、謡曲『浦島』などが成立する。現在われわれの知っている浦島の原型は、御伽草子によるものと言われている。江戸時代になると、『浦島一代記』『浦島出世亀』など多数にのぼっている。なお、後に少し触れるが、近松門左衛門の『浦島年代記』は、浦島伝説を素材とした作品というべきである。

「浦島太郎」の物語は、日本人の心によほど働きかけるものがあるのだろう。近代・現代の文学作品で、浦島伝説を素材としたものは、実に数多くある。露伴『新浦島』、藤村『浦島』(これは詩である)、鷗外『玉篋両浦嶼《たまくしげふたりうらしま》』などなど。これらについては、藤本徳明「浦島伝説と近代文学」[1]に詳細に記されているので、それを参考にして頂くとして、これらのなかで印象的なもののみを、後で少し取りあげることにする。

浦島の物語に関しては、民俗学、文化人類学、国文学などの領域において詳細な研究がなされている。まず、物語の時代による変遷に関しては、阪口保『浦島説話の研究』[2]、水野祐『古代社会と浦島伝説』[3]などに周到に述べられている。阪口の論考は既に紹介した現代の作家による作品に加えて、武者小路実篤『新浦島の夢』、太宰治『浦島さん』などにまで及んでいる。水野は浦島伝説の歴史的変容過程をとらえており、後述の筆者の考えと重なるところがある。水野説を極めて簡約すると、奈良時代の浦島には、神婚を描く古伝説の原型がみられ、平安時代には、神仙思想や不老長寿の発想が強調され、室町時代になると、庶民性を帯びてきて、報恩の主題に比重がかかってくる、というのである。

神話・伝説の研究の領域においては、古く、高木敏雄の業績[4]がある。ここで、高木は浦島の物語における主要なモチーフについて、そのパラレルとなる物語を洋の東西に探し求め、比較検討を行っている。出石誠彦は、『支那神話伝説の研究』[5]において、浦島の説話と中国におけるその類例について考察している。彼は特に浦島物語の、他界における超自然的な時間の経過のモチーフに注目し、その類例を中国の伝説に求め、その意義について考察している。このような先駆的な研究に続いて、浦島は常にこの分野の研究者の興味をそそり続けているようだが、昔話としての浦島の研究も詳細になされている。関敬吾による『日本昔話大成』には、日本各地に採集された昔話としての浦島の物語が数多く収録されている。柳田國男は浦島の話をむしろ「筋も単純に過ぎ結果も淋しく、時の経過の速さといふ一点を除けば、昔話としての倶通性をもつて居ない」(6)と考えたためか、あるいは既に前述したような研究の存在したためか、浦島のみを取りあげて考察した論文は書いていないようである。しかし、有名な「海神宮考」を始めとして、多くの論文のなかで、浦島について論及していることはもちろんである。

下出積與は『神仙思想』(7)のなかで、わが国における神仙思想の展開として、「浦島子の世界」について考察している。下出は、浦島の世界について同書の中で、わが国における「仙女」のイメージを追究しているが、浦島における乙姫と、羽衣伝説の天女、『竹取物語』のかぐや姫などの類縁性は誰しも気づくことであろう。この点については既に、中田千畝による『浦島と羽衣』(8)の研究がある。なお、少し異色なものとしては、土居光知が比較文学的研究の試みとして、「うた人トマスと浦島の子の伝説」(9)という論文を発表している。これはスコットランドの民謡「うた人トマス」および、これと類似性の高いアイルランドのアッシーンの伝説をあげ、浦島の伝説と比較検討したものである。また、君島久子は最近における中国の民間伝承採集記録に基づいて、浦島と極めて類似性の高い話が、洞庭湖の竜女説話として存在することを指摘している(10)。このことは、わが国と中国の文化を比較検討してゆく上で、意義深い素材となることと思われる。

以上、管見にはいっただけでも数多くの研究があるが、筆者は今まで試みてきたように、深層心理学の立場から考察を加えようというのである。浦島については既に論じたことがあるので、(11)それと大部分の点で重複するが、今回は第1章に述べたように、「女性の目」ということを意識しているので、論述の仕方も少しは異なってくると思われる。付篇7に示した昔話としての「浦島太郎」を取りあげて、それを中心に考察をすすめるのであるが、既に示したように、もともと伝説として古くに存在したものが、時代とともに変遷してゆく事実にも興味があるので、その点にも注目して論をすすめてゆきたい。

ここに取りあげた「浦島太郎」の昔話は、香川県仲多度郡において採集されたものであるが、もちろん類話は数多くあって、『日本昔話大成』にはそれらが収録されている。いろいろなヴァリエーションがあるが、主人公の若者が竜宮という異郷にゆき、乙姫のもてなしを受けるが、竜宮での時間体験は、こちらの世界とは異なっており、帰って後にそのために驚き、玉手箱を開けて老人となる(死亡する)という話型が主となっている。沖縄県具志川市採集の話で、「竜宮の妻から二つの箱をもらって帰る」(傍点筆者)という表現がある他は、どの話においても、乙姫との結婚が明白に語られているものはない。佐賀県東松浦郡採集の類話では、「乙姫の主人になって欲しいといわれるが、国に帰るという」との表現がみられる。浦島が竜宮にゆくきっかけとしては、亀を助けたことの報恩と言うのが多い。なかに、亀と乙姫とが同一である話があって注目に値する。福井県坂井郡採集の話では、乙姫が百年に一度、住吉に参りにゆくのに亀の姿になってゆくところを子どもたちに捕まえられ、それを浦島が救ったことになっている。これらの話は、後に述べるような亀姫の伝説と関連するものである。このように、いろいろとヴァリエーションはあるが、そのなかで特に興味深いものと思われる付篇7に示した話を中心に考察をすすめてゆくことにしよう。

2　母と息子

われわれの取りあげた昔話の「浦島太郎」は、その冒頭に主人公がいわゆる「母一人、子一人」の家族であり、母親は八〇歳、息子は四〇歳にもなっているのに、息子は「お母《かあ》があるあいだは」嫁を貰う気がないことが示されていて、非常に興味深い。「浦島太郎」の類話には、このような母と息子の関係が語られているのはあまりないが、後述するように、浦島の男性としての在り方を考える上において、まことに適切なイメージを提供しているものであると思われる。そこで、この母と息子という関係について、まず考えてみることにしよう。

昔話に生じる、母と子のコンステレーションの重要性については、石田英一郎が既にとりあげて充分に論じている。その著『桃太郎の母』[12]の中で、わが国の民間伝承によく登場する「小サ子」の陰に、「たえず彷彿として……その母とも思われる女性の姿」があらわれることを指摘し、そのような母と子の結合が世界史的な規模でひろく認められることを示している。たとえば「エジプトのイシスとホールス、フェニキアのアシュトレトとタムムズ、小アジアのキベーレとアッティス、クレータのレーアと子神ゼウス」など、大地母神と小男神との結びつきの例を、数多くあげることができる。ところで、このような世界史的な規模で認められる、母と子の神話は、フロイトによれば、まぎれもなくエディプス・コンプレックスの反映と考えられる。事実、これらの神話には、大地母神が自ら生み出した小男神を従属的な配偶者とし、あらゆる生命を生み出してゆく展開をとるものが多く、母と子の近親相姦のモチーフが明白に認められるのである。

フロイトのエディプス・コンプレックスの理論は、父＝息子の軸上に展開される父性原理に基づく心の在り方に関するものである。しかし、フロイトはこれをまったく個人的な父と息子の葛藤、息子と母との近親相姦的結合、というような次元で理解しようとしたのである。これに対して、ユングはフロイトの考えを否定するものではないが、そのような個人的な次元を超え、より普遍的な人間の心的現象の存在を見出そうとした。彼はそこで、母と息子の関係を示す神話を、家族間の関係へと還元するよりは、人間の自我と無意識の関係を表わすものと考えた。ユングのこのような考えに従って、第1章第3節に示したようなノイマンの自我確立に関する理論が生じてきたのである。日本人の意識の在り方を考える上において、父性原理に基づくノイマンの説はむしろ不適切であると考えて、これまでの論を展開してきたのであるが、この節においては、一度ノイマンに従って、浦島太郎のイメージを見てみることにしたい。それはそれで、日本人の心性を異なった観点から明確にするものと思われるからである。

昔話の浦島において、母一人、子一人の結合が最初に提示されているのは、息子が母親から未だ分離していない状態、つまり、自我が無意識から自立性を獲得していない状態を表わしていると考えられる。ここに、父親が登場していないことは、主人公がその男性性を確立すべきモデルを欠いていることを示している。浦島が四〇歳になってもまだ独身の男として述べられているのも、もっともなことである。ここで、奈良朝時代に書かれた『丹後国風土記』にある叙述をみると、主人公は「筒川の嶼子《しまこ》」とよばれ、「為人姿容秀美《ひととなりかたちうるは》しく、風流《みやび》なること類《たぐひ》なかりき」とある。これはいわゆるハンサムな男性像であるが、どこか弱々しさのようなものが感じられ、男性的な強さを感じさせるものではない。これが鎌倉時代の記録によると、『水鏡』の浦島の帰還を述べた文章では、玉手箱をあけたとき「いとけなかりけるかたち、忽ち翁となりて」とあり、また『古事談』には「如幼童」という表現がなされ、共に、浦島を童子として述べている。これは、もちろん、浦島が蓬莱山において、だんだん若返っていったとの発想にもよるのであろうが、ともかく、童子のイメージが出現しているのは興味深い。

浦島と母との結びつき、および、この童子のイメージから、「永遠の少年《プエル・エテルヌス》」(puer aeternus)の元型が想起される。「永遠の少年」とは、第３章第２節に述べたエレウシースの神話において——そのときには述べなかったが——重要な役割をつとめる少年の神イアッコスを指して、オヴィッドが呼んだ言葉であるという。イアッコスは、エレウシースの密儀において、行列の先導をつとめる少年の神であるが、ペルセポネーの子とも、デーメーテールの子とも言われている。それは文字通り、永遠の少年であり、いつも若返って成年に達することのない神である。エレウシースの密儀におけるごとく、それは穀物と再生の神である。大地母神の力を背景に、死と再生をくり返すことによって、永遠の若さを保っている。

神話に示された、このような元型としての「永遠の少年」は、各人がすべてその心の内奥に有しているものであるが、ある人がその元型と同一化するとき、その人は文字通り、「永遠の少年」になる。現代社会に生きている「永遠の少年」たち——それは必ずしも年齢が若いことを意味しない——について、ユング派の分析家たちがその姿を描き出しているが、それは日本文化のパターンを考える上で、極めて興味深いもののように思われる。そのような観点に立って筆者は、永遠の少年について述べたことがあるが、その文をそのまま、ここに再引用してみよう(13)。

彼ら(永遠の少年たち)は社会への適応に何らかの困難を示しているが、彼らは自分の特別な才能を曲げるのが惜しいので、社会に適応する必要はないのだと自らに言いきかせたり、自分にぴったりとした場所を与えない社会が悪いのだと思ったりしている。ともかく、いろいろ考えてみるが未だその時が来ない、未だ本ものが見つからない、と常に「未だ」の状態におかれたままでいる。ところが、ある日突然この少年が急激な上昇をこころみるときがある。偉大な芸術を発表しようとしたり、全世界を救済するために立ち上る。そのときのひらめきの鋭さと、勢いの強さは時に多くの人を感歎せしめるが、残念ながら持続性をもたぬところがその特徴である。彼らはこのようなとき危険をおそれないので、しばしば勇敢な人と思われるが、真実のところその背後に働いているのは太母の子宮への回帰の願いであり、その願いのままに死を迎えることもある。

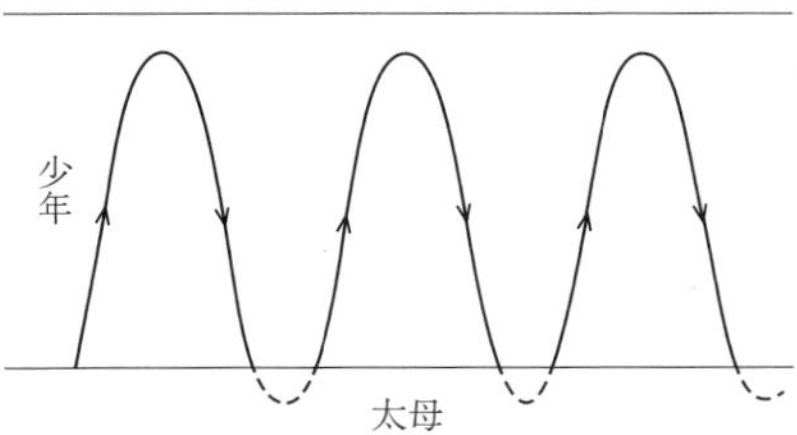

図6　永遠の少年のパターン

もう少し気の利いた少年は死を免れはするが、ともかく突然の落下の後には暫く無為の生活が続き、また、ふとあるとき、まったく新しい形態をとって上昇にむかう。彼らは今日はマルクス、明日はフロイトと、その時々の関心に従って華々しく活動するが、その間に連続性のないことを特徴としている(図6参照)。

これらの永遠の少年たちの場合には、すべて母親との心理的結びつきの強さが顕著であるが、ここにいう「母」とは、実際の母でなくともよい、「母なるもの」とでも言うべき存在で、それとの強い結びつき、母親コンプレックスの強さが問題なのである。このため、彼らは多少とも、いわゆるドン・ファン的か、同性愛的である。彼らは女性の中に母なる女神を求め、次々と対象を探し出すが、それが単なる女にすぎないことが解ったとき、また、母なる女神を求めて、他の女性に向かってゆかねばならない。あるいは、男性性がそれ程も確立していないときは、同性との集団行動の中に安定を見出したり、同性愛的なパートナーを得ることによって満足する。永遠の少年について、少し長談義をしすぎた感があるが、日本人の心性を考える上で、これが重要な元型であることを了解されたことであろう。ここで、浦島の物語に戻って考察を続けることにしよう。

さて、われわれの浦島も母親と結びつきの強い、永遠の少年として考えてみることも可能ではなかろうか。それは四〇歳の少年であった。昔話の語るところによれば、この四〇歳の子どもは、ひとりで海へ漁に出かけていったが、魚は一匹も釣れなかったのである。『風土記』の説くところによれば、「海中に汎《うか》び出て、釣して三日三夜を経て、一つの魚だに得ず」とある。海は計り知れぬ拡がりと深さをもち、その内に無尽蔵のものを宿すという意味において、無意識そのものを表わしている。その海の上にひとり、孤独な状態にあり、しかも魚も釣れないというのは、心理学でいう「退行」を示すイメージとして、まことにふさわしいものである。

ユングによれば、(14)退行とは心的エネルギーが自我から無意識の方に流れる現象である。この際、自我はそのコントロールし得るエネルギーの減少のため、いろいろといわゆる退行現象を呈する。白昼夢、非現実的な空想、あるいは感情に溺れきった行動、時には、妄想などの極端に病的な状態におちいることもあろう。このような観点から、一般には退行といえば、病的現象を指すものと考えられていたが、ユングはこのような退行がいつも病的なものとは限らず、むしろ創造的な心的過程には必要なものであることを早くから指摘している。退行によって、自我が無意識との接触により得るものは、もちろん病的な、あるいは邪悪なものであることもあるが、未来への発展の可能性や、新しい生命の萌芽であることも考えられる。

このように考えると、人間の心の発達の過程を反映するものとしての昔話が、数多く退行現象の記述によって始まっていることもうなずけるのである。昔話の主人公たちは、両親に棄てられたり、あるいは森の中に迷いこんだり、おむすびを追って深い穴におちこんだりする。第1章にとりあげた「うぐいすの里」の若い樵夫《きこり》なども、その典型であろう。彼がそこで美しい女性に遭ったように、無意識界の奥深くわけ入った主人公たちは、そこでいろいろなものに出会うことになる。ある人は美しい白鳥を見、ある子どもたちはお菓子の家にたどりつく。

退行が「創造的退行」であるためには、そこに新しい要素が生じ、自我はそれを統合するための努力を払わねばならない。ところで、われわれの昔話の主人公は一匹の亀を釣り上げたとある。あるいは、一般に知られている話では、子供にいじめられていた亀を逃がしてやったとなっている。もっとも、新潟県南蒲原郡の話のように、最初から美女が現われ、亀が出て来ないのもあるが、殆どの話には亀が現われ、その亀が直接、あるいは間接に、乙姫と関係のあることが示されている。このような点を考慮しながら、亀および、それと関連する亀姫について考えてみることにしよう。

3 亀と亀姫

亀は「神話学に知られている最も古い動物のひとつである」と神話学者ケレーニイは述べている。(15) 確かに、亀は世界中の神話や伝説に登場するが、まず、わが国における例をみてみよう。

『日本昔話大成』のなかで、浦島の話と関係の深い「竜宮童子」(二二三)の話としてまとめられている多くの話では、乙姫さまの使いとして亀が登場する。あるいは、これらの類話とも考えられる「海幸と山幸」の物語において、『日本書紀』中には、「一書に曰はく」として、トヨタマヒメが大亀に乗って現われてくる記述が認められる。これらの話には、亀が海、あるいは海底の国に住む女性と関係が深いことが示唆されている。

あるいは、『古事記』には、神武天皇の東征のとき、「亀の甲に乗りて、釣しつつ打ち羽挙《はぶ》き来る人」が現われ、誰かと尋ねれば、「僕《あ》は国つ神ぞ」と答え、水先案内をしたことが述べられている。つまり、わが国の神話における重要な対比のひとつである「天つ神」「国つ神」に注目するとき、「天つ神」に対する「国つ神」の属性として、亀の甲に乗ることが描かれているのである。なお、天つ神アマテラスに対するものとして、出雲の神をみるならば、出雲大社の紋が亀甲紋を有することは、興味深く感じられるが、これらに何らかの関係があるのか明確ではない(16)。余談ながら、阪口保は、浦島が亀の背中に乗って竜宮に行くというテーマは、古い物語には記述されていないので、何時頃から生じてきたかに興味を示し、一八世紀も終りに近い頃ではないかと推論している(17)。確かに記録に残っているものとしては、そのとおりであるが、国つ神の「乗りもの」として、亀が古い時代に登場しているのは興味あることである。

中国、インドに目を転じると、亀の象徴的意味は、ますます明白なものとなる。『列子』の湯問篇によれば、渤海の東方幾億万里に五つの山があり、岱輿《たいよ》、員嶠《えんきょう》、方壺《ほうこ》、瀛洲《えいしゅう》、蓬萊《ほうらい》という、これはおなじみの不老不死の仙境であるが、この五山が海に浮いているため静止することがない。これに苦しんだ仙聖たちが天帝に訴えたので、天帝は一五頭の巨鼇を集めしめ、これを三組にわけて、三交代で五山を支えるようにした。なお一交代は六万年と定めたという。

中国らしい雄大な話であるが、われわれとしては、ここに大亀が登場していることのみならず、蓬萊山の名が見えていることにも注目したい。というのは、浦島伝説の古い記録を残している『日本書紀』には、浦島が「とこよのくに」へ行ったと書いてあるが、それに「蓬萊山」の字があてられているのである。『丹後国風土記』においても、亀の化身の女が浦島をさそうときにも、「蓬山《とこよ》に赴《ゆ》きまさね」という表記がみられ、蓬萊山の字が用いられている。ここに、これらはトコヨノクニに対する単なる漢字の宛字とみるのか、わが国における神仙思想の反映とみるのかは興味深い問題であろうが、われわれとしては、浦島の訪れた「他界」の支えとしての亀というイメージの存在を確認することだけで満足しておくことにしよう。

「世界の土台としての亀」のイメージは、アメリカ・インディアンの神話のなかにも認めることができる。(18) また、インドの神話では、ヴィシュヌの教えによって、「乳海攪拌」が行われるときに、その余りの凄まじさに、世界が破壊されそうになったとき、ヴィシュヌ自身が大亀となり、攪拌の棒の軸受けとなって、安定せしめたという話がある。ここでも、亀は世界を支えるものとなっているのである。

これらの点をみると、天と地、父と母、精神と肉体(物質)などの根元的な対立を考えるとき、土、肉体、母などのイメージのコンステレーションを代表するものとして、亀が象徴的な意味をもっていることが解る。あるいは、極言すれば、天地、父母などの分離以前の混沌たる状態を指すものというべきであろう。この意味において、ユングが亀の象徴性を、錬金術における、未だ精錬されていない最初の素材、マッサ・コンフーサ(massa confusa)に対比せしめているのは、まことに適切であると考えられる。(19)

このような意味をもった亀が登場するのであるが、それが劇的な変身を遂げるさまを、『丹後国風土記』は見事に描写している。すなわち、主人公の筒川の嶼子《しまこ》は三日三晩一つの魚も釣れずに居たが、遂に一匹の五色の亀を釣りあげる。「心に奇異《あや》しと思ひ」ながらも船に置き、しばらく寝ている間に、亀はたちまち女となる。それは「容美麗《かたち》しく、更《また》比ふべきものなかりき」というのであったが、「賤妾《やつこ》が意《こころ》は、天地《あめつち》と畢《を》へ、日月と極まらむとおもふを、但《ただ》、君は奈何《いか》にか、許不《いなせ》の意《こころ》を早先《すみやか》にせむことを」という。自分の決心は固まっているが、お前はどうなのかと突然のプロポーズをしたのである。

このあたりの亀の変身ぶりは素晴らしいと思うが、ここで疑問を感じることは、われわれが一般に知っている「浦島太郎」の話では、このような亀の変身のテーマが消え失せ、亀の報恩という、もともとの話にはなかったテーマがつけ加えられていることである。

この不可思議なテーマのいれかえの問題については、後に考察するとして、「亀の報恩」のテーマについて簡単に触れておく。亀の報恩をテーマとする話は、浦島とは別に存在し、その類話が『日本霊異記』『今昔物語』『宇治拾遺物語』『打聞集』などにみられることは、先述した浦島研究の諸家の既に指摘しているところである。話の筋は少しずつ異なるが、いずれも、殺されかかっている亀を助けてやったために、その後に、亀に命を助けられたり、あるいは、亀を買い取るときに支払った金を、その亀が後に返却に来たりする動物報恩譚である。中田千畝は、これを中国の『冥報記』における、陳の厳恭が亀を救ったために亀に救われる話に根元を求めているが、おそらく、インドまで起源をさかのぼることのできる仏教説話であろうと思う。要するに仏教の因果応報を説くためのものであろうが、これは、心理学的に言えば、退行の次に生じるエネルギーの進行の状態を示すものとも考えられる。無意識の領域に流れていた心的エネルギーが、今度は逆に自我の方へと流れてきて、自我はそれを用いることができる。しかし、これが日常的なエネルギーの退行と進行のくり返しではなく、創造的なものであるためには、そこに何らかの新しい要素が生じなくてはならない。

浦島のもともとの話では、そこに亀の化身としての美女という、新しい要素が生じるのであるが、仏教の影響を受けて、動物報恩のテーマがつけ加わったとき、この大切なテーマが脱落していったのである。

ここに「大切なテーマ」と述べたが、確かに、亀の化身としての女性のプロポーズは大切な問題である。物語は、母親との結びつきの強い男性の退行によって始まったと述べた。この男性が母親との結びつきを断ち切るためには、一人の女、母親とは異なる魅力をそなえた女性に出会わねばならない。あるいは、この話を無意識からの自立を確立しようとする自我のこととしてみるならば、ある程度の自立をした自我は無意識界に再びわけいって、そこに母親像とは異なる女性像を見出し、それとの関係を確立しなければならないともいうことができる。

男性像が自我を表わすと考えるとき、それが母親から分離し（象徴的には母親殺しを行い）、新しい女性を獲得することは、西洋的な自我確立の過程において極めて重要なことである。ところが、『風土記』の浦島の場合、そこにはいかなる意味においても母親殺しを象徴する事象が存在せず、突然に、亀姫が現われ、彼女の方からプロポーズをするのである。そして、浦島の方も相手の素性も解らないまま、それに従ってしまう。つまり、主人公の男性は、英雄的な戦いによって女性を「獲得」したのではなく、むしろ、女性に捕われたといってもよいほどである。

このような、男性の受動的な態度は、第２章に論じた「飯くわぬ女」の男性を想起させるものがある。浦島の海上における孤独な状態は、退行状態を示すものと考えられるが、「飯くわぬ女」の昔話における男性が、仕事はするが飯をくわぬ女がいたら嫁にしたいなどと虫のいいことを考えているのも、退行的な思考に身をまかせている状態と考えられる。そのようなとき、何もかも、男性をさえ呑みこんでしまう女性が出現するのである。「飯くわぬ女」の場合でも、女性の方からプロポーズがなされていることを忘れてはならない。このように考えてみると、亀比売《かめひめ》は、美しくはあるが、その本質において極めて太母的な要素が強いことが理解されるのである。浦島はそのような自覚もなく、その世界の中に引きいれられるのである。

なお、土居光知による「うた人トマスと浦島の子の伝説」は、このような観点から浦島の伝説を解明しているものとして、注目に値する。ここに土居が紹介している、民謡トマス・ザ・ライマーにしても、アイルランドのアッシーン伝説にしても、どちらも女性の方がアクティブな役割をとっている点が、浦島の場合と同様である。前者の場合、正直者トマスの前に現われたのは「仰天するような美人」であったが、「さあ私といっしょにおいで／正直トマスよ　私についておいで、／それから　お前は七年の間／よくても　つらくても　私に仕えるのだよ[20]」という。これは土居も指摘するように、女神への奉仕であって、恋愛生活ではない。これは、前に述べた大地母神とそれに従属する小男神との関係を示唆するものであって、やはり、浦島の物語の背後に存在する心性と同様のものである。

『風土記』の物語によれば、嶼子は亀比売の誘いにのって結婚をし、このために、長年月を現実界と離れてすごし、永遠の少年はたちまちにして老人となる悲劇的結末を迎えることになる。『万葉集』によれば、この悲劇的結末は更に強められ、玉手箱をひらいたとき、浦島は「立ち走り　叫び袖振り　反側《こいまろ》び　足摺りしつつ　忽ちに　心消失《けう》せ

ぬ　若かりし　肌も皺《しわ》みぬ　黒かりし　髪も白けぬ　ゆなゆなは　息さへ絶えて　後遂に　命死にける」となるのである。これは母親類似の女性に魅せられた少年の運命として、むしろ当然のことであろう。では、少年はこの際どうすべきであったのか。このような疑問に直接答えるものではないにしても、ここに、亀と出会ったもう一人の少年のことについて述べてみるのは意義のあることであろう。

亀と出会ったもう一人の少年、それはヘルメースである。ヘルメースはギリシアの神々の中で、その多様でパラドキシカルな性質の故に、特異な地位を占めている神である。そのヘルメースが亀に出会った様を、ケレーニイが『ヘルメース讃歌』に依って語るところに耳を傾けてみることにしよう。(21)

ヘルメースは戸口の前の庭先で、草を食《は》んでいる亀を見つける。「遭遇と発見はヘルメースの本質顕示である。」彼は亀を見ると笑いだして言った。

「この上ない幸運の印だ。お前に会えて嬉しいぞ。
素敵だ、かわいい姿した奴、踊りの友、宴の仲間。
本当によく来た、愛らしい玩具よ。
山の住人よ、どこからお前はその輝く殻を着てきたのだ。
お前を連れて館に入ろう。私の役に立たせよう。

お前を軽んじたりはせぬ、まず私の役に立つのだ。
家の中の方がよい。なぜなら外では、お前は災いに出会うだけだから。
生きてはお前は、害及ぼす魔力を防ぐ盾かもしれぬ。
だが死んだなら、お前は美しい歌となって響くだろう。」

このように言って、ヘルメースは亀を持って、館の中へ戻っていったのである。そして、「そこで彼は亀の身体を切り開いた」。つまり、彼はその亀から竪琴を作ったのである。

ここに述べられたヘルメースの亀に対する態度は、われわれの物語の主人公、浦島と全く相反するものである。浦島の前に突然亀が姿を現わすとき、それは確かにヘルメースの場合と同じく、「遭遇と発見」といえるかも知れない。しかし、浦島は亀の化身の女に誘われるまま、その素性も知らずに従ってゆくのであるが、ヘルメースは全く逆に、亀を見た途端に「亀を見透すのである」。ケレーニイの表現を借りるならば、「ヘルメースはこの哀れな亀がまだ生きているうちに、すばらしい楽器を見ているのである。亀にとってはこのすばらしさは苦痛にみちた死を意味する。……このことすべてをヘルメースは、ナイーヴなやり方でではなく、陰険非情になしとげるのである」。それにしても、ケレーニイも述べているように、亀を見るや否や、殺して楽器とすることを考えながら、「家の中の方がよい。なぜなら外では、お前は災いに出会うだけだから」などと言ってのけるヘルメースのイロニーの残忍さは、「彼の言葉のイロニーは彼の神性から溢れ出ており、存在そのものと同じほど非情である」というべきである。まさに魂の導者たるにふさわしいものである。

ところで、われわれの浦島は何時までたっても、亀の本性を見透すヘルメースにはなり得なかった。しかし、時代の変遷と共に物語は変化を遂げ、その中で、亀姫の像が性格を変えてくるのである。この点について、次に考察することにしよう。

4　乙　姫――永遠の少女

『風土記』によると、嶼子が亀姫と結婚したことがはっきりと述べられている。ところが、われわれが一般に知っている「浦島太郎」の話では、浦島が乙姫と結婚したとは考えられていない。昔話の浦島にしても、「乙姫さまやきれいな娘もたくさんいるし、着物を着かえさせてくれるし」とのことで、結婚のことについては触れられていない。ここに、乙姫が結婚の対象として考えられなくなってくるのは、どうしてなのか、あるいは何時の時代頃からなのかという疑問が生じてくる。

浦島の結婚のテーマは、平安時代の記録である『浦嶋子伝』や『続浦嶋子伝記』などにもそのまま継承されている。ところが興味深いことは『風土記』にみられる「亀比《かめひ》売《め》」という表現がなくなり、『浦嶋子伝』のように、「其之間霊亀変為二仙女一」という点にも見られるごとく、仙女、あるいは、神女という表現が用いられるのである。それと同時に仙女の描写にも、「楊妃西施と異ならず」など、中国の影響が露骨に認められるようになってくる。このような中国からの影響に対して、高木敏雄は疑問を述べている(22)。すなわち、仙女が亀となって浦島に言い寄るなどということは、清浄高潔な仙女のすることとは考えられないというのである。「如何に浦島の美目秀眉に神魂を奪はれしとするも、渇仰する数多の道士を棄て、亀と化して遥々と海中を潜り、丹波なる与謝の入江に出現し、猥褻にも秋波を湛へて漁夫の歓心を哀求するが如き、到底了解すべからざる事に属す」というのだから、大した立腹の仕方である。高木の説は、結局浦島の原話にもっとも近いのは『万葉集』の長歌に示されたものであろうというのであるが、筆者としては、そのような原話の探索よりも、むしろ、このようにして亀姫像が時代と共に変遷してくる点に興味を抱くのである。

ここで、高木敏雄の憤慨がいみじくも示しているように、われわれ日本人は、仙女あるいは天女は、色恋とは無関係でなければならないという通念を持っているようである。久米の仙人の説話がこれを示している。しかし他方、道教の理想郷を恋愛の理想国とするような考えも存在したようである。このため、浦島説話の中に後者のような色合いがほどこされ、『遊仙窟』の影響なども受けながら、なお且つ、仙女を登場せしめることも可能であったわけである。しかし、先に述べたような通念の方が、おそらく日本人にとっては強かったのであろうか、亀姫の仙女化がすすむにつれ、結婚のテーマが脱落していったと考えられる。つまり、亀で表わされるような女性の肉体性が切りはなされることによって、仙女はますます仙女らしくなり、結婚の対象とは考えられない乙姫像が生じてきたのではないだろうか。そして、いわば亀姫が亀と姫とに分離してしまうことになるのである。

肉体性を否定し、結婚の対象としては考えることのできない美人の像といえば、われわれ日本人の心にすぐ浮かんでくるのは、かぐや姫のイメージである。自分から強引にプロポーズをした亀姫とは全く逆に、この美しい女性は五人の貴人達にプロポーズされながら、それをすべて断って、月の世界へと昇って行く。亀姫が海底にすんでいるのに対して、かぐや姫は天上にすんでいるのである。つまり、われわれが一般に知っている乙姫は、亀姫から亀が離別され、かぐや姫化の行われたイメージということができる。

かぐや姫と親近性の高いものに「羽衣伝説」があり、昔話では「天人女房」(大成一一八)という話が多くの類話をもち、全国にひろく分布している。これらのもともと「天界」にすむ女性が下界に現われてくる話は、全世界に存在している。西洋の場合は、これが「天界」の女性ではなく、王女が魔法によって白鳥などに変身させられていることが多いのであるが、このような「白鳥の乙女」(swan maiden)の伝説は、ユング夫人[23]も指摘するとおり、極めて歴史が古く、おそらく文献的には、『リグ・ヴェーダ』にあるものが最古のものであろうと言われている。このような美しい女性像は、全世界の昔話・伝説のなかに存在して、つきるところを知らないが、ここでは、日本人の女性像をよく反映していると思われる、極めて特異な伝説をひとつだけ紹介しておこう。

それは丹後国の『風土記』にある「奈具《なぐ》の社」という話である。真奈井というところで水浴みをしている天女が八人居る。それを見たある老夫婦が天女のころもを隠すことにより、飛べなくなった天女を自分の養女とする。この天女の働きにより老夫婦は金持となるが、いざ金持になってしまうと、天女を追い出してしまう。天女は泣く泣くあちこちをさまよい歩くが、もちろん天にも帰れず、結局、奈具の村にきてとうとう心がおさまり、そこにとどまる。そして「斯《こ》は謂《い》はゆる竹野の郡の奈具の社に坐す豊宇賀能売《とようかのめの》命《みこと》なり」ということで話が終りとなる。

この話を特異であると言ったのは、ここに白鳥の乙女に対する恋愛も結婚も生じないからである。西洋の白鳥の乙女の物語と比較すると、この点が日本の特殊性を示していると考えられる。ひどい仕打ちを受けた女性を助け出す王子様が現われるのでもなく、彼女は何となく心を平静にし、最後は簡単に神さまになっておさまってしまうのである。ここに、結婚のテーマにこだわるのは、浦島の物語において、それが消え失せているからである。つまり、日本人の抱く女性像として特徴的なことは、それが二つの像に分離し、一つは天上にすむ永遠の乙女として、どうしても結婚の対象とはなり得ないものとなり、他の一つは、海中にすむ亀姫として、肉体的な面が強調されるものになってしまうということである。男性と同一平面上に存在し、対等な愛の対象となる女性像を結実させることが、なかなか困難なのである。

あらゆるプロポーズを拒否し、天上に昇っていったかぐや姫は、既に述べてきたような日本の永遠の少年の相手としてふさわしい、永遠の少女である、とも言うことができるが、かぐや姫について生じた、ひとつの連想をここに書き加えておきたい。それは、かぐや姫の誕生を、うぐいすの卵から生まれたもののように説く話が多く存在するところから生じたものである。たとえば、鎌倉時代初期の『海道記』などには、竹林の中のうぐいすの卵から、女の子が生まれ、巣の中にいたのを翁が自分の子としたと述べられている。そして、その娘を、かぐや姫と呼んだり、鶯姫《うぐいすひめ》と呼んだりしているのである。

鶯姫の名は、われわれに第1章に取りあげた「うぐいすの里」の話を想起せしめ、次のような連想を喚起する。すなわち、鶯姫＝かぐや姫こそ、男性の信頼し難いことを嘆いてこの世を立ち去った女性が残していった子どもではないか、ということである。彼女も母親と同様に美しかった。しかし、彼女は男性たちの信用し難いことを、母の受けた経験からよく知っていた。あるいは、彼女は母の「うらみ」を晴らすために、この世にやってきたのであろうか。このように考えると、彼女が高位高官の男性たちに、実現不可能な課題を押しつけ、苦しめることも、よく了解されるのである。男どもの混乱を尻目に、この世を立ち去っていった娘は、あちらの世界で母親に会い、男性たちの相つぐ失敗ぶりを見て、手を取り合って笑ったかも知れない。それは、「鬼が笑う」ほどの底抜け笑いではなかったにしろ、「あら、おかし」と袖引き合って笑うほどのものではあったろう。消えゆくものの「あわれ」の美のかげに、「おかし」という笑いが存在しているように思われる。かぐや姫の難題に苦心惨憺し、果ては命までも失うほどの男性たちの様相は、あわれ、というよりは、おかし、という類のものになっている。日本の女性はただ消え去るだけの弱さに生きているのではない。

日本人の抱く女性像が二つに分離することを指摘したが、浦島の物語に現われてくる、初期の頃の亀姫と、後期の物語に語られる、結婚の対象とならない乙姫は、その典型と考えられる。乙姫像がこのように変化してゆく原因のひとつは、「男女七歳にして席を同じゅうせず」という儒教の影響かも知れない。それに、仏教説話からの影響によって、亀の報恩のテーマがつけ加わるとき、動物報恩の面が強調されるとともに、亀姫はかぐや姫化した乙姫となり、それと共存し得ない亀が分離していったと考えられる。

5　内界と外界

ここで、話を浦島のことにかえすと、未だ触れていない多くの問題が残されていることに気づくが、本論では乙姫像の変化に焦点をあてて論じているので、他の諸点については、次に簡単に述べることにして終ることにしたい。

『風土記』によれば、嶼子は亀姫のいうままに結婚し、そこに三年間滞在したとある。この三年が現世では三百年に相当するので、浦島は帰還後に困り果ててしまう。無意識の世界にわけいって、そこで女性とめぐり会ったときから、浦島の時間感覚は現世とは異なるものになっていたのである。無意識内における無時間性は深層心理学者のしばしば強調するところであるが、われわれはそれを常に夢の中で体験している。夢の中では過去と現代が混合したり、瞬時のうちに長時間の体験をしたりすることは珍しくない。この点について、「さか別当の浄土」(大成、本格新話型一八)[24]の話では、時間関係が逆になっているのも興味深い。すなわち、魚釣りが村の人に屋根の葺替《ふきか》えを頼み、その間に「水底のさか別当の浄土」に行き、結婚して子供、孫、ひこ、やさごまでつくるが、家のことが心配になり帰ってくる。すると家は未だ屋根葺きの最中であったというのであるから、他界での長時間体験がこの世では屋根の葺替えの間に相当する短時間であったことを示している。これは有名な「邯鄲の夢」を思わせるものがある。あるいは御伽草子の竜宮城の叙述によれば、東の窓からは春の景色、南には夏、西には秋、北には冬の景色が見えたとあるが、これは竜宮城が時間の法則の支配を受けないことを如実に示しているものと思われる。なお既に述べたことであるが、鎌倉時代の『水鏡』『古事談』などの浦島の物語の記録によると、竜宮から帰還した浦島が「いとけなかりける形」をしていたとか「幼童の如し」などと言われている。これも無意識界の無時間性を示すものと思われる。考えて見れば、永遠の少年達《プエル・エテルヌス》は、現実の世界よりも無意識界で時をすごすことが多いので、年をとることがないのだと言うこともできる。

ともかく、文字通り時の経つのも忘れてすごしていた浦島も、故郷を思って帰りたくなる。『風土記』によれば、亀姫はずい分と嘆き悲しむが、「君、終《つひ》に賤妾《やっこ》を遺《わす》れず、眷《しの》び尋ねむとならば、堅く匣《くしげ》を握《と》りて、慎《ゆめ》、な開き見たまひそ」と言って、浦島の帰るのを許す。ところで、故郷は変わり果て、すでに三百年たっていたとか、「尋ねて七世の孫に値《あ》はず」(『浦嶋子伝』)ということになるのは周知のとおりである。『日本書紀』にある非常に簡単な記録を除いては、殆ど、どの浦島の物語でも、浦島の帰国と現世における長時間の経過、それに玉手箱のテーマを伝えている。

一度他界へ行った者が現世に帰ってきて、変わらぬ生活を送ることは非常に困難なことである。われわれ心理療法家にとって、「他界」とは無意識界を意味し、患者と共にその無意識界にはいって行きながら、外界とのつながりを失わないようにすることは重要なことであり、この困難さを克服しないと浦島と同様の失敗を犯すことになる。このような点から考えると、他界へ行きながら、現世とのつながりを忘れなかった見事な例が、山城国の『風土記』にのっているのは興味深い。これは「宇治の橋姫」という話であるが、要点を述べると、竜神にみこまれて聟となった男性が、竜宮で物を食べないようにし、陸にあがってきて食べるようにしていたので、遂にこの世に帰って来ることが出来たという話である。他界で食物をたべると現世に帰って来られないという観念は、イザナミの黄泉戸喫《よもつへぐい》の話や、ギリシアのペルセポネー神話などにも見られるが、この男性がそのような点を心掛けて、現実界とのつながりを失わなかったのは、見事なことと言わねばならない。現実との関係を維持するためには、他界では決して食事をしないという持続的な意志力――プエル・エテルヌスにとって最も苦手とすること――を必要としたのである。

浦島はこの点でまことに不用意であった。亀姫に誘惑されるままに結婚し、故郷が恋しくなると余り考えもせずに帰ってくる。そこで、亀姫が「開けてはならない」玉手箱をわたしたことは意味が深い。ここで浦島は禁止を守りぬく意志をためされていると考えられるからである。退行を創造的ならしめるためには、そこに新しい要素が出現し、主人公は努力を払わねばならないと述べたが、この点、浦島は努力がなさすぎたのである。

外界と内界、意識界と無意識界との区別が明白でないことも、日本人の特性のひとつではないかと思われる。そのひとつの証例として、浦島の帰還が歴史の記述の中に組みこまれているという事実がある。それは、『日本後紀』淳和天皇天長二(八二五)年の条に、「今歳浦島子帰」郷、雄略天皇御宇入」海、至」今三百四十七年」という叙述が認められる。この三百四十七年というのは、『日本書紀』の記述が雄略二十二(四七八)年なので、そこから起算したのであろうが、何故わざわざ三百四十七年後にしたのかは理解できない(25)。この点については暫くおくとして、このような記事が歴史書にのせられる点が特徴的であると思われるのである。このような、外的現実と内的現実の容易な混合は、日本人の特性のひとつではないだろうか。このことは、浦島のすべての物語において、浦島が現世より竜宮に到る間の記述がまことに簡単であるのに対して、土居光知の紹介している「うた人トマス」の例では「四十日と四十夜のあいだ、彼は膝まで没し、血の海をわたった。彼は日も月も見なかったが、波音のとどろきを聞いた」などという描写があることとも対応している。あるいは、イザナキが黄泉の国を訪ねる神話においても、彼が黄泉の国に到ることは難なく行われている。そして、これと多くの点で対比し得ると思われるバビロニアの神話において、女神イシュタルが地下の国にその夫を訪ねるときには、イシュタルが地下の国に下ってゆく見事な描写が存在していることも、同様の傾向を反映していると思われる。つまり、日本人にとって他界と現実界との障壁は思いの外に薄いものなのであった。

外界と内界、他界と現実界の障壁が薄いことは、日本人の自我の在り方を反映しているものと思われる。第1章に紹介したように、西洋流の母親殺しを達成して確立された自我は、意識と無意識の区別が明白であり、物ごとを対象化して把握する力をもつ。つまり、自と他の区別が明確なのである。それに比して、日本的な意識の在り方は、常に境界をあいまいにすることによって、全体を未分化なままで把握しようとする。このことがここに反映されていると思われる。そして、外国の昔話研究家から、しばしば指摘されるように、日本の昔話が伝説に近いということも、このことと関連していると思われる。

玉手箱に関する「禁止」のテーマは、既に第1章に述べた、「見るなの禁」と同様のものである。既にその際に論じたように、禁止を破るものは、それによって生じる苦労を克服してゆくだけの強さを持っていてこそ、より高次の自己実現の段階へと上ってゆくことができる。浦島はその点余りにも弱かった。かくて、彼が老人になる結末も当然であり、万葉の詩人の与えた死こそ、ふさわしい結果であったかも知れない。ところが、ここにひとつの新しい解釈を与えたものとして、近松の『浦島年代記』が存在する。これは浦島の話としては随分手のこんだ潤色をほどこしたもので、原話とは相当異なっているが、結末に到って浦島が自らの意志をもって玉手箱を開くことになっている。話は省略するが、浦島が玉手箱には「八千歳の寿命」がはいっていることを知りながら、悪人をこらしめるため、自分が浦島であることを立証しようとして、自ら箱を開くことになっている。この浦島像を、阪口保はいみじくも「意志の浦島」と呼んでいるが、今まで述べてきた少年《プエル》としての浦島像を克服する試みとして注目すべきものである。ただ、ここでも浦島と乙姫との結婚の成就という結果にはなっていないのである。

　近松のように話を徹底的に変更すればともかく、さもなければ、浦島の話をハッピー・エンドにすることは難しい。その点、島崎藤村、武者小路実篤などが、新しい浦島解釈に基づいて作品を書き、昔話とは異なる乙姫像や浦島像を描き出そうと試みているが、今回はそれらについては言及しないことにする。なお付篇に示した昔話の結末も興味深いが、この点については次章において論じたい。ともかく、以上示して来たように、最初は伝説として存在していたものが、時代と共に変遷して、われわれの現在知っているような昔話になったわけであるが、そこに示された乙姫像の変化のなかに、日本人のもつ特徴的な二つの女性像を明らかにすることができたと思う。最後に『日本書紀』に雄略天皇二十二年のこととして記されている簡単な記録を示して、終りとしたい。

　秋七月に、丹波国の余社郡の管川の人瑞江浦嶋子《みづのえのうらしまのこ》、舟に乗りて釣す。遂に大亀を得たり。便《たちま》ち女《をとめ》に化為《な》る。是に、浦嶋子、感《たけ》りて婦《め》にす。相逐《したが》ひて海に入る。蓬萊《とこよの》山《くに》に到りて、仙衆《ひじり》を歴《めぐ》り覩《み》る。語《こと》は、別巻に在り。

(1) 藤本徳明「浦島伝説と近代文学」『金沢美術工芸大学学報』第二二号、一九七八年、所収。
(2) 阪口保『浦島説話の研究』新元社、一九五五年。
(3) 水野祐『古代社会と浦島伝説　上・下』雄山閣、一九七五年。
(4) 高木敏雄「浦島伝説の研究」『日本神話伝説の研究』岡書院、一九三六年、所収。
(5) 出石誠彦「浦島の説話とその類例について」『支那神話伝説の研究』中央公論社、一九四三年、所収。
(6) 柳田國男「海神宮考」『定本　第一巻』一九六三年、所収。
(7) 下出積與『神仙思想』吉川弘文館、一九六八年。
(8) 中田千畝『浦島と羽衣』坂本書店、一九二五年。
(9) 土居光知「うた人トマスと浦島の子の伝説」、土居光知・工藤好美『無意識の世界』研究社、一九六六年、所収。
(10) 君島久子「浦島説話の原郷に関する一仮説」、日本口承文芸協会編『昔話研究入門』三弥井書店、一九七六年、所収。
(11) 拙稿「浦島と乙姫」『母性社会日本の病理』中央公論社、一九七六年、所収。
(12) 石田英一郎『桃太郎の母』講談社、一九六六年。
(13) 拙稿「母性社会日本の〝永遠の少年〟たち」『母性社会日本の病理』所収。「永遠の少年」に関する異なった観点からの論議は、第8章において述べられる。
(14) C. G. Jung, "On Psychic Energy", in The Structure and Dynamics of the Psyche, The Collected Works of C. G. Jung, vol. 8, Pantheon Books, 1960.

(15) ケレーニイ／ユング、杉浦忠夫訳『神話学入門』晶文社、一九七五年。

(16) 樋口清之監修、丹羽基二著『家紋大図鑑』秋田書店、一九七一年。同書によると、出雲大社の亀甲紋は大国主命の恵みが六方にあまねく広まることを指すという。

(17) 阪口保、前掲書。

(18) H. v. Beit, "Gegensatz und Erneuerung im Ma(:)rchen", Franke Verlag, 1957.

(19) C. G. Jung, "Psychology and Alchemy", in The Collected Works of C. G. Jung, vol. 12, Pantheon Books, 1953.(C・G・ユング、池田紘一・鎌田道生訳『心理学と錬金術』1・2、人文書院、一九七六年)

(20) 土居光知、前掲論文。

(21) カール・ケレーニイ、種村季弘・藤川芳朗訳『迷宮と神話』弘文堂、一九七三年。以下同訳書による。

(22) 高木敏雄、前掲書。

(23) エンマ・ユング、笠原嘉・吉本千鶴子訳『内なる異性』海鳴社、一九七六年。

(24) 『日本昔話集成』には、「浦島太郎」の類話として分類されていたが、『大成』では、新話型として独立させられている。新潟県南蒲原郡葛巻村において採集されたもので、類話はあまり多くない。

(25) この点については、阪口保、高木敏雄が前掲書に考察を述べているが、ここでは割愛する。なお、『日本後紀』の引用は高木「浦島伝説の研究」による。

第６章　異類の女性

昔話のなかに、異類女房譚として分類される一群の話がある。人間以外の存在が人間の女性の姿をとって現われ、男性との間に婚姻が成立する。このことは、今まで再々述べてきたように、わが国の昔話のなかで結婚が生じることの少ない点から考えると、珍しいことのように思われるが、多くの場合、後に示すように結婚は破局を迎えることになる。つまり、西洋の話のように、結婚をもってハッピー・エンドとなるのとは、大いに異なる話の展開となるのである。

異類女房として登場するのは、蛇、魚、鳥それに狐や猫などと極めて多彩である。異類女房の話は、全世界のなかで、わが国とその近隣諸民族にのみ特異的に語りつがれているといっていいほどのものであり、日本人の心について考える上で、極めて重要なものである。特に、われわれは婚姻の成立・不成立という点に焦点をあててきたので、そのような観点から見ても意義深いものである。多くの異類女房譚のなかから、ここに「鶴女房」（大成一一五）の話をまず取りあげることにした。これは木下順二によって劇化され、『夕鶴』として多くの人に親しまれている故もあって、取りあげることにしたものである。「鶴女房」の話も類話は多く、日本全土にわたって分布している。付篇8に示したのは、鹿児島県薩摩郡において採集されたものである。早速、この話に従って、考察してみることにしよう。

1 鶴女房

「鶴女房」の話の主人公——嘉六と名づけられているが——も、母一人、子一人の暮らしをしているのは、先に述べた「浦島」の場合と同様であり、なかなか興味深い。母親が七〇歳というのだから、嘉六も相当な年でありながら、まだ独身でいるわけである。蒲団《ふとん》を買いに町に出かけた、とあるが、家の中にもう少し「暖かさ」を必要としたのであろうか。しかし、嘉六は鶴を助けてやるために金を費やして、手ぶらで帰ってくる。「今夜は寒くとも仕方はなかか」と彼は思っているし、母親も「わいがすることだからよか」と、とがめ立てもしない。母・息子ともに貧乏ながら、気だてのいい人であることが短い描写のなかに、生き生きと語られている。

類話にはいろいろなヴァリエーションが語られているが、多くの類話に共通に、主人公が貧乏であること、鶴を助けるために相当な犠牲を払うこと、などが語られている。

このため、これは貧乏人が鶴を助けたため、鶴の恩返しによって金持となるという、仏教説話好みの報恩譚に変化する要素を多分にもっている。類話のなかには、浦島の話の場合のように、報恩が前面に出て、結婚話が消え失せているのもあるが、それが極めて少ないのは、浦島と似たような展開を取りつつも、鶴との婚姻ということが大切なテーマであったことを示しているものであろう。

鶴は姿を変えて女性となり、嘉六を訪ねてくる。ここに、鶴から女性への変身は当然のことのように語られ、西洋のように魔法などということがないのが特徴的である。このことは、後に示すように、他の異類女房の場合も同様である。ここで、女性に変身する鶴について考えてみよう。鶴はその飛翔する姿の優美さから、わが国では霊鳥として崇められている。鶴が稲穂を運んで来て、稲作が始まったとする穂落し伝説や、中国から取り入れられた「鶴は千年、亀は万年」の言い伝え、などによって、吉祥の鳥と考えられている。しかし、この昔話における鶴は、あまりそのような意味合いをもたず、むしろ、その優美な姿の連想から生じる、美しく優しい女性像を提供するものと思われる。むしろ、その優美な姿の連想から生じる、美しく優しい女性像を提供するものと思われる。鶴の夫婦の絆の強さを物語る、「鶴の宮」の伝説に登場する鶴の姿が、むしろ、この鶴女房のけなげな献身ぶりに重なるものと思われる。

助けられた鶴は女に変身して、嘉六の妻になろうとする。これも女性からのプロポーズの一種であるが、前章にあげた亀姫のプロポーズのときに比して、男性の対応の仕方が相当異なっている。浦島は女性の申出のままに、極めて受動的に行動している。しかし、嘉六は、自分の暮らしの現実をはっきりと意識しており、簡単には、このような美女を嫁に出来ないと断るのである。ここに、男性の現実認識に基づくチェックがはいっていることは、その後の話の展開を浦島のそれとは異なったものにするのに役立っているようである。

結婚後しばらく経って、女は三日ばかり、戸棚のなかに入るが、決して戸をあけて見ないように言う。ここに、おなじみの「見るなの禁」のテーマが登場するが、このときは、男は禁制を守る。女はその間に織物を織っていたのである。女の仕事としての「機織り」については、既に第2章および第3章に述べたとおりである(五一—五二頁、八八頁参照)。それにしても、ここに機織りのテーマが生じてきたことは、われわれの連想を、鶴女房から山姥へと誘うものがある。第2章の最後に述べた連想の輪を本章に至るまで広げてみよう。

「うぐいすの里」で男性に不信感をもって、この世を立ち去った女性は、常人との交りを再び求め、「飯を食わぬ」条件に耐えてまでそれを果そうとした。しかし、男性ののぞき見によって怒り、その暗い半面を見せ、彼女は常人の知恵によって追い払われる。男性に対する怒りと怨みは、彼女の分身、かぐや姫によってはらすことができた。そして、またしても、女はこの世に進出しようとする。鶴に化身した彼女は、珍しくも信頼し得る男性を見出した。彼は優しく、しっかりしている。そこで、彼女は文字どおり「献身的」な仕事によって、彼を助けようとしたのだ。危惧しながらも彼に課した禁止を、彼は破らなかった。反物は織りあがった。今度こそは彼女の運命もよい方に織りあげられそうである。彼女は嬉しかったであろう。幸福な結婚生活が築きあげられそうである。

ここに思いがけぬ落し穴があった。男に「欲」が生じたのである。ひとつの反物が二千両にも売れれば、彼らはその後は充分に幸福に暮らせたはずであった。殿様が「もう一反できんか」と言ったとき、「わたしの内方に聞いて見ないとわかり申さん」と一度は殊勝に答えるが、「聞かなくても、お前が承知ならいいだろう。金はいま出してやる」と殿様に言われたとき、男の心は決まったのであろう。それを悟った女は怒ることも悲しむこともなく、より献身的な努力を続けようと決心する。新潟県両津市採集の類話では、はっきりと、男に「欲が出てもう一反織らせる」と語られている。

貧乏なとき、男は自分が寒さに耐えても鶴を救おうとした。つまり、彼の方が彼女に対して献身的であった。しかし、結婚して金持になったとき、彼の態度はまったく逆転した。金持になると、大体、人間は欲深くなるものだ。欲深い人間は不安も高い。不安の高い人間は約束を守って、じっと待つことができない。そこで、夫は遂に禁止を犯してしまうことになる。このように言ってしまうとあまりにも下世話めいたことになるが、貧乏くさくて結婚するまでの間は女性に献身的であるが、結婚して金もできてくると、妻の献身を当然のこととして要求し、しかも妻との約束は守らないなどというと、日本男性の典型像を描いているようにも思われる。このことはむしろ、筆者が昔話の解明を通じてここになしつつある日本人の心の基本構造の上に生きている日本男性の、否定的な典型例として上述のようなパターンが生じやすい、というべきであろう。

男はまたもや――というのは「うぐいすの里」を踏まえてのことだが――禁止を破った。女はこの度も怒らなかった。「こうして、体を見られたうえは、愛想もつきたでしょうから、わたしはもうおいとまします」と彼女は言って去ってゆく。女は禁を犯した男の罪を責めるのではなく、自らの裸を見られた恥を強く感じて去ってゆくのである。しかし、これは単に自分の裸体を見られたということであろうか。この点について、多くの類話は、鶴であるという素性が知れたために、女が立ち去ってゆく、と語っている。これは象徴的に言えば同じこととも思われる。つまり、女にとって、私は何か、という、本性、つまり、裸の真実を男に知られた限り、共に生きてゆくことが出来ないことを意味しているのである。彼らが夫婦として生き続けてゆくためには、彼女の「本性隠し」は完璧でなければならないのだ。「鶴女房」のどの類話を見ても、突然に現われる女性が鶴の化身であることは、最初はすべて伏せられている。男は禁を犯したときにはじめて、自分の妻の素性を知って驚くのである。そして、このことは夫婦別れの条件として

表7 「鶴女房」と「からす」との対比

	起	承	転	結
鶴女房	女が男を訪ねる	女性のプロポーズにより結婚	女の仕事（男の妨害）	女の本性が露見し離婚
からす	男が，からすに会う	からすは自分の本性を告げ，救済を依頼	男の仕事（女の援助）	男の仕事の成就により結婚

自明のこととして受けとめられ、あれほど妻を愛していたかの如く見えた夫も、妻の出てゆくのを止めはしないのである。

ここで比較のために、女性が鳥に変身する西洋の昔話として、グリムの「からす」(KHM 93)を取りあげてみよう。話の詳細は略して骨組みだけを述べると、ある王女が母親の呪いによって「からす」にされてしまう。からすは森にすんでいたが、そこにやってきた一人の男に、自分はもともと王女であったことを告げ、自分を救済するための仕事を依頼する。男はからすの忠告に従わずに失敗したりするが、からす(王女)は彼を助け、男は仕事をやり抜くことで愛の証しを示し、からすは王女へと変身、婚礼をあげようというところで、話はめでたく終りとなる。この話の展開と、われわれの「鶴女房」を比較すると、よくこれほどまでに逆の話が作れたものだと思えるくらい著しい対比を示しているのである。「鶴女房」で、男が鶴を助けるところ、また「からす」で、王女が母親の呪いでからすにされるところを伏線とみて、男女の出会いのところから、話の起承転結を表示すると、表7のようになる。ここで、女性の本性に注目すると、日本の場合では、もともと鶴であったものが女として登場するのに対して、西洋の場合は、もともと女性であったのが、からすとして登場するのである。そして、前者では「本性隠し」を前提として結婚が行われるのに対して、後者では、からすは「本性を明らかにする」ことによって、男性の救いを期待するのである。従って、話のクライマックスとしてなされる仕事は、一方は、女の仕事であるのに対して、他方は男の仕事である。結末に至ると、日本の場合、女(鶴)の本性が露見して、離婚という悲劇的結末になるが、西洋の場合は、結婚というハッピー・エンドになる。このように詳細に比較すると、可能な限り逆の話を作ったと思えるほどの対比に驚かされるのである。本性の判明と結婚の事象の前後関係が逆転しているところも興味深い対比である。

日本と西洋の昔話の対比をどのように考えるかについては、後に述べるとして、ここに示した「鶴女房」の話の展開が、果して日本の昔話の異類女房の話を代表するものであるかが問題となるであろう。そこで次節においては、その他の異類女房譚について概観的に検討してみることにする。

なお、「鶴女房」の類話では、鶴女房が立ち去ってゆく(時には、死亡する)ことによって話が終りとなるものが多いが、付篇に示した話では、その後も話が続き、嘉六はもう一度、女房の鶴を訪ねていき、再会するのである。この点についての考察も、後述することにして、今はともかく、異類女房譚の概観を試みることにしよう。

2　異類女房

女が動物に変身する昔話と言っても、日本の「鶴女房」と、グリムの「からす」とでは、その構造に著しい差があることを前節に示した。この差が生じる一番の根本は、「鶴女房」では、もともと鶴だったのが人間の女に変身しているのに対して、「からす」では、もともと人間の女性だったのが、からすに変身しているという事実である。ところで、もともと動物であったものが人間の女性となり、人間と結婚する昔話は、わが国には相当あるのに、西洋ではまったくないのである。それどころか、これは日本だけの話と言ってもよさそうなのである。世界の昔話について研究を重ねてきている小澤俊夫は、「鶴女房」のような型の異類女房の昔話は、お隣の韓国に「竜女」という話があるくらいで、「世界各地の民話資料の調査が進み、われわれにも利用できるようになったときにどうなるか、それは予測できないことだが」との条件つきではあるが、「現在のところでは、これらの話は日本とその近隣諸民族に限られて伝えられているようである」と述べている(1)。

それでは異類女房の話にはどのようなものがあるか、『日本昔話大成』によって見てみることにしよう。同書に異類女房として分類されているものは、一一〇より一一九に至る、「蛇女房」「蛙女房」「蛤女房」「魚女房A・B」「竜宮女房」「鶴女房」「狐女房（A聴耳型、B一人女房型、C二人女房型）」「猫女房」「天人女房」「笛吹聟」である。このうち、「竜宮女房」「天人女房」「笛吹聟」に登場する女性は、竜宮城の娘、天女、天竺の大王菩薩の娘などで、動物ではない。これを見ても解るとおり、女性に変化する動物は、何でもよいというわけではなく、案外少数のものに限定されているのも興味深いことである。「鶴女房」の場合は、類話のなかに少数ながら、山鳥、雉、などが鶴の代りに登場している。異類婚の話としては、動物が男性となって、人間の女性と結婚する話もあるわけだが、この異類女房として出現する動物のなかで、蛇と蛙は異類聟としても語られる。蛇とか蛙とかは、男性としても女性としても、どちらの投影をも受ける性格をもっているのである。

これらの異類女房譚には、それぞれ多くの類話があり、それらのすべてについて検討することは煩雑なので、一応、『日本昔話大成』に代表としてあげられている話を基にして、概観を試みることにする。統計的な検討を行うのではなく、概観的な傾向を見るためには、これで充分と思われるし、適宜、類話も参照することにして論をすすめたい。ところで、これらを通観すると、「猫女房」「竜宮女房」「天人女房」「笛吹聟」の話を除くと、その他の話は、既に「鶴女房」のときに指摘した特性を概ねそなえており、極めて似通った点をもっていることが解る。ここに除外した話については後に触れるとして、まず、共通部分を明らかにするために、それを表示してみた。

　表8にその結果を示したが、それを見ると、すべての物語について共通なのは、女性の「本性隠し」を前提として、結婚がなされ、その後に(子どもの有無の差はあるが)、女性の本性が発覚して離婚に至るということである。つまり、このことは、わが国の異類女房譚の中核をなすテーマなのである。

　次に、女性の側からのプロポーズによる結婚というテーマがある。これは既に前節に示したように、話の結末に結婚が行われるのではなく、むしろ、結婚が話のはじまりになっていることも特徴的である。女性のプロポーズは、「魚女房A」以外はすべてあてはまり、このことも重要なテーマであることが解る。女性のプロポーズのテーマは、既に「うぐいすの里」の類話にも見られ、「浦島太郎」のときは重要なテーマとして考察を加えた(一六一頁以下参照)が、このような女性の側の積極的な姿勢は注目に値する。ほとんどの場合、男性が動物を助け、その報恩のために女性が嫁に来るのであるが、「蛇女房」では、蛇を助けるところがなく、突然に女性が現われてプロポーズするのである。「蛤女房」でも、助ける場面は話のなかに語られず、突然に「私はあなたと契りを結ぼうごとあって、やって来申した」と、女が来訪するのである。ただ、彼女は男と別れるときに、以前に助けて貰った恩があったことを打ち明ける形になっている。「うぐいすの里」「浦島太郎」の場合も、突然のプロポーズがあったが、おそらく、このような単純なものが古形で、仏教説話の影響などによって報恩譚が付加されたのではないかと、「浦島太郎」の例から見て、考えられる。

　次に、女性が男性に与える禁止であるが、これがあんがい少ないのである。特に注目すべきは、「狐女房（A聴耳型）」で、女性が与えた「お産を見るな」という禁止を男性が守るのに、その後で子どもが生まれて九カ月になったとき、女は自ら自分が狐であると告げるのである。男は馬鹿らしいこととそれを一笑に付したが、御丁寧にも彼女はクルッとまわって狐になって見せるのである。ただし、この場合は後述するように、彼女の残した子が偉大な人になったという、他とは異なる結末があるので、少し事情が異なるとは思うが、何しろ、女性の禁止を男が破ることは、それほど大きい意味を持たないのかも知れない。ともかく、女の本性の発覚という点に、極めて強い強調がなされているのであろう。

女房譚

子ども
一人(目玉を子のために残す)
無
無
三人のうち二人を残す(男が後妻を貰い，子は生き失せする)
無
無
一人(偉大な人になる)
一人(長者になる)
一人(泣かぬ子になる)

　禁止事項についてみると、「蛇女房」「狐女房（A聴耳型）」などに見られる、「お産を見るな」というのは、トヨタマヒメの神話との関連を思わせる。「魚女房A」

表8　異類

『大成』分類	女性のプロポーズ	女性の禁止	女性の本性発覚	離婚
110　蛇女房	○	お産を見るな	○(のぞき見)	○
111　蛙女房	○	×	○(親元につけてゆく)	○
112　蛤女房	○	×	○(のぞき見)	○
113A 魚女房	×	水浴姿を見るな	○(のぞき見)	○
113B 魚女房	○	×	○(のぞき見)	○
115　鶴女房	○	×	○(親元を問いただす)	○
116A 狐女房(聴耳型)	○	お産を見るな,男は禁を守る	○(女が自ら語る)	○
116B 狐女房(一人女房型)	○	×	○(子どもが見つける)	○
116C 狐女房(二人女房型)	○	×	○(尾を出して見られる)	○

の「水浴姿を見るな」というのも、前節で取りあげた鶴女房が、裸の姿を見られて恥じるのと同様で、裸の真実を見られたくないことを示すと考えられる(『大成』一一五「鶴女房」の代表としてあげられている話には、禁止はない)。「蛙女房」の類話のなかには、妻が産み月になって実家に帰るときに、「夫に行く先を問われるとお互いに不幸になるから問わないでくれと頼む」のもある(新潟県両津市採集)。女性の禁止が明確に語られないものでも、

女性の本性発覚の端緒として、男性の「のぞき見」があることは、これは禁止を犯すほどの明白な罪でないにしろ、男性にとって「後ろめたい」行為によるものであることは事実である。

「のぞき見」の意味については、第2章に少し論じた(四七—八頁、七三頁参照)が、女性の禁止を犯しての男性の「のぞき見」ということは、遠く、イザナキ・イザナミの神話にまでさかのぼることである。黄泉の国に妻を訪ねたイザナキは、妻のイザナミの禁止を犯して、一つ火をともして妻の姿を見る。そこに彼が見たものは妻の腐爛した体であった。おそれて逃げる彼をイザナミは「吾に辱《はぢ》見せつ」と追いかけるが、黄泉比良坂《よもつひらさか》にイザナキは千引の石をおき、彼らは絶縁することになる。「蛤女房」「魚女房B」などでは、妻の料理するところを夫がのぞき見すると、鍋の上にまたがって小便したりしていて驚くのだが、これはイザナキ・イザナミの話と同じく、男が見てはならない女性の暗い(あるいは、穢《けが》れた)半面を見たことを意味している、と思われる。

女性の本性の発覚には、今述べたような「のぞき見」が多いのであるが、「蛙女房」の場合は異なる話型になっている。これは、妻が親元に追善があるので帰りたいというので、夫がそっと後をつけてゆくのである。妻が山奥の池にはいり、蛙が鳴くのを見て、夫は石を投げこんで帰る。妻は帰ってきて、法事のときに誰かが石を投げこんだので大変なことになったと語る。そして、その翌日に家を出ていってしまう。この話では、女が蛙であるということについて何も語られないまま、女はそれとなく見破られたことを察して出てゆくのだが、類話のなかには、はっきりと男が「自分は蛙と一緒になるわけにいかぬ」と、女を追い出すのもある。結婚して仲良く暮らしていても、蛙は蛙と割り切って文句なく別れてしまうところが印象的である。

ともかく、女性の本性が露見して、例外なく離婚が行われる。そのとき、ほとんどの話で、こうなったからには別れるより仕方がないと切り出すのは女性である。先に紹介した「蛙女房」の類話のように、男が出ていってくれというのは稀である。「鶴女房」の際に述べたように、結婚後、機を織ったり、料理を作ったりと、いろいろ仕事をするのは女の方ばかりが語られる点から考えても、結婚、仕事、離婚、とすべてについて能動的なのは女性であり、男性は常に受身である。前節にあげたグリムの「からす」と比較すると一層明らかであるが、異類女房譚でも、ここにあげた類のものは、まさに女性の物語であると思われる。これに比して、「からす」は男性の物語である。

離婚後、子どもが残される話と、子どものことが語られない話とがあるが、子どもがある場合は、その子が幸福になる場合と不幸になる場合がある。不幸な場合は「蛇女房」で、女房の蛇は立ち去るときに、子どもを養うために自分の目玉を抜いておいてゆくが、この宝の玉を村人が奪ってしまうのである。そこで蛇は怒って洪水を起こし、村を流してしまう。「魚女房A」の場合は、男が後妻を貰ったので残された子は「生き失せして見えなくなった」と語られる。これらは、立ち去ってゆく女性の怨みが、何らかの形で作用したものと思われる。

興味深いのは、「狐女房(A聴耳型、B一人女房型)」で、Aでは、子どもは母狐の残してくれた乳の出る笛で育ち、「偉大な人物になった」と言われ、Bでは、母狐に貰った玉のおかげで長者になったと言われる。このことは、狐という素性が解ったかぎり、人間と婚姻は続けてゆけないけれど、狐の血統を引く子どもは優秀である、つまり、狐という存在が高い評価を受けているのである。ここでトヨタマヒメの神話を想起して頂きたい。トヨタマヒメは産屋をのぞかぬようにと夫に言いおいたのに、その禁を破られ、鰐の姿となっているところを見られたため、子どもを残して自分は海底に去ってゆく。しかし、そこに残された子は、ウガヤフキアエズノミコトとして初代の天皇の神武の父親となるのだから、トヨタマヒメの血統は高い評価を受けているのである。つまり、このように考えてみると、異類女房の「異類」に対してはアンビバレントな態度が存在しており、それを人間以下のものと考える態度と、高い次元のもの(時には、人間以上のもの)と考える態度があると考えられる。前者の態度が強く出されているのが、「狐女房」を除く、他の動物の女房であり、後者の方が前面に出ているのが、次に触れる「天人女房」「竜宮女房」などであると思われる。

以上で、表8に示した異類女房譚の分析は一応終りとするが、この表から除外したものとして、まず「猫女房」について少し述べておきたい。これは結婚でめでたく話が終る特異な話である。ある一人の百姓が貧乏暮らしで、四〇歳を越してもまだ独身でいた。隣の長者の家から追い出された猫を可愛がってやり、「お前が人間だったらよかったになア」などと言っていると、猫は挽臼を挽いて百姓を助けたりするようになる。猫は畜生の姿のままでは御恩がえしができないからと、伊勢詣りにゆき、「神様の功徳で人間の姿になって」帰ってきた。百姓と夫婦になり、よく働いて長者になった、という話である。

これは確かに日本の昔話としては、極めて珍しい話である。それに西洋の話と比較しても、西洋のは、もともと人間だったのが魔法で動物とされ、それがもとにかえって結婚するという筋になるわけだから、それと比較してもパターンが異なっていることは明らかであろう。ただ、現在までのところ、この話は岩手県遠野市で唯一つ採集されたものなので、これをどこまで日本の昔話として取り扱っていいのかは疑問である。筆者は、あんがい、誰かが最近になって作ったものではなかろうかとも思っているが、今後の研究に待つべきものであろう。

次に、残された「竜宮女房」「笛吹聟」「天人女房」について述べる。これらのどの一つをとっても興味深い話であるが、今回は先に示したような動物の女房譚のパターンの方に焦点をあてたので、ここでは簡単に述べておきたい。これらの話は嫁となる女性が、竜宮の娘、天竺の大王菩薩の娘、天女、とすべて異郷の女性であるが、人間よりは位が高いという感じがする点で共通である。そして、前二者は結婚後、殿様がこの素晴らしい女性を横取りしたいと願い、いろいろと難題を吹きかけてくるのに対して、女性の知恵によってそれらをすべて解決し、めでたく話が終るという話型になっている。従って、これらは同じ異類女房譚でも、先にまとめて考察した動物女房譚とは、強調点のおかれているところがまったく異なるのである。つまり、「異類」との結婚が成立するかしないか、という問題ではなく、「異類」の持つ知恵の素晴らしさの方に強調点がおかれているのである。「異類」に対する態度がこのように二分される中間に、「狐女房」が存在することは既に述べたとおりである。ともかく、異類女房の話はすべて結局が破局に至るとはかぎらず、このような話が存在することは、心に留めておかねばならない。

「竜宮女房」「笛吹聟」の場合は、異類婚が成立するのだが、この二者とも先に示した動物女房の話と異なり、結婚の際に「本性隠し」が行われていないことに注目すべきである。これまで述べてきた異類女房たちも既に見てきたように、何らかの点で素晴らしい要素をもっているのだが、素性を隠しての結婚であるために、それが発覚したときは別れねばならないのである。その点、「竜宮女房」の場合は、竜宮に行った男が、そこの神さまに「私はあなたの女の子がほしい」と言って貰ってくるのだから、ここでは男性が女性の素性を知って自らプロポーズするのである。この点は女性のプロポーズを条件としている、動物女房の婚姻とはまったく反対である。「笛吹聟」の場合は、日本一の笛吹きの男の笛の音を聴き、天竺の大王菩薩の娘が男を好きになるのだが、この際も、女性の素性は明らかにされている。

「竜宮女房」「笛吹聟」ともにハッピー・エンドになるが、西洋の昔話と異なるのは、結婚によってハッピー・エンドになるのではなく、結婚が先に行われ、後に女性の活躍によって幸福を得るのであり、これもやはり、女性の物語であって、男性の話ではない。これら二つの話はハッピー・エンドに終っている話であるだけに、日本人の心を考える上で重要なものであるが、こちらの型の話の方が、異類女房の別れの話より数少ないことも忘れてはならないであろう。『日本昔話大成』によれば、「笛吹聟」の類話の分布は、東日本に限られていると言う。興味深いことではあるが、どう解釈するかは今後の課題であろう。

女の仕事、男の仕事、という点で言えば、「天人女房」は男が仕事をする話で、一番西洋の昔話の型に近いであろう。みけらんという若者が水浴みしている天女の着物を手に入れることによって、天女と結婚する。もちろんここで天女の本性は明らかにされるわけである。三人の子どもさえ生まれるが、女は自分の飛びぎぬを手に入れると天に帰ってしまう。みけらんは後を追って天にゆくが、天女の父親からいろいろと難題を出されれ、それを女の助けによってやり抜いてゆく。ここのところが、西洋型の話と同じなのである。しかし、最後は、自分の妻の忠告を無視して、妻の父の言うとおりにしたため失敗し、大水に流されてしまい、みけらんは犬飼星に、天女は織女星になるという話である。つまり、最後でハッピー・エンドにならぬところが、西洋の話と異なるのである。従って、「天人女房」は、わが国のその他の異類女房譚と西洋のものとの中間点に存在するものと言うことができる。この話は日本全国にひろく分布しているもので、伝播によるものと簡単には断定し難いであろう。

以上、わが国の異類女房譚の特徴を述べてきたが、これを、世界の話と比較するとどうなるのか。次節においては、異類聟の話も考慮に入れて、世界の異婚譚のなかにおける、わが国のそれの特徴について考察してみたい。

3　世界の異婚譚

前節において、わが国の異類女房譚についての概観的な分析を行った。これに対して、異類聟の話ももちろん存在しているが、今回はそれについてあまり詳しい分析は行わず、(2)全体として、わが国の異類婚の話を外国のそれと比較することにしたい。なお、異類聟に関しては、既に第3章において、「鬼聟入」の話の要約を示すとともに、ある程度、その意味を論じておいた(九八頁以下参照)。そのときに、西洋の「美女と野獣」の話を引き合いに出したりしたが、このように異類聟の話も全世界に存在しているのである。ところで、日本の異類聟の話は、「猿聟入」「蛇聟入」などが存在しているが、これと西洋の「美女と野獣」の話などを比較すると、異類女房のときと同様に、わが国の話では、もともと動物であったものが人間に姿を変えて(あるいは、そのままの姿で)、結婚しようとするが、結末は幸福な結婚につながらないのに対して、西洋の場合は、もともと人間の男性だったのが魔法によって動物にされており、それが女性の愛によって人間にかえり、結婚というハッピー・エンドで終りとなるのである。

異類聟の場合も、「鶴女房」のように詳細に分析して西洋のものと比較すると興味深いが、今回はそれを省略し、異類女房も含めて全体として、日本の昔話における異婚譚の特徴を考え、その意味を明らかにしてゆきたい。そのまえに、ひとつだけ指摘しておきたいことは、わが国の異婚譚において、異類聟の方は殺されることが多いのに、異類女房では殺されることがまったくなく、ただ立ち去ってゆくという事実である。男、女によって明確に差があるわけであるが、このことの意味は次節において考えてみたい。

世界の民話についての比較研究を行っている小澤俊夫は、やはり、動物と人間との婚姻譚に焦点をあてて、その解明を行っている(3)。この点において、世界の民話の差が特に明白にされると考えたからであろう。筆者も、日本の昔話の解明の焦点として、今まであげてきたように、(動物と人間との間のみではなく)結婚のことを取りあげてきたのであるが、小澤俊夫の研究に触れて、自分の問題意識が専門家からみても、それほどずれたものでなかったと知り、意を強くした次第である。小澤は日本と西洋のみではなく、アフリカ、パプア・ニューギニア、イヌイットなどなど、広範囲にわたる昔話をとりあげているので、視野の広い論議を展開している。以下は、小澤の理論をそのまま紹介させて貰うことになるが、まず、小澤がとりあげている、「かにと結婚した女」というイヌイットの異類聟の話を簡単に示してみよう。

美しい娘をもった猟師がいた。娘は若者たちの求婚を断り、両親の知らぬ間に、大きなかにと結婚した。かには娘の寝ている毛皮の帳《とばり》のかげに隠れ、恥ずかしがって他人のいるところへは出て来なかった。冬になって獲物が取れなくなると父親は婿が役立たずだと嘆く。ところが、吹雪の日に三頭のあざらしが家に投げ込まれる。かにが人間の姿になって猟をしてきたのだ。やがて、双子の子どもが生まれるが、相変らずかには姿を現わさない。姑がとうとう好奇心にかられ、毛皮の帳の穴から娘の寝床をのぞきこんだ。すると、婿は「大きな大きな眼が頭からダラリと垂れ下がった、しわだらけの小男」であった。姑はそれを見て驚き、ぶったおれて死んでしまった。「それからのちは、若い妻と寝ているかにを毛皮の穴からのぞき見しようなどという料簡をおこすものはひとりもなかった。そしてかには妻子ともども、幸せに暮らし、家じゅうのもののためにたくさんの獲物をとった。」

この昔話において特徴的なことは、小澤も指摘しているとおり、人と動物との間の隔壁が無いのも同然と言っていいほど弱いことである。かにが娘の夫であると知っても、両親は別に驚いていないし、日本の物語のように、夫の素性が知れて別れるとか殺すなどということはない。父親は婿の猟師としての能力を問題にしているだけである。母親が驚いて死ぬのは、相手がかにだからではなく(このことは知っていたのだから)、その姿の異形さに驚いたのである。そして、母親が死んだ後は、かにの姿をのぞき見することもなく、かには妻子ともども幸せに暮らした、というのだから、日本の昔話のように、のぞき見によって正体を知られて困ることもないのである。このような話では従って、人間と動物が異類としてよりは、同類として語られていると言ってもよいであろう。

しかし、たとえば日本の「猿聟入」(大成一〇三)の話でも、人間と猿が(猿は別に人間の姿であったとは語られない)対等に話合いをしているので、このあたりは人間と動物が同類として扱われていると言っていいだろう。日本の話がイヌイットの話と異なってくるのは、最初のうちは普通に話し合うのだが、娘が嫁にゆく時点になって、猿は嫌だと言い出し、結局は猿を殺してしまって話は終ることになる点である。つまり、猿の異類性が厳しく意識され、殺してしまうことにさえなるのである。その点、西洋においては本質的に異類婚は成立せず、もともと人間であったものが、魔法によって怪獣や動物に変身しているときにのみ、そのようなことが生じるわけで、人間と動物の区別は極め

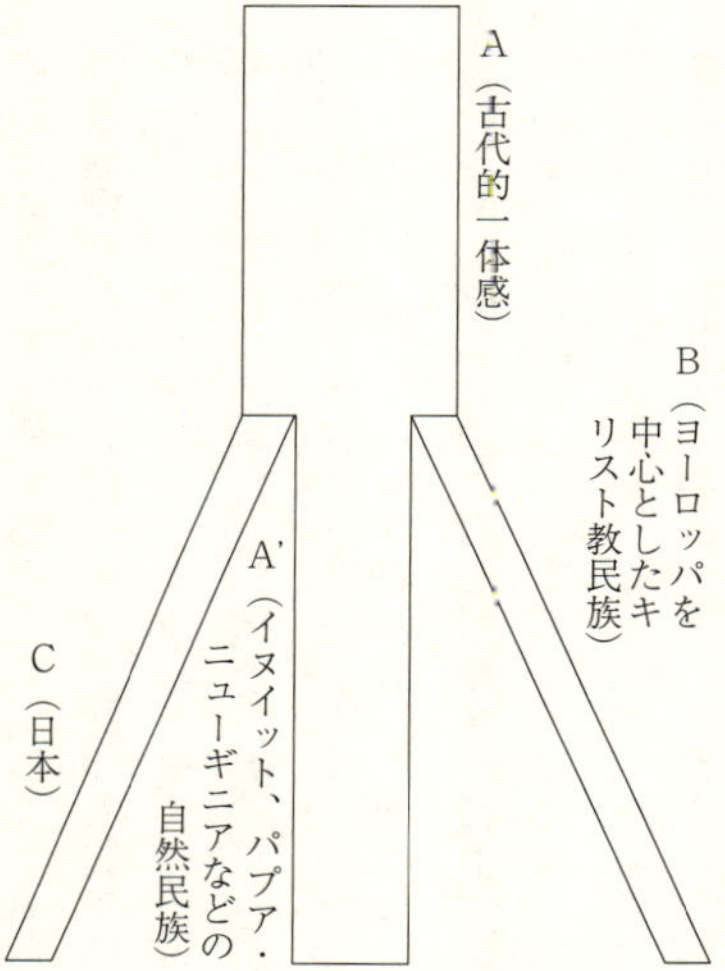

図7　小澤俊夫による異類婚譚の図式

て明確なわけである。このような点から言えば、日本はイヌイットなどの型と、西洋の型との中間に存在していると考えられる。

異類婚に関する詳細な分析は小澤の『世界の民話』を参考にして貰うとして、小澤が異類婚についての比較の結果を、図式的にまとめたのを、そのままここに紹介しよう(図7)。

ここにAは、動物と人間がまったく同類と考えられる、古代的一体観であり、A′はイヌイット、パプア・ニューギニアなどの自然民族に見られるもので、Aを引きつぎ、「人間と動物とのあいだの変身は自然のこととして起き、人間と動物との結婚も、異類婚としてよりむしろ同類婚の如くにおこなわれている」。これに対して、Bはヨーロッパを中心としたキリスト教民族に見られるもので、「変身は魔術によってのみ可能であると考えられており、人間と動物との結婚と思われるものも、じつは、人間でありながら魔法によって動物の姿を強いられていた者が、人間の愛情によって魔法を解かれ、もとの人間にもどってから人間と結婚している」。つまり、ここでは人間と動物の異類性は超え難い事実なのである。次に、Cはわが国のもので、これはBとA′の中間に位置するものと考えられる。（小澤の図ではそのようになっていないが、むしろ、CをBとA′の中間に入れた図の方が実状に即していると思われる。）つまり、Cは魔法という概念を媒介とせずに変身が行われたり、動物そのものと人間との婚姻が語られるという点において、A′の動物観を含んでいるのである。しかし、異類聟の場合だと、聟が動物であるために、それを拒否したり、殺したりする。あるいは、異類女房の場合だと、女房が動物とわかると、どうしても離婚する、などの点において、人間と動物の隔壁は極めて厳しく守られるのである。

このように見てくると、日本の昔話は世界のなかでも特異な存在であり、ヨーロッパを中心としたキリスト教民族と、イヌイットなどの自然民族の中間に位置していることが解る。このことは、日本という国がアジアの一国として、非キリスト教文化圏とは異なりながら他の国に先がけて、ヨーロッパの文明をいち早く取り入れ、それを吸収していった事実と対応させてみると、極めて興味深いことである。このことはつまり、日本をしてこのようなことを可能ならしめた、日本人の心の在り方を、昔話の構造を通じて探ることを妥当と感じさせるものである。

4 人と自然

日本の異類婚の昔話が、世界の中でも特異な位置を占めることが明らかになったが、これをどのように解釈すべきであろうか。この問題について、今まで考えてきた線に沿って考えてみよう。

まず、前章の「浦島太郎」の考察において取りあげずにおいた、話の結末部分に注目してみたい。浦島の伝説や昔話の多くは、浦島が老人になったり、死んだりすることによって終りとなるが、付篇にあげたものは少し変っている。乙姫が浦島に玉手箱を渡すとき、「途方にくれたときにこの箱をあけるがよい」と教え、浦島は帰郷してから困り果てて、玉手箱をあけると、浦島は鶴になってしまう。そして、母親の墓のまわりを飛んでいると、乙姫が亀になって浜へ上ってくる。「鶴と亀とは舞をまうという伊勢音頭は、それから出来たものだそうである」ということで話は終るが、この終りの光景は注目に値する。つまり、西洋では最後に動物(男でも女でも)が人間となり、人間の結婚で終りとなるのだが、日本は逆で、人間が動物となって、めでたしめでたしという感じになるのである。

ここには、中国の影響による「鶴は千年、亀は万年」という観念がはいっているが、言うなれば、これは人間が自然に還ることによって、めでたいと考えているものである。このようなことは、それほど明白ではないが、本章に取りあげた「鶴女房」の結末についても、ある程度言うことができる。鶴女房に逃げられた嘉六は、会いたくなって日本中を探す。そこで一人の爺さんの手引きにより、鶴の国に行く(この爺さんが興味深い存在だが、それについては第8章に述べる)。ところが、嘉六はせっかく女房に会いながら、そこで一緒に暮らすのでもなく、女房を連れて帰ってくるのでもない。「嘉六はここでしばらくご馳走をうけて、また爺さんの舟に送られて、帰って来たということです」となるのだから、西洋人にとっては呆れかえる結末であろう。西洋の昔話研究者が、日本の昔話は、「これでおしまい」というような結句がなかったら、聞き手は物語が終ったことに気づかないだろう、(4)などというのもうなずけるのである。しかし、日本人にとって、この話は立派に終っているのである。人間と鶴は一時的に深い関係をもつ、しかし、人間は人間、鶴は鶴の世界におちつき、世界を「棲み分け」て共存することになる。お互いに支配・被支配の関係はない。

動物である妻が、夫に素性を知られるや否や、すぐ離婚へと結びつくような異類女房の昔話は、日本に特異的に存在していると述べたが、似たようなことは、ゲルマン民族の伝説のなかにみられることを、小澤俊夫は指摘している。ドイツの詩人ハイネは「精霊物語」のなかで、「ニクセは人間と恋愛関係をもったばあいに、そのことを口外しないよう要求するばかりでなく、自分の素姓や故郷、一族についてたずねないでくれとたのむことが多い。またかれらは人間に自分の本名は言わないで、仮の名だけを明かす」と述べ、次のような伝説を紹介している。

七一一年、フォン・クレーヴェ公のひとり娘、ベアトリクスは父の死後、城主となる。ある日、ライン河を一羽の白鳥が小舟をひいて下ってくる。小舟のなかには、みめうるわしい男が坐っており、黄金の刀、角笛、指輪をもっていた。ベアトリクスは男が好きになり結婚するが、男は自分の部族と素性のことを決してきかないように、そうすると別れねばならないと言う。そして、自分の名はヘリアスと言うと告げた。その後、数人の子どももできてから、妻は夫にどこから来たのかを聞く。ヘリアスはこのとき、すぐに妻をすて、白鳥の舟に乗って去ってしまう。妻は悩みと後悔でその年のうちに死ぬ。しかし、彼は三人の子どものために三つの宝物、刀と角笛と指輪を残した。彼の後裔《こうえい》は今でも存命である。クレーヴェの城の塔の尖端には白鳥がついていて、ひとはこの塔を白鳥の塔と呼んでいる。

この物語は昔話ではなく伝説である。リューティは「伝説の出来事は現場から離れない。まるでうずくまったように、特定の地域に結びついている」(5)と述べているが、まさにそのとおり、これは「昔々」の不特定の時と場所の物語ではなく、はっきりと時代と場所が特定され、個人名も語られているのである。ただ、ここに登場する男は——ヘリアスというのも仮名であろう――異次元の存在であり、ニクセであると思われる。この場合は、素性を知られるどころか、それについて尋ねられただけで立ち去っていったのだから、随分と徹底した話である。このニクセは自然の精霊であり、人間の姿をしているが自然を表わしていると考えられる。日本の異類婚の昔話に登場する動物たちを、人間に対する「自然」を象徴するものと考えると、ゲルマンの伝説は日本の昔話と極めて似通ったものとなってくる。というよりは、この際、ヘリアスは立ち去るが宝物が残され、子孫は繁栄した点を考えると、日本の伝説に近くなる。たとえば、「蛇聟入」の伝説で緒方三郎伝説などと言われているものは、蛇聟は立ち去ってしまうのだが、そこに残された子ども(緒方三郎)は英雄として活躍するのである。

このように考えてくると、伝説としては割に一致していたのが、昔話となると西洋はハッピー・エンドになるのが多く、日本では子どもたちさえ不幸になったり、あるいは子どものことなど語らずに別離のみが強調され、悲劇的結末となってゆく。この辺のことは、もっと精密な分析と考察を必要とするが、たとえば、リューティの「昔話に出てくる彼岸の存在は概して均斉のとれた姿をしてるのに、伝説に出てくる彼岸の存在はゆがんだ顔つきをしている」(6)という言葉を想起するならば、西洋の昔話はハッピー・エンドという「均斉のとれた姿」となり、日本のそれは、あわれの美という「均斉のとれた姿」をとるのではなかろうか。それを西洋のスタンダードに照らして、日本の昔話がハッピー・エンドに終らないので、伝説的だとするのはおかしいことではないだろうか。

少し話が横道にそれてしまったが、異類婚譚についての解釈を、全体にわたってこころみることにしよう。「浦島太郎」の話の結末を、自然に還るという表現で示したが、異類婚譚における「異類」を人間に対する「自然」を表わすものと考えてみてはどうであろうか。人間は自然の一部でありながら、自然に反する傾向をもっている。従って、人と自然の関係は微妙で困難なものとなる。その際、小澤の図式によるA′のグループでは、動物と人との相違があまり語られないので、人が自然の一部として、一体となって生きている文化であると考えられる。これに対して、Bグループでは、人と動物の結婚は本来的に有り得ないので、人と自然が分離している文化と考えられる。中間のC、つまり日本は微妙であり、人と自然は最初は一体のようではあるが、どこかの時点で、人は自然とは異なるものとして自らを見、自然とは何かを知ろうとする。しかし、自然というものは知られることを嫌うものである。そこで、人と自然とは不即不離のあいまいな、全体的な調和のなかに共存することになるのである。その点、Bでは、自然とあまりにも切れた存在である人が、己のなかに存在する「自然」(つまり人間の変身したものとしての動物)を通じて、自然との関係を回復しようとのこころみがなされる。ここに課題の重点がおかれ、何がしかの関係の回復、あるいは、再統合を為し遂げるのである。そのことが、動物が人間へと変身し、結婚が行われる、という形で表現されると考えられる。

人と自然との関係としてここに述べたことは、人間の心のなかのこととして言えば、意識と無意識ということに置きかえることができるであろう。昔話の構造のなかに、心の構造を読みとる立場にたって、本章の最初にとりあげた、「鶴女房」とグリムの昔話「からす」の比較をこころみてみよう。「からす」の方は、第1章にノイマンの説として紹介した、男性の英雄像で示される西洋の自我確立の過程を見事に示している。からすとなっている王女は母の呪いによって変身させられたのであるが、ここに、母と娘の明確な分離が生じている。第3章に論じた母＝娘結合の様相を想起して頂くと、物語の最初からの条件の提示が異なっていることに気づかれるであろう。男性の英雄は、呪われた女性を救済するために仕事を達成しなくてはならない。人間が自然と切れる、息子が(娘が)母親と切れる、意識が無意識と切れる、これらはすべて象徴的には同一の事象と言ってよく、偉大な事であり、且つ、呪われた事なのである。かくして、呪いからの救済の仕事を為し遂げるもののみが、真に自立した自我を確立できるのである。

ここに示したのは、何度も強調したように西洋のモデルである。それでは日本の場合はどうであろうか。日本の場合は、第1章に述べたように、女性像に日本人の自我の姿を見る方が妥当と思われるが、「鶴女房」の女性は、自然と切れた存在ではなく、自然とのつながりを保存したままで(そのことを秘めて)、自分の位置を人間界に確立しようとする。つまり、日本人の自我は西洋人のように無意識と切れていないのである。彼女は自らプロポーズし、自ら働いて自分の地位を築いてゆく。しかし、自我というもののパラドックスは、そこに「知る」という行為を出現せしめ、自分も自然の一部であることを「知る」。しかし、その知るはたらきが強くなるとき、自らを自然から切り離さねばならない。そのような、切るはたらきを男性像は示している。彼女はそれに抵抗できず、ただ立ち去ってゆく、つまり、自然に還るより仕方がないのである。

付篇に示した「鶴女房」の結末を、日本的なハッピー・エンドと考えるならば、以上のことは次のようにも言えるであろう。西洋の場合、人と自然との一体感を断ち切った後で、人は前とは異質なものとなった自然の一部を自分に統合すること(母と切れた娘との結婚)によって全体性の回復をはかるのに対して、日本の場合は、人と自然との一体感を一度断ち切りながらも(女の素性を知る)、前とは異質となった自然に還ることによって全体性を回復する。ここに、日本の場合の「自然」も、素朴な人・自然一体感に基づくものではなく、それとは異なる認識を伴っていると考える方が妥当ではないかと思われる。かくて、西洋にしろ日本にしろ、自我を成立せしめる背後に必ず存在する「知る」ことの痛みは、西洋の場合は原罪の意識として記憶され、日本の場合は、あわれの感情として保存されることになり、両者の文化をつくりあげてゆく基調をなすものとなったと思われる。

それにしても、せっかく、この世に出現してきた女性が、またもや「自然」界に帰っていってしまったことは残念である。それは、一応のハッピー・エンドとして解釈したが、やはり女性の捲土重来を期待する気持も大である。まことに嬉しいことに、そのようなイメージを背負った女性を、日本の昔話のなかに見出せるのであるが、そのためには、彼女の帰っていった世界の構造を詳しく知る作業と、女性のあくまでも捲土重来しようとして耐える強さとを知る必要がある。前者に関しては、第8章に述べるとして、次章においては、女性の強さを示すとともに、日本の昔話において、結婚をハッピー・エンドとする話の典型として、「手なし娘」をとりあげることにしたい。

（1）小澤俊夫『世界の民話――ひとと動物との婚姻譚』中央公論社、一九七九年。
（2）「蛇聟入」について、「蛇女房」と共に、別に論じたことがある。拙稿「日本昔ばなしの心理学的解明」『図書』一九八一年一月号、岩波書店、所収。
（3）小澤俊夫『世界の民話――ひとと動物との婚姻譚』。以下、同書による。
（4）ルッツ・レーリヒ「ドイツ人の目から見た日本の昔話」、小澤俊夫編『日本人と民話』所収。
（5）マックス・リューティ、野村泫訳『昔話の本質――むかしむかしあるところに』福音館書店、一九七四年。
（6）同右。

第7章　耐える女性

今まで繰り返し述べてきたように、わが国の昔話に幸福な結婚譚が少ないのは事実であるが、そのような話が無いのではない。前章では、せっかく、幸福な結婚が成立したかの如く見えながら、あわれにも立ち去っていった女性たちのことを論じたが、本章では幸福な結婚を成就させた女性について述べたいと思う。そのような一群の話のなかで、ここに、「手なし娘」(大成二〇八)を代表として取りあげる。

ここに「手なし娘」を特に取りあげたのは、後にも示すように、わが国の「手なし娘」とほとんど変らない話がヨーロッパに存在しているためである。付篇9にあげてある「手なし娘」を読んだ上で、グリムの昔話「手なし娘」(KHM 31)を読むと、それがあまりにも似たものであるのに驚かされる。今まで、日本の昔話の特徴を明らかにする上で、いろいろと外国の昔話と対比をこころみてきたが、そのときに示したように、いくつかのモチーフが同じであるなどという域をこえて、相当な細部に至るまで同様なのである。こうまで話が似てくると、誰しも伝播ということを考えたくなるだろう。柳田國男も、この「手なし娘」をはじめ、グリムの話のなかには日本の昔話とそっくりなのがあるという事実をあげているが、それでも「伝播」ということを軽々しく論じるべきでないと警告している。(1) 筆者の立場では、伝播の有無についてこだわることはなく、ともかく、このように類似した話が文化の異なる地域に受けいれられているという事実を大切にしたいと思う。「手なし娘」の類話は、わが国にも、ヨーロッパ内にも非常に多く、広く分布しているのである。しかし、後で示すように、グリムと日本の話を詳細に比較検討してみると、文化差との関連において、興味深い相違点が浮かびあがってくるのである。それでは、まず日本の「手なし娘」を、付篇に示した話を基にして見てみることにしよう。

1 手なし娘

既に述べたように、わが国の「手なし娘」はヨーロッパの話と酷似している。両者の詳細な比較は次節において行うが、わが国の話について考えてゆく際に、一応、ヨーロッパの話を念頭において頂くために、ボルテ、ポリーフカによる、ヨーロッパの「手なし娘」の話型の分類を次に示しておく。(2) それによると、(A)ヒロインが両腕を斬られる。それは、(A1)娘が父との結婚を承諾しないため、(A2)父親が娘を悪魔に売ったため、

(A^{3})父親が娘の祈禱を禁止するため、(A^{4})母親が娘を嫉妬して、(A^{5})小姑がヒロインのことをその兄に中傷したため。(B)王様が彼女を森(庭園、小屋、湖)の中で見出し、不具者にかかわらず妃にする。(C)ヒロインは生まれた子どもと共に、再び追い出される。それは、(C^{1})姑が、(C^{2})父親が、(C^{3})母親が、(C^{4})小姑が、(C^{5})悪魔が、王様からの手紙を偽造したため。(D)ヒロインは森の中で奇跡によって、両手を得る。(E)王様は再び彼女を発見する。

　このようなヨーロッパの話型を念頭におきながら、わが国の話を見てみることにしよう。付篇に示したのは、岩手県稗貫郡において採集されたものであるが、類話は日本全国にわたって分布している。わが国の話は前述の分類に従うと、大体、(A^{4})(B)(C^{3})(D)(E)の結合によって成り立っている。話の冒頭に、娘が四歳のときに母が死に、継母がきたことが語られる。そして、継母は娘が憎いので、どうにかして追い出そうと常に考えていたと言う。ヨーロッパの物語でも、母親が娘に嫉妬して手を斬るというのがあるが、これは実母の場合である。わが国の場合は継母子になっているが、既に第４章に指摘したとおり(一二一頁以下)、『日本昔話大成』に継子譚として分類されているものは、この「手なし娘」も含めて、継母による娘の迫害の話が多く、その娘が幸福な結婚をすることが多いことも特徴的である。わが国の「手なし娘」の類話のほとんどは、継母による娘の迫害を必須のこととしているのに、ヨーロッパでは、そのことを必ずしも前提条件としていないことは注目に値する。

継母の意味については、第4章において触れたが、母性の否定的側面をクローズアップするものと思われる。ただ、ここで注意すべき点は、第4章でとりあげた「白鳥の姉」の場合の継母の行為と、本章における継母の行為とは象徴的にやや意味を異にしていることである。確かに、どちらの継母も娘の死を願うことにおいて一致しており、母なる世界(この際は死の世界)へと引きずりこむ力を示している。しかし、「白鳥の姉」では、母親は娘を大釜のなかにおとし入れようとしたのに対して、こちらの母親は、娘の手を斬るという行為に及んでいる。前者は大きい「容器のなかに入れる」行為であり、後者は「切断する」行為であり、象徴性を異にしている。多くの類話では母親自身が娘の手を斬るのであるが、われわれの話では、父が娘の手を斬るので、ますますその意味が明らかである。つまり、娘を死に追いやろうとするときに、もっとも奥底に動いているものは否定的な母性であるが、それを行使するはたらきは「手なし娘」の場合、父性的なものなのである。「切断する」ことは父性の機能である。

付篇にあげた話をみると、父親は「いつも継母のいうことばかり聞いていました」とあるとおり、父親は母親の言いなりになっており、彼女の命令に従って、実の娘を追い出すことになってしまう。これは、父性が母性に全面的に従属している姿である。母性の支配下における父性の残忍さの典型は、かつての日本の軍隊などに見ることができるが、この際も、父親は泣き叫ぶ娘の両手を容赦なく斬り落してしまう。「手を切る」とは縁を切ることの表現として用いられることである。かくて、娘は両親との縁を切られた存在として、孤独の旅に出なければならない。

ここで、継母の像の意味することについて考えると、既に述べたように、それは別に実母でも継母でもよく、母性の否定面を示すための像であるが、「手なし娘」の継母の場合、彼女自身が娘の手を斬る類話の存在などからみて、母性の否定面のみでなく、その支配下に父性的なものをもつ母親の姿を示しているものと思われる。母親が子どもを可愛がるあまり、その引き込む力が否定的に作用して、子どもの自立を妨げるような単純な場合ではなく、この母親は父性性を支配下において、それによって子どもを切断して死に至らしめようとするのである。この方が、子どもの孤独感や苦悩が深くなるのは当然である。このような子どもは、しばしば他人とのつながりを持てなくなるものである。

手を斬られることは、縁を切られることを意味すると述べたが、その意味はもっと広いものがある。ある集りで「手なし娘」について話をした際に、「あなたは両手を無くしたら、どんなことが出来なくなると、まず思いますか」と即興的に三人の女性に質問してみると、「子どもが抱けなくなる」「料理が出来ない」「本の頁がめくれない」という返事がかえってきて、それぞれの個性を反映していて面白いと感じたことがあった。

それに、われわれが取りあげている話では、主人公がずりおちてくる子どもを抱こうとして、手が生えてくるところがあるし、ブルターニュの類話(『世界の民話』6)では、手を斬られた娘が膝の上に置いている祈禱書を、風が彼女のためにめくってやるところがあって、「本の頁をめくれない」ということがでてくるのでなおさら興味深く感じたことであった。これらの連想が示すように、手を無くした人は、外界とのかかわり、外界へのはたらきかけに大きい障害をもつことになるのである。

両手を斬られ両親から棄てられて、娘は外界とのかかわりを失い厳しい孤独に追いやられる。第6章までに取りあげてきた話の主人公であれば、このようなときは、この世を「立ち去って」母なる国へと帰っていったであろう。しかし、この女性は立ち帰るべき「母なる国」を持たないのだ。彼女は母と切れた存在なのである。彼女にできることは耐えることしかない。母から切れた存在として生きることは、大変なことである。ましてや、今まで述べてきたように、母性の強いわが国において、そのように生きることは二重に大変なことである。類話のなかには、継母が父の留守中に鼠を殺しておいて、それを娘の不義の子だと言って父親に見せ、父親が怒る話がある。ここでは娘の不義が責められるわけだが、これを象徴的に見れば、彼女の母親は、娘が不義をはたらいていること、つまり義に合わない新しい可能性を胎内に宿していることを感じとっていた、とも言うことができる。義に合わぬ新しい可能性、それはこの国において、母と切れた存在として生きようとする決意である。そのような新しい生き方を目指す彼女は厳しい孤独の世界に追いやられるが、その前にこそ、日本人にとって珍しい、「立派な若者が馬に乗って」登場することにもなるのだ。

「立派な若者」は彼女を助けて家に帰る。彼の母は心のやさしい人であったので、彼女を手厚く扱い、息子の結婚にも同意する。「母と切れた存在」として生きてきた彼女は、ここで「やさしい母」に出会うのである。このことは随分大切なことだ。彼女が女であるかぎり、母性とまったく切れた存在として生きてゆくことはできない。もし、彼女がこのような母との再会を経験しなかったら、彼女はおそらく死ぬより仕方がなかったであろう。われわれの話の主人公は、幸いにも孤独の果てに母性との関係を取り戻し、幸福な結婚をし、子どもさえできることになる。しかし、その幸福は長くは続かなかった。

子どもができて喜んだ彼女は、離れている夫に手紙を書く。しかし、ここにまたもや継母の介入があって、彼らの間の通信が乱されるのである。夫婦間のコミュニケーションが、ネガティブな母性の介入によって歪まされると言えば、現在のわが国においても実際によく起っていることではある。ヨーロッパの物語では、手紙の書きかえをするのは姑であることが多い。姑が間にはいって、夫の言い分を妻に、妻の言い分を夫に伝えるときに「書きかえ」が行われ、そのために夫婦関係が悪化するのは、よくあることだ。

このような具体的な解釈もある程度意味をもつが、ここではもう少し一般化して考えて、一度母性を否定し、次に肯定することによって、結婚、出産と経験した女性が、もう一度母性の否定面を経験することにより、男性性との結合を危なくされている状態と考えてみてはどうであろうか。継母が来るまで、つまり、四歳までは肯定的な母親体験をもったと考えると、この母性の肯定・否定の交代と反復は、女性の心理的発達を考える上でも、示唆するところが大であると思われる。

継母の悪だくみによって、主人公は子どもとともに家を出なくてはならなくなる。このときも彼女にできること、あるいは、しなくてはならぬことは耐えることであった。彼女は一言も抗弁しなかった。「母さま、この片輪者のわたしにかけて下されたご恩返し一つ出来ないで、出て行きますのは悲しいことだけれども、若さまの心とあればいたしかたありません。出て行きます」といって、彼女は子どもを抱く手もないのに、子どもとともに家を出るのである。この姿を、黙って立ち去って母なる国へと帰っていった女性たちの姿と比較するならば、彼女の耐える在り方がより鮮明に浮かびあがってくるであろう。彼女は両親に追われたときよりもはるかに大きい苦悩と孤独を体験しなくてはならない。

昔話にしばしば生じる反復の現象は、いつも意義深く感じられるが、この話においては特にそのように感じられる。それは単なる反復ではなく、次元が深められて生じているのだ。つまり、父親の裏切りによる信頼感の喪失と孤独は、やさしい「母」と夫との関係を体験した後に、ほかならぬ夫の裏切り(と思えたであろう)によって、より深い次元において再体験させられるのである。第一の孤独に耐えられず死ぬ人もある、と先に述べたが、第二の孤独に耐えられずに破局を迎える人も数多くあるのは当然である。しかし、これらは、母と切れた存在として生きようとする女性の引き受けねばならない宿命なのである。

家を出た後に、彼女の手が生えるところは感動的である。今まで耐えに耐え、ひたすら受動的に行為してきた彼女は、背中の子どもが背からおちそうになったので、思わず無い手でおさえようとする。すなわち、能動的な行為が自然に、もっとも不可能なところに生じ、しかも、それは可能となったのである。彼女は自分の中から生じてきた新しい可能性(子ども)を自らの手で抱きしめることができた。ここで、彼女は自ら母としての深い体験をし、三度目の母性との好ましい関係をもつ。この段階において、彼女はもはや母と切れた存在でもなく、外界と切れた存在でもなくなり、能動的に他にはたらきかけ得る人となったのである。

彼女の変化にともない、彼女と夫との関係も回復されることになるのも、むしろ当然のことであろう。夫が彼女を見出したとき、彼女が「神さまに一心に祈って」いたという事実も、意味深いことである。今まで再度にわたって指摘した、彼女の体験した深い孤独感にもかかわらず、彼女が生きのび、成長してくるためには、深い宗教性による支えが絶対に必要であった。グリムの「手なし娘」の詳細な分析を行ったフォン・フランツも、「深い宗教経験のみが女性を窮状から救い出すことができる」(3)と述べ、手なし娘の体験を隠遁者たちの体験になぞらえ、孤独のなかでこそ、神との個人的、内的関係を見出すことになるのだと指摘している。このことは、わが国の「手なし娘」の場合も、まったく同様である。「手なし娘」と宗教性との関連は、わが国の類話にもヨーロッパの類話にも共通して、随所に認めることができる。外とのつながりの貧困さが、内へのつながりを豊かにするのであるし、あるいはまた、もともと内とのつながりが強い子であったので、外とのつながりがうまくいかなかったのだとも考えられる。

手なし娘――と言っても、もう手が生えていたが――は、最後に夫と会い、共にうれし泣きに泣くと、「どうしたことか、その涙のこぼれるところには、うつくしい花が咲きました」と言う。これは、彼女のそれまで体験した悲しみや、ここで夫と再会する嬉しさが、通常の次元を超えた深いものであることを示すものであろう。今まで、ひたすら内へ内へと向かっていた彼女の感情は、ここに至って、外へと「花咲く」ことになったのである。彼女はもはや「手なし」ではなく、外界とのつながりを充分に獲得したのである。あるいは、ここで、花が咲くテーマが生じるのは、今までたびたび指摘した日本の昔話に特有の「自然に還る」テーマの片鱗が、このような形態で現われているのかも知れない、と考えられる。

すべてが幸福な結末となり、継母と父は地頭さまに罰せられるのも当然のことであるが、ここのところは、ヒロインの幸福は「身内」との関係の切断を代償としている、とも言うことができる。彼女が新しく獲得した手をもって、身内との関係を回復してゆくにしても、それはそれでまたひとつの異なった物語として語らねばならないであろう。

2　東西の「手なし娘」

わが国の「手なし娘」の物語に即して考察してみたが、ここで比較のために、グリムの昔話をみてみよう。次にその梗概《こうがい》を日本のものとの対比において示してみる。

ある粉屋が貧乏になり、風車と中庭の大きいりんごの樹を残すだけになった。あるとき見知らぬ老人に会うと、「風車の後ろにあるものをくれるなら、金持にしてやろう」と言う。粉屋はそれをりんごの木であると思い承諾する。三年後に約束のものを取りにくるとのことだったが、それはりんごの木ではなく、風車の後ろに立っていた娘のことだったのである。粉屋は金持になったが、三年後、悪魔(老人)がやってきた。娘は信心深い子で、体を清め、自分のまわりに白墨で円を描き、悪魔が近寄れないようにした。

悪魔は怒って娘から清めるための水を奪えと父親に命令する。父はそれに従うが、娘の涙が両手に伝わって清めるので、悪魔は父親に娘の手を斬れという。父親は反対するが、お前を身代りにすると言われて怖くなり、娘を説得する。娘が父親の好きなようにすればよいと言うので、手を斬りおとす。それでも彼女の涙がその腕も清めていたので、悪魔は引き下ってしまう。父親は娘のおかげで金持になったと感謝し、娘を一生大切にするというが、娘は、「いつまでもここにいるわけにはまいりません」「なさけぶかい人たちは、あたくしが要るだけのものは、きっとあたくしにくださるでしょう」と言って家を出る。

娘は王様の庭園にある梨を見て食べたいと思う。娘がお祈りをすると天使が現われ、梨をとってくれる。庭番から報告を聞いた王は次の日に娘に会い、事情を知って同情し娘を城に連れかえる。王様は彼女に銀の手をつくってやる。そこで結婚が行われ、一年後に王は戦争に出る。その間に妃に子どもが生まれ、王の母が手紙を書くが、悪魔の介入が行われ、妃が子どもと共に家を出なくてはならなくなるのは、日本の話と同様である。妃が森にはいってお祈りをすると、天使が現われて小屋に案内する。そこで、母子は天使によって育てられ、彼女の信心のおかげで、神さまの恵みによって手がもとどおりになる。戦争から帰ってきた王は、事情を知って驚き、妃をたずねて旅に出る。

王は七年後に、王妃たちのいる小屋にたどりつく。王が眠っている間に、王妃が子どもに、王はお前の父親だと言うと、子どもは「天にましますわれらの父」が父親であって、天国にいるはずなのにと抗弁する。それをうとうとしながら聞いていた王は、起きあがって王妃に誰かと尋ね、事情を知って喜ぶ。彼らは共に国へ帰り、もう一度結婚式をあげ、生涯幸福に暮らす。

この話を見ると、日本の話と大筋において随分と似通っていることが解る。しかし、一番の相違点は、娘の手を切るプロモーターとして、母よりも父が大きい役割をもっていることである。父は悪魔との取引の結果、娘の手を斬ることになってしまう。ここに、悪魔という存在が出現するのも、西洋の話の特徴を示している。手紙のやりとりに介入するのも悪魔である。娘はこれに対して、天なる父の助けを求めるのだから、父—悪魔—天なる父、という男性の存在が、この話において大きい意味をもってくることになって、日本の話における、母性の問題の重要性とは、むしろ対比を示すことになる。この相違については、後で考察するが、「手なし娘」が伝播によってわが国に伝わってきたものと仮定すると、先にヨーロッパの類話の型を示したが、いろいろと話型があるなかで、日本の類話では、ほとんど継母と娘の話であり、その他の話型が存在しないことは注目すべきことである。つまり、そのような話型が日本人に一番ぴったりとくるので受け容れられたのか、あるいは、他の話型が伝播してきたのが、日本式に改変されたのか、ということになるであろう。

ヨーロッパの話では、娘の手を斬るのは実母のときもあるし、結婚後に若い夫婦の手紙のやりとりに悪意ある介入をするのは、姑である場合もある。あるいは、地中海のバレアレス諸島の「腕を切られた伯爵夫人」(『世界の民話』13)という話では、娘を悪魔に売り渡すのは父親であるが、娘が常に祈りを捧げ、助けを乞うのは聖母マリアである。つまり、ここでは、天なる父のイメージよりも、聖母マリアという母性的な存在が背後に存在していることになる。これらは、グリムの昔話に示される、父―娘の軸を中心とした話の展開と、わが国の、母―娘を軸とする話の展開との中間帯に存在するものと思われる。昔話の全世界における分布がもっと詳細に調査されたとき、ここに述べたような観点にたって、それを検討すると、あんがい、各地の文化差を反映するような分布図を得られるかも知れないが、それは今後の研究に待つべきであろう。あるいは、類似した話が世界中に存在しても、ここに述べたような差が決定的に存在するときは、むしろ、それは各地に固有に話が発生し、伝播によるもので*ない*ことを立証することになるかも知れない。筆者としては、伝播の点にはこだわらず、ともかく、グリムと日本の話の対比について考察してみたい。

日本とグリムの昔話を比較して、まず気づくことは、女性の主人公の耐える姿、あるいは受動的性格が特徴的である点が共通していることである。手を斬られるときや、結婚後に誤解に基づいて家を追い出されるときにとる彼女の態度は、どちらの話においてもも同様である。ところが、そのような主人公の背後に存在するプロモーター的存在が、既に指摘したようにグリムの場合は父性であり、日本の場合は母性である点が大きい相違となっている。このことは、母―娘、父―娘の関係の在り方について述べているものとも考えられるが、文化差に注目する上においては、むしろ、日本のように母性原理の強い国と、西洋のように父性原理の強い国における女性の生き方を示していると考えた方が興味深い。そして、父性原理優位の西洋において、男性像が(男女を問わず)自我を示すものとなるように、母性優位のわが国においては、女性像が自我を示すものとなるのではないかと考えると、「手なし娘」の話は、わが国においては、男性・女性を通じての一般的な生き方の問題につながりやすいと思われるのである。

グリムの昔話では、父親が(知らぬこととは言いながら)、悪魔に娘を売り渡すことになる。ヨーロッパにある類話のなかには、娘があまりにもお祈りに熱心なのを嫌って、とうとう娘の手を斬ってしまうのがある。グリムの話においても、娘の信仰の深さはよく示されているが、このようにあまりにも心の内界へと向かう態度は、西洋の「父」の気に入らないのであろう。(このような世俗的な父は、最後には天なる父のはたらきによって補償されることになるが)外向的な父性は、金の獲得のために娘を犠牲にしようとする。ここに、父と悪魔の契約が生じ、父の意志によって娘の不幸がはじまるのである。これに対して、日本の娘の不幸は継母によるものであり、最初は実母との幸福な関係をもった娘も、四歳になったとき、母の死によって「自然に」母との接触を切られ、否定的な母性の体験をしなくてはならなくなる。父親の意志によるのと、母の死によるのと、その発端の差は西洋と日本の文化差をよく示している。

娘の手を「斬る」行為は両者とも父親によってなされる。しかし、それを強いるものは継母であり、悪魔である。手を斬られるときに娘が無抵抗で受動的であるのは、両者に共通である。ただ、グリムの場合は、娘が父親に自分の体はどうなりと好きなようにしてもよいと明言し、また、家を出るときも、家に留まるように言う父に対して、「あたくしはここにいるわけにはいきませぬ」と、はっきりと言うのが印象的である。受動的ではあるが、娘の決意が明確に言語化されている。これに対して、日本の娘は眠っているうちに(無意識のうちに)手を斬られ、うらみを抱きながら一人旅に出るのである。つまり、日本の方は、決意はあいまいにされながら、悲しみや、うらみが述べられるのである。

グリムの場合、孤独になった娘を助けるために、天使が出現する。天使は天なる父の使者である。世俗的な父をはさんで、善なる天使と悪なる悪魔の対比が明瞭に示される。日本の話の場合は、実母が死んだ後の、否定的な継母と、結婚後の優しい姑の対比が存在するが、西洋の天使と悪魔のように超越的存在ではなく現実の人間で表わされているのが特徴的である。これは前章に述べたように、日本の昔話に魔法が存在しないのと同様のことであると思われる。つまり、日常と非日常の世界が容易に入り雑り、自然に、西洋流に言えば超自然的なことが生じるのである。このことは、娘の手が生えるところの描写に特徴的に示されており、グリムでは娘の信心と神様のお恵みによって、手がもと通りになるのだが、日本の話では、ずり落ちる子どもを抱きとめようとする自然な身の動きのなかで、手が生えてくるのである。

　グリムの話の方にもどり、ここで父―娘の関係に注目すると、父と娘の結合が悪魔の出現によって破られようとするところが興味深い。娘は成長してゆくためには、悲しいことではあるが、このような悪の出現を受け容れ父親と別れねばならないのである。ここで、父親はもはや守護者ではなくなるのであるが、それに代る天なる父の守護を受けることになる。悪の侵入とそれに対する神の守護のバランスが少しでも崩れるとき、娘は悪によって破滅するか、あるいは、父との分離ができずに、いつまでも自立できないことになる。後者のような場合は、父―娘相姦の形をとることになる。あるいは、父が娘と結婚しようとするので、娘はそれを拒否して家を出るという、ヨーロッパの「手なし娘」の類話のような過程へと変化することもある。天使の助けによって、娘は命をながらえ、王と結婚することになる。しかし、この幸福は長続きはしなかった。王様は戦に出て――ここでも男性の興味は外へと向かうのだ――王と王妃は遠く離れ、両者のコミュニケーションは、悪魔によって歪まされるのである。

幸福な結婚によって話が終りにならず、夫が仕事のために遠方に行き、夫と妻との間のコミュニケーションの障害のために不幸が訪れるという展開は、東西の「手なし娘」に共通であり、これは相当、普遍的な真理について語っているものと見るべきであろう。若い夫婦はいかに愛し合い、信じ合っていても、彼らの対話は(彼らの知らない)悪の介入によって歪曲されてしまうのだ。それは、言うならば、信じ合っているからこその悲劇かも知れない。夫も妻も、手紙を受けとって驚くのだが、それは偽物かも知れないと疑ってみることを知らない。しかし、このようなディスコミュニケーションも、究極的には女性の心理的発達のために必要なことなのであろう。悪は人間たちの間の絆を断ち切ることによって、結局はそれが強化されることを助けるのである。

女性の主人公に焦点をあてて考えてみよう。彼女は夫がまったく理不尽な要求を伝えてきたとき、それを疑い、真意を確かめるための努力を払うこともできたであろう。しかし、彼女はそれをせずに、ただ夫の言葉(と彼女が信じたこと)を受け容れ、孤独に耐える道を選ぶのである。これは、西洋の昔話に典型的な男性の主人公とまったく異なる行為である。男性なら真相を究明し、悪魔と戦い、退治するであろう。しかし、彼女の受動的な行為と祈りによってこそ、すべては好転し、彼女の手はもとのようになるし、夫とも再会できるのである。幸福を戦い取るのではなく、それが生まれるのを待つ、インキュベーションの過程なのである。このような態度は、西洋においては女性特有の生き方のひとつを示すものであろうが、既に述べたように、わが国においては、男女共通の生き方のパターンと考えられるであろう。

夫婦はどれほど愛し合い、信じ合っていると思っていても、いつかは互いに言い様のない孤独を体験し、それを耐えぬいたときに、「再婚」とも言うべき形で再び結ばれ、幸福を手に入れるということは、洋の東西を問わぬ真理なのであろう。日本の話には語られていないが、グリムの話では、王と王妃が「もう一度婚礼」をあげたことが語られ、「再婚」の形を明白にしている。ほとんど必然的とも言える「悪」の介入によって、一旦、絆を断ち切られた夫婦が、幸福な「再婚」を手に入れられるかどうかは、彼らがどれほど孤独に耐えられるかということにかかっているし、それを支えるものは、既に述べたように、深い宗教性であろうと思われる。このような意味で、これらのプロセスの背後に、西洋では天なる父が存在し、日本では「自然」が存在しているという対比は、なかなか印象的である。

3　幸福な結婚

「手なし娘」の結末は、「再婚」の形をとるとは言え、幸福な結婚というハッピー・エンドとなった。わが国の昔話のなかで、幸福な結婚を迎える話を探してみると、それが

「継子譚」として分類されているもののなかに多くあることがわかる。『日本昔話大成』には「米福粟福」(二〇五A)より「継子と魚」(二二二)まで、二〇の継子譚が収録されているが、それを通覧すると、継子が継母の迫害に耐えて、結局は幸福な結婚に至る話と、継母の迫害が露顕して罰せられるとか、継母が継子を殺すつもりだったのに実子を殺してしまったとか、継母への罰が中心となるものと、大体、半分ずつと言ってよいほどに分類されることが解る。前者のなかに既にとりあげた「手なし娘」「白鳥の姉」(第4章)などがある。これに対して、後者に属するものとしては「継子と鳥」(二一六)、「継子と笛」(二一七)などがあるが、前者と後者の差は、結婚話があるか否かという点のみならず、その他の点でも著しい対照を示している。

継子譚で結婚に至る話は、概して、話が長く、物語に起伏があって面白いが、他のグループの話は短く、平板で、継母が継子をいじめるところに重点がおかれているような気さえするものである。この点は、似たような名の主人公をもつ、「米福粟福」(二〇五A)と「米埋糠埋」(二〇五B)などを比較してみると、その差が歴然とするであろう。日本の昔話に対して、外国の研究者から、伝説とよく似ているとか、終りがはっきりしないとか、批評されていることは既に述べたが、その点でいうと、継子譚で結婚に至る話は、「西洋風」の感じを受けるということができる。事実、「手なし娘」がそうであったように、この一群の話のなかには、「七羽の白鳥」(二一四)、「姥皮」(二〇九)、「米福粟福」などのように、西洋の昔話と相当に類似性の高いものを見出すことができる。たとえばグリムの昔話でみると、「六羽の白鳥」(KHM 49)、「千皮」(KHM 65)、「灰かぶり(シンデレラ)」(KHM 21)などがこれにあたる。「米福粟福」は、関敬吾も指摘するように、二つの話の複合であり、後半の部分がシンデレラに相当するものである。このような類似度の高さは、またしても伝播の問題を生ぜしめるが、伝播を肯定するにしろ、わが国にこのような一群の話のみが受けいれられ、男性の英雄が活躍する話が受けいれられなかったことは、注目すべきであると思われる。あるいは、自然発生的に、極めて類似度の高い話が生じたのかも知れないが、ともかく、日本の昔話の特徴として、継母に迫害された娘が幸福な結婚を得る一群の話が存在することは肯定していいことである。

継母に苦しめられて後に、幸福な結婚をする女性の主人公の姿は、「手なし娘」の分析において明らかにしたように、母性の否定的側面を体験してこそ自立に至れることを示している。後における自立の姿から考えると、継母こそ娘の成長を促進したものであるとも言えるわけで、「継母」も結果的にはプラスとなるのである。言いかえると、母親はこのような否定面を娘に体験させることが必要であり、それを忘れて、ひたすら母親の「よい」面のみを見せるときは、娘の自立は生じ得ないことになろう。日本の昔話には、古くからそのような知恵が盛りこまれていた。母から離れた娘は、ひたすら耐えることにより、「再婚」によって幸福を得ることは、既に述べてきたとおりである。このような女性像が、わが国ではむしろ、男女共通の成長の過程を示すものと受けとってよいほどであると、先に指摘しておいたが、それにしても男性の主人公の場合はどうなるのか、その点についても少し触れておきたい。

「継子譚」のなかで結婚話が生じるもののうち、「灰坊」(大成二一二)のみが男性の主人公をもつことは既に指摘した。関敬吾が述べているとおり、話型という点から考えると、これは「継子譚」に分類するよりは「婚姻譚」に分類すべきものであろう。それはともかく、男性の主人公が活躍する結婚話として、これをとりあげてみよう。『日本昔話大成』の「灰坊」によると、主人公のマミチガネは殿様の子だったが、継母の奸計によって家を追われる。父親から上等の馬と着物を貰って家を出るが、途中で会った爺さんの粗末な服と自分の服を取りかえて貰い、長者の家で働くことになる。飯炊き役となるが、よく働いて重宝がられる。長者が芝居を見に連れていってやろうというのを断り、後で上等の着物を着て馬に乗り、芝居見物の場所に現われる。皆は天の神様だと思うが、長者の娘だけは「あれはわが家のヘーボ(灰坊)だ。左耳に黒いしるしがある」という。親はそれを聞いて、神様に対して無礼だと怒る。次の芝居見物のときも灰坊が後で上等の着物を着てゆこうとしていると、娘が草履を忘れたと嘘をついて帰ってきたので、灰坊は仕方なく娘も馬に乗せ、二人で芝居の場にゆく。長者たちは、「今日は神様は夫婦で来られた」と言って礼拝する。

長者の娘は恋病いになるが、巫女がこの家のなかに娘の「縁付がある」と言う。雇い人を一人ずつ娘に対面させるが、最後に灰坊が立派な着物をきて馬に乗って現われ、長者も驚き、家の聟になってくれと頼む。そこで盛大な結婚式となるが、灰坊は実家に親見舞にゆきたいと言う。新妻は夫に、途中で桑の実を食べるなと忠告するが、彼はそれに従わなかったために死ぬ。馬は死体を乗せて実家にゆき、父親は死体を酒樽に入れる。妻は夫が死んだのだろうと思い、シジュル水(死んだ者を生かす水)をもって訪ねてゆく。彼女はシジュル水によって夫を生き返らせ、家へ連れ帰ろうとすると、夫の父はマミチガネが一人子なので他家にやれないと言う。彼女はそれなら一緒に来てくれと言うが、マミチガネは「一緒に二人の父を養うことはできない。金を送りますから父はよい養子をもらって下さい。私は命を救ってくれた妻の家で働きます」と言って、二人は妻の家に帰り、「今が今までよい暮らしをしている」。

この話をみると、確かに男性の主人公マミチガネ(灰坊)が活躍して、結婚する話なのであるが、西洋の典型的な英雄譚とは随分と異なっていることに気づく。灰坊の行動は、英雄というよりはトリックスターに近い。彼は怪物を退治したり、災を根絶したりするような活躍をするのではなく、むしろ、トリックスターお得意の変幻自在の術を使って活躍するのである。しかも、その変装を見破り、彼を見初めるのが長者の娘であり、話は、長者の娘の意志によって回転し、後半においては、物語の主人公は女性であるかのようになっている。最後の結婚話のときに、灰坊が父親に養子を貰うように言って、自らは聟になるところを見ると、ますます女性の方が主人公という感じを受けるのである。灰坊の妻の活躍ぶりは、第4章に取りあげた「姉と弟」(一三三頁以下参照)の姉を思わせるものがある。これらの話は、どちらも沖永良部島で採集されたものであり、何らかの関連をもつのだろうが、「姉と弟」のときに述べたように、灰坊の妻もまたトリックスター的であり、西洋の王子様と王女様の結婚とは大分異なった感じを与える。

この話においても、結婚がすぐに幸福な結末とはならず、その後に両者が——短期間ではあるが——別れ、再会することによってハッピー・エンドとなるパターンは、「手なし娘」と同様であり、女性を主人公とするときには「再婚」の型が多いことを考えても、この話は、女性の話ではないかと思われる。題が「灰坊」であり、その灰坊が継母の奸策によって家を追われるところは、母から分離した男性英雄の西洋物語を思わせるのであるが、その後の展開は、むしろ女性の物語となってゆく感じがある。このようなところにこそ、わが国の昔話の特徴があるのかも知れない。

男性を主人公とする婚姻譚をもう少し見てみると、同じく沖永良部島で採集された「馬の子殿」(大成一二一燕焼長者)、あるいは、「隣の寝太郎」(大成一二五博徒聟入)、「鳩提灯」(大成一二六)などでは、主人公のトリックスター性はまことに明白である。「馬の子殿」では、馬の子殿という貧しい主人公が、隣の爺さんの知恵で、いかにも分限者であるかのごとく見せかけ、長者の娘を貰う話であり、それはあきらかにトリックによる婚姻である。「隣の寝太郎」「鳩提灯」は共に、怠け者で貧乏な男がトリックを使って、隣の家の長者の娘を手に入れる話である。怠け者の意義については、既に他に詳細に論じたので[4]繰り返さないが、これらの主人公たちがトリックスターであることは、論をまたないであろう。これらのトリックスターたちが、相当に悪辣とも思えるほどの策略を弄しながら、すべて幸福になるのは、これらが英雄に近い形で受けとめられてきたことを示すものであろう。それにしても、「幸福な結婚」を主題とする日本の昔話のなかに、典型的な「英雄像」を見出し難いのは、わが国の昔話――ひいては日本人の心性――の特徴であると思われる。むしろ、わが国の英雄は既に示してきたような一群の「耐える」女性たちであり、男性たちは母性との切断が不徹底なままに、どうしてもトリックスター的にならざるを得ないのであろう。日本神話のなかの英雄、スサノオ、ヤマトタケルなども、トリックスター性を強く持っているのは、同様のことを示していると思われる。

男性を主人公とする幸福な結婚に至る話として「田螺《たにし》息子」(大成一三四)に少し触れておきたい。前章で異婚譚を取りあげたとき、幸福な結婚に至る話がほとんどないと述べたが、この「田螺息子」は唯一の例外と言ってよいほどの話なのである(これは『大成』では「異類聟」としてではなく、「誕生」のなかに分類されているが)。次に話の要約を示す。爺さんと婆さんが子どもがなかったので、田の水神に願掛けをして、田螺を授かる。田螺息子は長者の娘を嫁に欲しがるが、爺さんは無理だからあきらめろと言う。田螺は長者の家に泊めて貰い、その夜のうちに、自分のもってきた米を嚙んで、それを長者の娘の口のまわりにくっつけておき、米を娘が盗んで食べたと言いがかりをつけ、結婚を許してもらう。春の祭に、田螺は妻の頭にとまって鎮守さまに出かけてゆくが、烏《からす》がきて田螺を田の中におとしてしまう。妻が悲しんで泣いていると、後に「水もたれるようなりっぱな和子《わこ》さま」が立っていて、それが夫であると言う。今までは仮に田螺の姿をしていたが、よく貞節につとめてくれたので、人の性にたちかえったというのである。そこで長者も喜んで、「も一度輿入れのやり直し」をし、若い夫婦は「とごろ切っての長者となり、田螺の長者さまど、あがめられるようになった」ということである。

この話は確かに、異類聟としては珍しく素晴らしい結婚の話になっているのだが、全体として既に分析を試みた「灰坊」と極めて類似していることに気づかされる。題名が男性の主人公名になっていること、女性の獲得の方法がトリックスター的であること、結婚によって話が終らず、結婚後の女性のはたらきによって真の幸福が得られること(「田螺息子」の場合は「輿入れのやり直し」という表現がなされる)などが、どちらにも共通に認められるのである。つまり、「田螺息子」という題名からは、男性の物語であることが予想されるのだが、「灰坊」のときと同じく、女性のテーマが混入してくるのである。「田螺」の策略に基づく結婚にも文句を言わずに従い、その後も貞節につとめ、田螺が田の中に落ちたときは、悲しくて目を泣きはらす、「耐える女性」の姿が浮かびあがってきて、物語のプロモーターは女性の方ではないかとさえ思われる。

以上見てきたように、わが国においても婚姻譚は存在するが、そこにおいて「耐える女性」の姿がいかに重大であるかが明らかとなった。一見、男性が活躍するような婚姻譚においてさえ、その背後には「耐える女性」が存在していることを認めることができた。ここで、第1章の「うぐいすの里」以来の連想の鎖をたぐりよせて語るならば、男の違約のために、あわれにもこの世を立ち去った女性は、何度も姿を変えてこの世に立ち戻りながら、再び追われたものの、今度は、母なる国からの別離を決意して、耐え抜くことによって、この世の幸を獲得したと言うことになる。このような「耐える女性」の姿は、日本の男女を問わず全ての人に大きい意味をもつものであろうし、日本人の自我像を示すものと言ってもよいものであろう。女だからと言って、受身だからと言って、それは決して弱くはないのである。

しかしながら、このようにひたすら耐える女性の姿をあきたらなく感じる人も多いであろう。特に現代人にとってはそうであろう。「灰坊」に登場する女性は、あまり受動的でなく、耐えるタイプでもなかった。彼女の本質は、誰もが灰坊にだまされているときに、その本性をただちに見破った点にある。そのような「女性の知」が彼女に幸福をもたらすのである。このような、相手の本性の看破は、前章において強調した女性の「本性隠し」と好一対をなすものではなかろうか。「田螺息子」の類話のなかには、田螺息子が長者の娘に求婚したいと言った際に、爺さんはそれは無理な話だと言うし、それでもと申込みに行って、手代に門前払いをくいそうになるが、娘自身が「そういうわけなら、わいは女房になってゆく」と言うものがある。「そういうわけなら」というのが意味深長だが、要するに娘は他の誰とも違って、田螺の本性を看破していたものと言わねばならない。そして、「わいは女房になってゆく」と宣言するのだから、女性の知に基づく積極的なこのような態度は、耐える姿とはまた異なる次元に属するものと言わねばならない。このような女性の姿については、第9章において考察するとして、その前に、前章の終りに述べておいたように鶴女房たちの還ってゆく世界の構造を明らかにする仕事を次章において行うことにしよう。このことは、第9章において「意志する女性」を考察する前に是非やっておかねばならぬことなのである。

(1) 柳田國男「昔話のこと」『定本　第八巻』一九六二年、所収。
(2) J. Bolte und G. Polivka, "Anmerkungen zu den Kinder- und Hausmärchen der Brüder Grimm", 5 Bde., Leipzig, 1913-32.

（3）M・L・フォン・フランツ、秋山さと子・野村美紀子訳『メルヘンと女性心理』海鳴社、一九七九年。

（4）拙著『昔話の深層』の「第四章　怠けと創造——ものぐさ三人むすこ」。

第8章　老翁と美女

第6章において異類女房を取りあげ、せっかく、この世に出現してきた女性たちがあ、ちらの国へと帰ってゆく姿に触れ、われわれとしては、彼女たちの帰って行く国の構造を知る必要があるのではないかと、最後に問題を提起しておいた。本章ではその問題を究明するために『日本昔話大成』においては、「竜宮童子」(二二三)として分類されている昔話を取りあげることにした。竜宮に招かれていった男性が、そこに住む美しい女性から汚い(あるいは醜い)小童を与えられる。この小童が福をもたらす話であるが、そこには、海底の国の構造が描かれていて興味深いのである。柳田國男もこの種の話には早くから興味を抱き、「海神少童」(1)の名論文を発表しているし、既に第5章に紹介したごとく、石田英一郎も、そこに生じる「小サ子」と母親らしき女性の関係に注目して『桃太郎の母』(2)を生み出したのである。確かに、日本の昔話に語られる竜宮は日本人の心の深層の表現であると考えられる。柳田は「海神少童」のなかで、「日本の竜宮は又何れの国とも別なものであつた。ひとり神秘なる蒼海の消息を伝へた者が、殆ど常に若い女性であつたといふに止らず、更に又不思議の少童を手に抱いて、来つて人の世の縁を結ばうとしたのも彼等であつた。海はこの国民の為には永遠に妣《はは》の邦であつたといふことが言へるのである」と述べている。われわれ日本人にとっての「永遠の妣の邦」は、一体どのような構造をもっているのか。それを明らかにするために、「竜宮童子」の類話のひとつである「火男の話」を取りあげることにした(岩手県江刺郡採集・付篇10)。これは柳田も「海神少童」のなかで取りあげているが、訪ねてゆく世界は海底ではなく、山の穴の中になっている。山と海ではまったく異なるようであるが、この世を離れた「深み」という意味で、心理的にはあまり差をもたない。従って、この話も話型全体から判断して「竜宮童子」の類話とされたのであろう。それでは「火男の話」の筋に従って考察することにしよう。

1 火男の話

「あるところに爺さまと婆さまがありました」と言うのが、話のはじまりである。爺さまと婆さまには子どもがない。つまり、このカップルは一応生活しているが、そこには新しい発展の可能性が無い状態にある。ところが、そこに桃太郎や、かぐや姫のように思いがけない子どもが登場してくるのも、話が発展するひとつのパターンであるが、この場合は、爺さんが山に柴刈にゆき、大きな穴を見つけることによって展開が生じる。爺さんは穴を塞ぐつもりで一束の柴を入れるが、それは穴の中にはいってしまい、三日のあいだ刈りためた柴を、のこらず穴の中に入れてしまうことになる。穴は爺さんの思いの外に広く深かったのである。

この話のはじまりは、深層心理学で言う退行現象を表わすものとして、ぴったりである。退行の意味については既に第5章において論じたが(一五六—一五八頁参照)、ここでは柴を穴に入れこむというイメージによって、心的エネルギーが無意識内へと流れる状況がうまく表現されている。「三日のあいだ刈りためた柴」ということで、「三」がここにも生じるが、数字の三のもつダイナミックな意味が認められる。われわれの話では、穴を塞ごうとして柴を入れるのであるが、「竜宮童子」の多くの類話では、男性の主人公が竜宮の神様に差しあげるために、花や柴を投げ込むので、その礼として竜宮に招待されることになる。こちらの方は主人公が意図的に竜神への捧げものとして柴を投げこんでいるので、その退行が創造的退行であることが、より明らかに認められるのである。

柳田國男はこのような竜宮訪問の話について、「人が何万何十万とある中に、其たった一人が選ばれて、さういふ幸福の国へ遊びに行くことが出来た理由は、説明を求められるのが自然である」と述べ、その説明として二種類あることを指摘している。(3) 一つは

「当人にそれだけのねうちがあつた」ためで、親孝行などの徳によって竜宮に迎えられることになる。他の一つは、「何等かの功労によるもの」で、そのうちの一つが「浦島太郎」などの動物報恩のタイプであり、他の一つが、われわれがここに取りあげているような、柴などの捧げものをしたために招待されるタイプである。これについて柳田は、「よそでは余り類例を見ないものに、日本と南方の諸島に於て、非常に弘く多く且つ美しく変化して分布して居る、花売竜神などと呼ばれる話の型があつて、是だけはどうして此様に興味がもたれ、又是ほどまで複雑に発達したかが二十年来の私たちの宿題であつた」と述べている。つまり、柳田が「花売柴刈型」と呼ぶこの型の話は、わが国およびその周辺に固有のものである、と言うのである。

確かに、主人公が海(あるいは地底の国)に何かを捧げものとして投げ込み、そのために招待されるという話は、あまり他の国の昔話には無いように思われる。「竜宮童子」の類話としては『日本昔話大成』には、AT 555 があげられている。これはグリムの「漁師とその女房」(KHM 19)であるが、漁師が釣りあげたひらめ(魔法にかけられた王子)を水中に逃がしてやり、そのひらめによっていろいろと願望をかなえられる話で、一種の動物報恩の形をとっている。あるいは、話型はまったく異なるものであるが、主人公の男性が地底の国に行く、グリムの「三枚の羽」(KHM 63)でも、主人公は地底の国へいろいろなものを獲得に行くのであって、地底の国に捧げものをしたので招かれるというのではない。主人公がそこへ何かを得るために行くというのと、招かれて行くのとでは視点の置きどころが異なってくるのである。ソ連の昔話研究者のチストフは、日本の昔話「猿の生肝」(大成三五)に対して、「物語全体が水中王国の側の見方から進められている」(4)と興味深い指摘を行っているが、このことは、われわれの物語についても言えるのではなかろうか。地底の国へ行き、そこで何かを獲得してくる意図をもって主人公が行動する話は、明らかに地上の国の側に視点をもっている。しかし、意図的にしろ、無意図的にしろ投げ込んだ花や柴を、贈り物として受けとめ、その人をお礼に招待しようとする話の展開は、明らかに「水中王国の側の見方から進められている」と言うべきであろう。ここにわが国の昔話の特性が見事に示されている。この点を心理学的に解釈すると、日本人がその世界を見る目は、(特に西洋に比して)意識の中心よりはむしろ無意識的な深層の方に位置していると考えられる。もっとも「目」という限り、それは見るはたらきをするものなので、まったく無意識ということはあり得ない。従って、無意識内の目という表現は自己矛盾をしているわけだから、「半眼の目」とでも言うべきであろうか。はっきりと見開いた目よりも、半眼の目の方が世界をよく認識し得るという思想が、そこには存在しているように思われるのである。

「火男の話」に戻ることにしよう。爺さんが「三日のあいだ刈りためた柴」を穴の中に入れてしまったとき、美しい女がでてきて柴の礼を言い、「いちど穴のなかにきてください」とすすめる。無意識界に対して相当なエネルギーを投入すると、そこから意味深いイメージが送られてくるものである。われわれの話では、一人の美女が出現するが、彼女は最初に取りあげた「うぐいすの里」の女性につながるものである。しかし、何の心の準備もなく不意に美女に会った「うぐいすの里」の男性と異なり、「竜宮童子」の類話に登場する男性は、多くの柴や花などを投入するほどの仕事を為し遂げた人物だけあって、女性のすすめに応えて、共により深い世界へとはいって行けるのである。「火男の話」では、穴の中には「目のさめるような家があり」、家の横には柴がちゃんと積みかさねて置いてあった。爺さんはすすめられるままに座敷にあがり、そこの住人と顔を合わすことになる。

ところで、この穴の中の住人たちが、なかなか興味深いのである。それは爺さんを迎えに来た女性と、「りっぱな白鬚の翁」、それに「しるしにやるからつれて行けといわれ」た「一人の童《わらし》」の三人なのである。そして、この童は「何ともいえぬ見っともない顔で、臍《へそ》ばかりいじくっていました」という。白鬚の翁、美女、醜い童という三人の取り合わせは極めて意味深いものと思われ、それについては後に詳しく論じることにするが、「竜宮童子」の類話のすべてにおいて、この三人が登場するわけではない。たとえば、『日本昔話大成』に「竜宮童子」の代表としてあげられている話では、乙姫様と「鼻は出ている、よだれはたれている」トホウという男の子がでてくるが、老人は居ない。あるいは、沖永良部島採集の類話の一つでは、白髪の爺と美しい女が出てくるが、童のことは述べられない。主人公が貰って帰るものは童ではなく、「しじぐばんの玉」と言われる玉で、「にらにだけある玉で先祖の前に飾っておけば座っていて食っていける」宝物である。このようにいろいろとヴァリエーションはあるが、老人と美女、美女と童の取り合わせがよく生じており、「火男の話」では、三人の組合せとして、うまく語られているのである。

さて、ここに登場する「何ともいえぬ見っともない顔で、臍ばかりいじくって」いる童子がなかなか面白い存在である。「竜宮童子」が「しこ名と醜い容」をしていることには柳田國男も関心を示して論じている(「海神少童」)。童子の名前には、ヨケナイとかウントクなどというのがあるが、これに対して彼は「ヨケナイとウントクとは其意味不明であるが、何れさう結構な名で無いことは察しがつく」と述べている。われわれの話の場合はヒョウトクで、これは即ち火男であり、「今日の所謂ヒヨツトコの面、口を尖らし火を吹いて居るものと、根本は同じ名であつたらうと解」されるものである。この童子たちは「結構な名で無い」だけではなく、外見も「非常に汚なくて見た所少しも有難さうで無かつた」のである。しかも、この童子たちは主人公に対して素晴らしい富をもたらすのであるから、なかなかパラドキシカルな存在である。これは無意識界から産出されるものは、意識の視点から見る限り、最初は醜くつまらぬものに見えるが、それを適切に取り扱う限り、意識的判断を超えた価値あるものとなることを示している。肥後の類話では、童子はハナタレ小僧様と呼ばれているが、これに対して柳田が「ハナタレ小僧に様の字を附けて呼ぶなども、よく考へて見ると凡人には六つかしい修行であつた。それを何とも思はぬ程に敬虔な老爺のみが、特殊の恩恵を受け得たのは理由がある」と述べているのは、的を射た見方と思われる。われわれはこのような醜くつまらぬ存在に対して「敬虔な」態度を取らねばならない。

爺さんは童子に対して適切に接していたが、欲ばりの婆さんは態度が悪かった。童子の臍から金の小粒がでるので、婆さんはもっと沢山欲しいと思い、火箸で童の臍をぐんと突いたので、童子は死んでしまった。この話では主人公の爺さんに対して、欲ばりの婆さんが失敗を犯すことになるが、主人公自身の態度の変化によって、童子が消え去ってしまう話もある。たとえば新潟県見附市採集の類話では、主人公は爺さんではなく、一人の貧乏な男であるが、花を乙姫様にあげていたので竜宮に招待される。そこで、乙姫様から「鼻は出ている、よだれはたれている。だがこの子をだいじにせば、お前の望みは何でもかなえてくれる。お前の子にせよ」と言われて、トホウという名の童をもらってくる。男はトホウのおかげで大金持になるが、トホウがあまり汚いので、「鼻をかめ」、「着物を着替えろ」と言うが、トホウはそれには従えないという。そこで、男は「都合によってお前に暇くれるすけに、もう帰ってくんないか」というと、トホウは出ていってしまい、それと同時に男は昔どおりの貧乏になり、「旦那はヘエ途方に暮れてしもうた」ということになる。つまり、この場合は、主人公が始めのうちは、トホウを重宝がっていたが、自分が金持になるにつれて、その外見の醜さに耐えられなくなり、そのために幸運を失ってしまうのである。

『日本昔話大成』に収録された「竜宮童子」の類話を見ると、ほとんどすべてと言ってよいほどに、主人公あるいは主人公の近親者の世俗的分別によって、竜宮から得てきたものを失うことになっている。その際に、主人公はそうではないが、その弟、妻などが欲が深いために破局が来るタイプが一番多いようである。これはグリムの「漁師とその女房」と同じタイプで、あまりにも強欲であるとすべてを失うという教訓話としても受けとめられる。しかしながら、反面から考えると、人間の「欲」というものは人間の文明を発達させてきた原動力であるとも言うことができる。何とか得《とく》をしたい、楽をしたい、という人間の欲が、文明を発達させてきたのであり、それによって、人間の意識体系も確立されてきたのである。この、「欲」と「無欲」のバランスの上に立って、意味深い人生が描かれるのであろうが、それにしても、わが国の昔話は「無欲」の側に重点がかかりすぎているように感じられる。「鶴女房」の場合も、男性の「欲」のために悲劇が生じたことは、第6章に述べたとおりである。

グリムにも「漁師とその女房」的な話が存在しているわけであるが、最初に少し触れた「三枚の羽」を、「火男の話」と比較してみると、同じように主人公は地底の世界へ行きながら、前者では主人公がそこからいろいろなものを「獲得」してくるのみならず、地底の世界の蛙が地上では美しい姫に変身したように、こちらの世界にあくまで重点がおかれ、あちらからこちらに来た姫は、こちらでも高い評価を受けて、そこに住みつくことになる。これに対して、「竜宮童子」の類話では、あちらからこちらに貰われてきた童子は、いつまでたっても「あちら性」をもっていて、こちらの人間の欲や分別に出会うと、たちどころに「あちら」に帰ってしまうのである。それは換言するならば、無意識界の属性を強くもっており、意識界に利益をもたらすものではあるが、ある程度以上の意識化には耐えられず、無意識界へと立ち戻ってしまうのである。「三枚の羽」において、無意識界へと旅立った意識界のヒーローは、そこから何かを獲得し、意識との統合に成功する。「竜宮童子」においては、無意識界から招かれて、そこに行ったヒーローは(あまりヒーローらしくもないが)、何かを与えられるのだが、暫くの間はそれを意識界にもたらすことはできても、結局は、それは無意識界へと帰ってゆくのである。わが国では、無意識界の吸引力は極めて強力なのである。

2 老の意識《セネックス・コンシャスネス》

海底の王国の吸引力が強く、せっかく、地上の国にもたらされたものも、最後にはもとの海底へと帰ってしまう、このパターンが「竜宮童子」に明白に認められるのだが、これは考えてみると、第1章の「うぐいすの里」以来、繰り返し生じていることである。こちらの世界に出現したものが、ともすると、あちらの世界へとすぐに帰ってしまうのである。ここで、こちらの世界＝意識、あちらの世界＝無意識と単純におきかえて、西洋の物語と比較すると、前節の終りの部分に述べたように、わが国の昔話は、日本人の自我＝意識の脆弱さを示しているとも受けとられる。しかし、前節の初めに「半眼の目」という表現をしたように、海底の王国を単純に無意識と同定することなく、それも入れこんだ、あいまいな全体を一種の意識として受けとめることも可能かとも思われる。それは、確かに西洋人の確立した自我意識とは異なっている。ここで、第1章に述べたノイマンの西洋の自我確立に関する説を想起すると、その差は歴然としてくる。ノイマンの提出する英雄像は、西洋人の自我を象徴するのに、まことにふさわしい。しかし、それが唯一絶対の自我を示すものではないと考えると、「竜宮童子」の話によって示される心の構造も、「脆弱な自我構造」などというのではなく、興味深い知見を与えてくれるように思われるのである。そのためには、海底の王国の住人たちの関係を明らかにしなくてはならないが、そのなかで、まず老人のイメージに注目してみよう。

「火男の話」では、穴の中の座敷には「りっぱな白鬚の翁」が居て、その家の長のように振舞っている。竜宮に存在する、このような長老は、「竜宮童子」の類話のみではなく、「浦島太郎」の類話のなかにも散見される。あるいは、これらの昔話と密接な関連を持つと考えられる、日本神話の「海幸と山幸」の話においても、『古事記』によれば、海底の国には老いた「海の神《わた》」が居る。海の神はトヨタマヒメの父親であると述べられており、われわれの昔話では直接には述べられていないが、白鬚の翁と美女とは父娘の関係ではないかと推察される。これまでに取りあげてきた話のなかでは、第4章において言及した「姉と弟」(一三三頁以下参照)において、姉を助けてくれる存在として「白髪の老人」が出現している。これは別に海底や地中の世界の住人ではないが、この世とは異なる次元の知恵をもつ人として現われており、海底の国の長老たちと同様の意味をもつものである。

『日本昔話大成』に「浦島太郎」の類話として、新潟県見附市において採集された、次のような類話が載せられている。「在方の男が山に薪伐りに行くと仙人が碁を打っている。勝負がつかず昼食にし、男ももらって食う。斧の柄にもたれて見物しているとやっと勝負がつく。斧の柄が朽ちているといわれ、百年経っても朽ちる木ではないと思い、村に帰ると様子が変っている。問いただすと、大昔山に薪取りに行ったまま帰らなかった者があるという。」これは異郷での時間体験の異常さが大切なモチーフとなっている物語であるが、そこで碁(一局百年もかかる碁!)を打っている仙人たちも、あちらの国に住む老人の代表であると感じられる。老人たちが盤上に置く一石一石が、こちらの世界の百年の歴史に関連をもつようにも思われるのである。

このような不思議な老人は、日本以外の他の国々の昔話にも、もちろん出現する。それは全人類に普遍的なイメージと言ってもよいほどである。しかし、その出現頻度ということになると、統計的検討は難しいが、やはり、西洋の昔話に比して日本の方が多いように感じられる。西ドイツの昔話研究家のシェンダは、日本の昔話の特徴のひとつとして「老人がたびたび登場する」[5]ことをあげている。これはむしろ、日本昔話の主人公としての爺さん婆さんのことを念頭においてのことであろうが、ともかく、老人が重視されることは、わが国の昔話の特徴のひとつとして考えていいだろう。西洋の昔話で老人が主人公となるのは非常に少ないと思うが、わが国の昔話で、老人が主人公となるのは、あんがい、「あちらの世界」に住む老人のイメージの反映としての意味をもつのかも知れない。ノイマンの説によると、西洋人の自我は男性の英雄像によって示されるのであるが、ここで、老人を主人公とする昔話の存在から考えて、老人によって象徴される意識ということを考えてみてはどうであろうか。それは、あんがい、日本人の意識の在り方を示すのにふさわしいのではなかろうか。筆者がこのようなことを考えているとき、欧米のユング派の人々のなかでも、ノイマンの説をこえようとする考えが熟してきたのであろう。ユング派の有名な分析家であるヒルマンが、老の意識《セネックス・コンシャスネス》についての論文を一九七〇年に発表し、(6)それ以後もその考えを発展させてきているのを知った。彼の考えを次に要約して示すことにしよう。

ヒルマンの老《セネックス》に対する関心は、永遠の少年《プエル・エテルヌス》に対する関心から生じている。永遠の少年については既に第5章において論じた(一五三頁以下参照)。しかしながら、そのときは、少年と母との結びつきに重点をおいて述べたので、永遠の少年のネガティブな側面をやや強調したような感じを与えたと思う。永遠の少年に対するユング派の分析家たちの関心は、初期の頃はそのような傾向を強くもっていたが、ヒルマンは最近になって、永遠の少年像を異なったアングルから捉え直そうと試みている。彼の考えを図式的に述べるなら、彼は若者たちを、息子《ソン》、英雄《ヒーロー》、少年《プエル》、の三者に分類する。(7)このうちの息子と英雄は、母と大きく関連し、母に屈服したままのものが息子であり、母を克服したものが英雄であると言う。ここで、「母」を象徴的に読みとることが必要であるが、今まで述べてきた表現によるならば、象徴的な母親殺しを為し遂げているか否かが、息子と英雄を分けるメルクマールとなるわけである。これに対して、少年《プエル》は母とではなく、老人《セネックス》との関連において考えるべきだとヒルマンは主張する。そして、老人《セネックス》と少年《プエル》は複合した存在として、ひとつの元型と考える方がより妥当である。元型としての老人《セネックス》を考えると、どうしてもそれと切り離せぬ存在としての少年《プエル》の存在をともに考えざるを得ないし、元型としての少年《プエル》は老人《セネックス》の属性を多くもっており、両者はわかち難いものとして、むしろ、ひとつの元型――それを老人《セネックス》と呼ぶにしろ、少年《プエル》と呼ぶにしろ――として取り扱うべきだと、ヒルマンは主張する。あらゆる元型は、その中に相対立する側面を共存させているものだが、この場合、それが特に顕著である。

老人と少年の共存などということは不可能なこと、あるいは、不可解なことと思われるかも知れない。しかし、このようなイメージは中国の文化のなかには極めて豊富であり、従って、その影響を強く受けた日本人にとってもそれほどなじみのないものではない。(老の意識《セネックス・コンシャスネス》という考えは、中国の文化を理解する上で、大いに役立つものであろう。)たとえば、大室幹雄『囲碁の民話学』[8]は、そのような、老にして少、少にして老の人物像をふんだんに提供してくれる。本節のはじめに紹介した「浦島太郎」の類話でも、仙人が碁を打っている。囲碁は老人《セネックス》と結びつくところが大きいのであろう。ところで、大室幹雄が前掲書に『荘子』徐無鬼篇の話として次のような話をかかげている。黄帝が具茨《ぐし》の山へ大隗神《たいかいしん》に会いに出かけ、道に迷う。ところが、たまたま牧馬の童子に会って道を尋ねると、この童子は具茨山への道も、大隗神の居場所もよく知っている。不思議に思って、「天下を治めることを言ってごらん」と問いかけると、童子は、自分は幼いときから六合《せかい》の内で遊んでいた、そこで目くらみにかかったこともあるが、長者の教えに従ってそれもいくらかなおり、これからもっと六合の外に遊ぼうと思うといい、「天下を治める者もぼくみたいであればいいのよ」と答える。黄帝は再拝稽首《さいはいけいしゅ》し、童子を天師と讃えて退去したという。老人の知恵と無垢な童心とをあわせもったこの童子について、大室幹雄は「この童子は高齢なのであるらしい」と評しているが、まさにそのとおり、老と少が共存しているのである。

このようなイメージを心に一応おさめておいて、ヒルマンの言う老の意識《セネックス・コンシャスネス》とは何か、説明することにしよう。ヒルマンによれば、老の意識の第一の特徴は、その両面性にあるという。それは長老の姿で表わされるように、古来から不変の規則をかたくなに守ろうとする面と、そのような頑固さを一挙に破壊してしまう傾向が共存しているという。実は後者の傾向が少年《プエル》の特性なのであるが、これらが共存して分ち難く結びついているところに、その特徴が認められるのである。従って、それはあくまでも固く冷たく、不変の姿をとっていながら、その底にはそれを一挙に崩してしまう自己破壊の傾向が燃えたっており、両者の間の強い緊張感の存在が、この意識の特徴となっている。

根本的には両面性をもつものの、老の意識の前面に認められるものは、「苦い真実」「冷たい現実」などと言われるものに対する、たじろぐところのない知恵である。老の意識は地底の究極的な深さから世界を観る視点をもつので、物事を冷たく距離をとって見ている。それは時にすべてのものを逆の視点から見ることによって、その構造を露《あらわ》にする。それは生を常に死の方向から見ているのである。それはペシミスティックでシニカルな世界観となりやすく、すべてを虚無として見る見方へと通じるものである。このような知は冷たくはあるが不変でゆるぎないものであり、規律と秩序を保っている。しかしながら、それはあまりにも不変のものとして、凝固した状態となるときは、感情的には抑鬱、無気力などと結びつきやすく、青年期にこの老の意識の強い侵入を受けたものは、極端な抑鬱や無気力を体験し、自ら死を選ぶことが容易な状態となるであろう。

老の意識は、第1章に紹介したノイマンの説に基づく西洋人の自我＝意識と対比するとき、その特徴がますます明らかになるであろう。西洋の自我も男性像によって示される意識であるが、老の意識と区別するために、英雄の意識と呼んでおこう。老の意識が地底からの暗い視点をもつのに対して、英雄の意識は天上に輝く太陽に比するのが最もふさわしいものである。英雄の意識は、竜殺しの神話に象徴されるように、自分を生み出した母と己とを自ら切断し、明確な意識をもってものごとを截断してゆく。しかし、一旦確立された英雄も年と共に次の英雄にその座を奪われることになるので、常にそれは「進歩と発展」によって特性づけられている。このことは老の意識の凝固性と著しい対比を示している。進歩と発展を目指す英雄の意識は、文明の発達に貢献するが、老の意識は「発達」ということとは関係しない。しかし、英雄の意識が常に死と凋落におびやかされるのに比して、老の意識は死をそのなかに組みこんでいて、おびやかされることはない。

老の意識の凝固性や不変性が頂点に達するとき、少年《プエル》の突然のはたらきによって、それは自己破壊を生じるか、無規律の状況に追いやられる。ヒルマンは、老の意識のイメージを与えるものとして、ローマの神のサートゥルヌス(ギリシア時代のクロノスと同一視される)をあげているが、古代ローマで行われたというサートゥルナリア祭は、老の凝固性を打ちやぶるはたらきを示す典型的なものであろう。サートゥルナリア祭においては、公務は一切中止され、罪人の処罰もなく奴隷も解放され、底抜けのお祭り騒ぎが行われたという。このような強烈な破壊活動の後に、すべては元に復し老の意識が復活するが、それはあくまでも以前と同様の状態であり、「進歩」が認められないところが特徴である。不変性と激動性がうまく調和して存在しているのである。このような意味で、老と少は共存しているわけである。

　英雄と老人のイメージの差は、女性に対する関係においても際立った対比を示す。英雄の意識の確立の過程においては、ノイマンの説に明らかにされているように(二三頁以下参照)、母殺しの後に続いて、女性の獲得が不可欠のこととされている。これに対して、老の意識は女性を必要としない。実際、老人の知恵を示すものとして昔話に登場する老人は、一人で出現することが多い。ローマの神サートゥルヌスは冷たく固い無力者《インポテンス》として、宦官や独身者の守護神であったという。しかしながら、ここにも老の意識の二面性が存在し、サートゥルヌスはまた、豊穣の神として性的な放埒と結びつく神でもあった。女性に対する完全な無力さと、放埒さと、それが老の意識の特徴であり、両者が交錯するところに、性的なイマジネーションの世界がくりひろげられることもある。つまり、実際的な性的無力をイマジネーションによって補うのである。谷崎潤一郎の晩年の作品のなかなどに、それを見ることができる。

老の意識が女性のパートナーを持つときは、それはむしろ暗く陰鬱な女性である。サートゥルヌスはもともと独身者とされているが、後には、女神ルアと共に祭られるようになる。ヒルマンは、ルア(Lua)と語源的に結びつくlues(疫病)との関連から、老の意識の女性パートナーは、この世に暗さや病をもたらすものであると述べている。老人の知恵の背後に存在するデプレッシブなムードを、それは表わしていると考えられる。このような暗さと、先に述べた放埒さが結びつくとき、それはむしろ、土の世界へすべてを引きこんでしまうイメージとなって、恐ろしい山姥の姿などが、老人の同伴者として浮かびあがってくることにもなるのである。

われわれの物語では、老人が美しい女と共に住んでいたのだが、このように老人が乙女と共存している場合もある。この点については次節に述べるが、それは老人の知恵の秘かな弱点、泣きどころを表わすとも考えられる。固く冷たく不変の態度を持している老人の心の一部に、傷つきやすく感じやすい一点が存在し、それに触れられた老人は、時に激怒し時に思いがけぬ弱さを露呈する。しかし、このような一点を介してこそ、不変と見えた老の意識が望ましい変化を見せることもあり得るのである。このような観点から、次節において老人と乙女について考えてみたい。

3　父＝娘コンステレーション

われわれの取りあげた「火男の話」では、美しい女性と共に白鬚の翁が住んでいるのだが、このような老人と乙女の取り合わせは、昔話や神話などにおいて、ときに生じるものである。「浦島太郎」の物語でも、乙姫の他にその父らしい竜神の存在が語られるのもあるし、これらの話に対応する日本の神話、いわゆる「海幸と山幸」においても、トヨタマヒメの父の海《わた》の神が出現している。『日本書紀』においては、トヨタマヒメが最初にヒコホホデミの姿を見たとき、「乃《すなは》ち驚き還り入りて、其の父母《かぞいろは》に白《まう》して曰《まう》さく……」となっていて、父親と母親のことが語られているが、『古事記』や、『日本書紀』の「一書に曰はく」を見ると、すべて父親（海の神）のみについて語られ、母親に関する記述がない。おそらく、父＝娘の関係が重要であり、母のことはこの物語において、あまり重要でないことを示しているのであろう。「海幸と山幸」では、父親は娘の結婚を簡単に許すのだが、結局は娘は海底の国に還ってくるのだから、父＝娘の結合力は相当に強いものと言うべきであろう。

父＝娘の関係と言えば、既に老の意識の体現者としてあげたギリシアのクロノスとアプロディーテーのことが想起される。ヘーシオドスによると、クロノスがその父ウーラノスの男根を切断し、その精液が海に滴り、そこからアプロディーテーが生まれたとされている。クロノスがその父親の精液によってアプロディーテーを生み出したので、その血縁関係を確定するのは難しいが、心理的には、アプロディーテーをクロノスの娘と見ていいだろう。トヨタマヒメは海の神の娘であるが、ここでも、アプロディーテーが海から生まれている点が印象的である。ヒルマンはクロノスとアプロディーテーの話を次のように解釈している。既述した如く、老の意識は性的なイマジネーションの世界をくり広げるが、そのような性的なイマジネーションが、老の意識の抑圧の力によって切り去られ、無意識の世界へと投げこまれても、それはそこに止まることなく、「父の娘」として再来してくるのである。それは天の神としてのウーラノスと海との結合になるものとして、天なる性と海の深みとをかねそなえたファンタジーとして、老の意識へと立ち返ってくるのである。クロノスとアプロディーテーは、父＝娘コンステレーションのひとつの典型を示すものである。不変の冷たい意識の背後に存在するひそかな柔軟さを示すものとして、父の娘としての美女が存在している。

父＝娘コンステレーションの心理的意味は、次のようにも考えることができるであろう。既に論じてきたことであるが、父＝息子、母＝娘のコンステレーションは、それぞれ人間の意識の在り方の両極端を示しているものと思われる。前者は男性的な意識の確

表9　親子のコンステレーション

父＝息子
母＝息子
父＝娘
母＝娘

立を示し、後者は、むしろ「意識」とは呼べない自然の在り方に近い状態である。そして、これらの両極端の間に、表9に示したように、母＝息子、父＝娘のコンステレーションが両者の中間的なもの、あるいは、何らかの補償性を有するものとして、存在していると考えられる。ヨーロッパのキリスト教文化における意識が、父＝息子の軸を強調するものであるとき、それを補償するものとして、母＝息子の軸が出現してくることを、ユングは指摘している。[9] 補償という機能は、ある存在に対してまったく逆の存在によってなされることは少なく、むしろ、ある種の共有点を持ちつつ、相反する面も持つものによってなされることが多いのである。父＝息子に対して、母＝娘はあまりにも相反的で、補償的には機能し難く、母＝息子というコンステレーションの方が、息子という男性的な発展の可能性――男性的な意識の確立の可能性――を共有しつつ、それを背後から母性的な面によって支え育てるという形で補償するのである。このことは、母＝娘の場合においても同様に次のように考えることができる。あまりにも母性的な存在に対しては、父＝息子の軸は補償的に作用せず、むしろ、娘という女性的存在を共有しつつ、それに対して背後から父性的な厳しさをはたらかせるという点において、父＝娘のコンステレーションが補償性を有するのである。ここに、ヨーロッパ的な父性の意識を発達的に上位のものと考えるならば、表9を左から

右へと、意識の発達を図式的に示したものと読みとることも可能であろう。しかしながら、われわれとしては既に論じてきたように、父性的な意識を最高であるとして、発達的にそれを見る見方からはフリーになって、むしろ、これらすべての在り方にそれぞれの意味を認めようとする立場に立っている。以上のような観点にたって、父＝娘コンステレーションの示されている昔話について考察してみよう。

日本の昔話「お銀小銀」（大成二〇七）は、継母と娘の話であるが、第7章に既に論じたような結婚が生じず、父＝娘の関係が強調される話である。これは類話も多く興味深い話であるが、詳細にわたる解釈は省略して、父＝娘の問題にのみ焦点をあてて考えてみる。お月お星という姉妹がおり、姉は継子、妹は実子である。継母がお月を殺そうとするがお星の機転で何度も助かり、二人は最後には家を出て殿様に助けられ、殿様の館に住まわされる。月日がたったある日、一人の盲目の乞食の爺さまが、

天にも地にもかえがたい　お月お星はなんとした
お月お星があるならば　なにしてこの鉦《かね》たたぐべや
かん　かん……

と念仏してくるのが見えた。二人の娘が父親と知って抱きつき、お月の涙が父の左の眼

に、お星の涙が右の目にはいると、父親の両眼がぱっちりとあいた。殿様は感心して、三人を館にとどめ大事に暮らさせた。この話で印象的なことは、第7章に指摘したような継母によって示される拒否的な母親像の存在によって、娘が家を出て自立してゆくように見えながら、最後は、父＝娘の結合によって話が終るところである。このような話は、母親の否定的な面が強すぎるとき、父親はむしろそれを補償する母性的な愛によって、娘の幸福を願っているようにも思われる。従って、ここには母＝娘結合に似た心性がはたらき、結婚は生じないのである。これは、西洋の昔話で、父親は娘を大切にし、娘の求婚者にいろいろと難題を出すが、結局は男性の求婚者がそれを解いて娘を手に入れる、というパターンと比較すると、その差が歴然としてくるであろう。わが国における父＝娘コンステレーションの強さを示す昔話の一例と思われる。

　父＝娘コンステレーションは、母＝娘のそれを補償する意味において、アジアの昔話にはよく生じると推察されるが、確かにそのとおりであるように思われる。次に示すのは、そのような点で極めて興味深い話である。パキスタンの「扶養者は誰か？」(Who is the Provider?)という昔話である[10]。

　王様と七人の姫があった。七人の姫は誰も美しく清らかであったが、七番目の末娘がことの外美しく、料理も国中で一番上手であった。王様は毎朝娘たちに、「お前たちの食事を与えてくれるものは誰か」と尋ね、末娘を除く六人の娘は「それは王様です」と答えるが末娘だけは黙っていた。ある日、王様が末娘にも答えるように強要すると、彼女は「それは神様です」と答えた。王様は怒り、娘をジャングルの中に放逐した。そこで彼女は笛を上手に吹く若者に会い、彼を従者として、どこかよい住宅を見つけようと旅に出る。途中、若者は川の底に美しいルビーがおちているのを見つけ、その上流に何かあるだろうと思い、さかのぼっていった。上流には宮殿があり、そこには美女の首と、首を切り離された胴体があった。首から流れる血が川に流れ、それがルビーとなるのである。若者は恐れて逃げ出そうとし、そこにあった板につまずいた。その途端に、美女の首は胴体にくっついて、その女性が若者に話しかけてきた。彼女は妖精の王女、赤い妖精と呼ばれ、そこの宮殿の主の魔神に求婚されたが断ったために、囚われの身となっている。魔神は毎朝外出するときに、魔法の板にのせ、その度に彼女の首が切れ、彼は帰ってくると彼女を元通りにするという。魔神の魂がおうむの中に隠されていることを彼女は知っていて、若者の助けをかりて、おうむを殺し、魔神を退治する。二人は共に王女のところに帰ってくるが、赤い妖精の姫と王女は姉妹のように仲良くなる。赤い妖精は旅に出ようとするが、王女のために宮殿をたて、多くの客を招く。客のなかには王女の父親もまじっていて、彼は自分の娘のつくった料理を食べ、居なくなった末娘のことを想い出して悲しむ。王は赤い妖精に、どうして末娘を失ったかを話し、死ぬまでに一度会いたいものだという。そこへ王女が現われ、「すべてのものを与えてくれるのは、神ではないだろうか。あなたは失った娘を探し出すこともできなかったのに、私にはこれほどの宮殿や宝が与えられている」と問いかける。父親は心から同意を示し、父と娘はその後幸福に暮らすことになる。

この話においても、王女の結婚が生じずに、結局は父と娘が幸福に暮らすという形のハッピー・エンドとなるのが印象的であり、前述した日本の「お銀小銀」と同じパターンになっているのである。パキスタンの話では、父と七人の娘ということで、母親の存在が語られていない。このことは、トヨタマヒメとその父の場合について既に指摘したのと同様で、父＝娘結合の強さと、母性の不在、あるいは、そのことが不問とされていることを示すものと思われる。王の七人の娘のうち、六人までは父＝娘結合の安定性のなかでなんの疑問もなく暮らしている。しかし、七番目の娘だけは異なっていた。彼女のいう「神」がどのような神なのか不明確なので残念だが、男性神であろうことは全体の話の筋から推察される。彼女は、父＝娘結合を個人的なレベルにおける血によってつながる父と娘のこととするのではなく、天なる父と娘との間にできあがっているコンステレーションとして見る目をもっていたのである。そして、結局のところ、この話はこのような意味での父＝娘コンステレーションの重要性について語るものとなっているのである。

父の怒りによって家を出た娘が、せっかく、魅力的な若者に会うのだが、そこに結婚のテーマは生じない。典型的な父の娘、ギリシアの女神アテーナーが独身であったように、強烈な父＝娘コンステレーションに生きる女性にとって、同年輩の男性は従者にしかなり得ないのであろう。（もっとも、俗世界では、このような女性は夫という名の従者をもつこともある。）この若者は笛の名手であるという。ベトナムの昔話「みにくい船頭[11]」も、父＝娘結合の強さを示す物語であるが、ここにも笛の名手が登場している。皇帝の娘が若者の笛の音に魅せられて恋をするが、父親の反対によって悲恋に終る。日本の「笛吹聟」（大成一二九）は笛吹の若者が結婚する話で、父＝娘結合とは無関係ながら、これらの笛を吹く若者たちは注目に値する。笛の音は堀を越え、垣を越えて聞こえてくるので、父の強い防衛にも拘らず、娘の心へと達してゆく、その滲透力の故に、このような物語によく登場するのであろう。ただ、パキスタンの物語では、彼は王女の恋人とはならず、従者となるのである。

魔神にとらわれている若い妖精は、主人公の王女の分身であり、ここにもう一つの父＝娘コンステレーションの形態が示されている。これは、既に前に述べたような、乙女が囚われている典型的な形態であり、そこに現われた若い男性が女性を解放するところまでは、西洋によくある昔話のパターンと同様であるが、結末は御覧のとおり異なってくるのである。この話は、父＝娘コンステレーションが破られる、あるいは、父＝息子、母＝息子のコンステレーションに対してそれが相補的にはたらくことを示すものではない。あくまで、父＝娘コンステレーションを描き出すことに終始し、王様と王女、魔神と妖精、天なる神と王女など、そのいろいろな形態を示しつつ、それが純化されてゆく過程を物語っている。そのような点で、東洋における父＝娘コンステレーションの重要性を明らかにするものとして、極めて興味深いものである。ここに語られている神は、父なる神であるにしても、西洋における父＝息子の軸上に立つ父なる神ではなく、あくまで、娘を主人公としてその背後に存在する父であることを認識しなくてはならない。

このような場合の父の像の意味は、先に示したような母性の拒否的な態度を単に補償するといったものではなく、確かに、娘に対して保護的な意味をもつものの、それを超えた意味をもって登場している。魔神と赤い妖精の関係に示されているように、父の保護はしばしば娘の自由を奪ってしまうものであるが、より高い父性はそれを破り、娘に対して父に逆らってまで自ら生きてゆくほどの強さを与えるのである。このような高い父性のはたらきを背後にもってこそ娘は幸福になるのである。このような父＝娘コンステレーションの意味を明らかにした上で、わが国の昔話「竜宮童子」に生じてくる水底の国の人間関係について考察してみることにしよう。

4　水底の三者構造

柳田國男が、日本人にとっての「永遠に妣《はは》の邦」と呼んだ水底の世界には、白鬚の翁、美女、醜い童、の三者が住んでいる。この三者のうち、母＝息子のコンステレーションに注目して、石田英一郎が論を展開したことは既に指摘しておいたが(一五一頁参照)、この二者に対して老人を加え、三幅対《トライアッド》としてみる方が、「永遠の妣の邦」の構造を把握する上において、より適切であると考えられる。確かに、日本人の心性を考える上において、母＝息子コンステレーションに注目することは妥当なことであり、その点については、第5章において考察してきた。しかし、それをあくまでも基礎としながら、それと対立したり補償したりする機能をもって、父＝娘コンステレーションが存在し、この両者をまとめた構造として、既述したようなトライアッドを考えてみると、それが実に巧妙にできあがっていることに感嘆させられるのである。これは血縁関係によってつないでみると、祖父—母—息子という関係になり、二人の男性の間を女性がつないでトライアッドを構成している形態になっている。このような家族によるトライアッドというと、父—母—息子(娘)という形がすぐに思いつかれるが、そのように「自然」にはなっていないところに、このトライアッドの特徴があるとも考えられる。あるいは、父、母、子、という場合は、父母の間は血縁関係がないので、祖父—母—息子の方が、血縁による関係として、より「自然」であるとも言えるであろう。このトライアッドの特性は、第2節、第3節に述べたことを綜合することによって明らかになるので、今まで述べてきたことから推察されると思うが、これを他の文化におけるトライアッドと比較することによって、より明確なものにしたいと思う。

トライアッドという場合、誰しもすぐに想起するのは、キリスト教における神の三位一体説であろう。父・子・聖霊の三位一体として、唯一神を理解することは、キリスト教の教義においても極めて重要なことである。しかしながら、このトライアッドを一体として体感することは、われわれ非キリスト者からみると至難のことのように感じられる。本節においても「水底の三者構造」と題して、三位一体と名づけなかったのは、わが国の水底の国に存在する神は、あくまで「三位一体」として把握できぬものと考えたからである。キリスト教における三位一体説を心理的にいかに理解するかということは、ユングにとって極めて重要な問題であり、彼はその一生をかけて、これに取り組んだと言っても過言ではない[12]。ここにわざわざ心理的にと断ったのは、三位一体説を神学的に、あるいは哲学的に考察するのではなく、あくまで、人間がその心において体験することに焦点をあてて考えるということである。次に、ユングの考えを、われわれの問題と関連する範囲に絞って紹介することにしよう。

ユングは「トライアッドの布置は宗教史におけるひとつの元型である」と述べ、キリスト教以前にも重要なトライアッドが、古代宗教や神話に出現していることを明らかにしている。まず、バビロニアにおいては、その前期において、アヌ(Anu)、エンリル

(Enlil)、エア(Ea)の三元神ともいうべきトライアッドが存在する。アヌは天空の神であり、エンリルはベル(Bel)とも呼ばれ、嵐の神で、アヌの息子とされている。[13] エアは水の神・深淵の神であり、知恵の神である。ユングはまた、バビロニア後期のトライアッドとして、スィン(Sin)、シャマシュ(Shamash)、アダッド(Adad)をあげているが、これらはそれぞれ、月、太陽、嵐の神であり、日本神話における、いわゆる三貴子、アマテラス、ツクヨミ、スサノオが、それぞれ、太陽、月、嵐の神とされるのと対応しており、興味深いことである。

　ユングはバビロニアにおけるハムラビ王権の確立以後において、トライアッド崇拝の形態が人間である王を神と結び合わせ、その王権を強める役割をもつものに変化することを指摘している。すなわち、既述のような三神崇拝が、アヌとマルドゥク(Marduk. マルドゥクはエアの息子、怪物を退治した英雄神)の二神崇拝に変り、王ハムラビは二神の「告知者」として国を統治することになる。ここに、アヌ―マルドゥク―ハムラビというトライアッドが暗示され、人間世界の王はこれによって神の世界へと結び合わされ、その王権を強固にすることができるのである。

　これと類似の考えが、エジプトにも認められる。神―王《ファラオ》―カア(Ka)という三者の一体性が主張されるが、ここに、カアは父なる神と子なる王とを結び合わす存在である。カアは、ある個人の霊のごとき存在で、個人と対をなす双生児のように、生涯その人間に伴って生命を維持し、死後はその個人の来世のために配慮する存在である。このようなカアは、キリスト教の三位一体説において、聖霊が父と子を結ぶものとして存在するのと類似している、とユングは指摘している。エジプトにキリスト教がもたらされたとき、エジプト人たちは、カアの概念によって聖霊を理解することができた、という事実をユングは報告している。

このような仲介者としての聖霊に女性的なイメージを投影することは、むしろ自然のこととも考えられるが、初期のキリスト教時代のグノーシス派の解釈には、聖霊を「母」と見なすものもあったと言う。確かに、父―母―子というトライアッドは極く自然に考えられることである。バビロニアの後期におけるトライアッドは、スィン―シャマシュ―アダッドが、スィン―シャマシュ―イシュタル(Ishtaru)と変化し、第三の神として、イシュタルという女神が登場するとユングは述べている。イシュタルはバビロニア神話のなかにおける極めて重要な大女神である。石田英一郎は、母子神を論じる際に、イシュタル(フェニキアではアシュタルテ Ashtarte)に触れている。ただ、ユングはそれについてあまり詳しく触れておらず、この三神の血縁関係はいろいろと異なる説があって明確には言い難いが、ともかく、トライアッドに女性神が一人はいるという布置は、今まで考察してきた日本の昔話における水底のトライアッドと対応するものとして、注目すべきものと思われる。

ここで、キリスト教の三位一体に目を向けると、トライアッドとして含まれるのが自然と考えられる母を排除して、父―子―聖霊という構成になっていることが特徴的である。父―母―子というのはトライアッドとして自然である。しかし、それはトライアッドではあるにしても、一体として唯一神のイメージにはなり難いものである。父―息子という同質者である男性と聖霊との組み合せにより、それは敢えて自然を排することによって、唯一神として一体化するのである。ここに、多神教としてではなく、一神教としてあるキリスト教の特徴が明確に示されている。三位一体としての神のイメージの中に対立が存在してはならない。あくまで、同質なものが調和的に存在することによって一体となり得るのである。ここに聖霊は「息吹き」であり、母という肉体を通じて子が生まれるのではなく、父と息子は、息吹き、スピリット、聖霊によってつながるのである。

後にも述べるように、ユングはこのような男性的な三位一体の神のイメージを補償する存在としての女性的存在の重要性を指摘し、三位一体よりも、むしろ、四位一体のイメージによって、彼の言う全体性を表現しようとする。しかしながら、それ以前のこととして、ともかく、自然を一度は排除し、人間の反省(無意識な部分をも含むと考えられるが)によって、男性の神のイメージをつくりあげたヨーロッパの文化を、まず評価していることも忘れてはならないであろう。父と子を結ぶものとしての聖霊は、産み出す力、生命の力をもつものであるが、それがあくまで母性を排したものであるところに特徴をもつのである。かくして、父＝息子という男性的な関係が母―娘という自然のレベルから一段と高められた男性原理の段階へと、聖霊の息吹きによって上昇させられるのである。このような観点から、キリスト教文化の精神をとらえるならば、三位一体の説を発達史的にみることも可能であり、ユングは次のような興味深い見方を述べている。

父は文字通り第一人者であり、創造者である。これに対して息子という対立者の存在が意識されぬとき、反省ということはなく、あくまでそれは唯一絶対のものである。そこには批判や倫理的な葛藤のはいりこむ余地はなく、父の権威はまったく傷つくことがない。このようなとき、父に対する他者は、そこからまったく分裂(splitting)しており、意識されない。ユングはそのような「父の文化」の典型として、彼が調査を試みたエルゴン山の住民の生き方をあげている。エルゴン山に住む人々は、彼らの創造主がすべてを善にして美なるものに創りあげたことを信じ、まったく楽観的に暮らしている。しかし、夜になるとそれは一変し、「他の世界―闇の世界」が現われる。楽観的人生観は、恐怖の人生観に変り、悪の跳梁する世界となる。そして、夜が明けると、再び善と美の世界となり、そこには夜の世界との葛藤の痕跡をまったく残さないのである。これはもっとも原初的な父の文化ということができる。

次に、息子の世界が来る。それは分裂の機制によって意識されなかった闇の世界を意識することによって始まる。父は絶対ではなく、それに対立するものが存在し、父に対する疑惑が生じる。これはまさに葛藤の世界である。しかしながら、一方では古きよき父の時代への憧れと救済を願うが、人間の意識は不可逆的な拡大を見せたため、古い時代へと戻ることは不可能なのである。

第三の聖霊の段階は、父と子とに共通の第三のものとして、息子の中に生じた疑惑、二面性に終止符を打つものである。聖霊は三者を統合して一者として回復する要素である。一者が父と子という二者の対極にわかれた後に、聖霊の出現によって、それらは一体となって一者としての頂点に達するのである。この三段階を人間の意識の発達過程に類比させて言えば、第一段階はまったく無意識的な依存状態であり、第一から第二の段階へ進むためには幼児的な依存性を犠牲にしなくてはならず、第二から第三の段階へは、排他的な自立性を放棄しなくてはならないのである。

ユングのこのような説は、西洋の自我の確立過程や、キリスト教出現の精神史的な意味などを知る上において興味深いものである。ただ、われわれは既に何度も述べてきたように、西洋的な自我を唯一とか優秀とか決めこまずに論をすすめることにしているので、このような発達的な観点にはそれほどとらわれない考え方をしたい。もちろん、このような論によって、西洋人の自我を背後で支えるものの強固さを知ることは、大切なことであると思われる。ところで、以上のようなキリスト教の三位一体に関する心理学的な考察を心にとめて、われわれ日本の水底のトライアッドの意味について少し考えてみることにしよう。

祖父—母—息子はトライアッドであるが、一体とはなりがたい。男性と女性という異質のものが混っているからである。しかし、血筋という点では同質であることが特徴的で、そういう意味では、ある程度の一体性をもっている。ところで、このトライアッドも、その発生をユングにならって、「発達的」に記述することも可能なように思われる。まず、母の段階は、先に示した父の段階に匹敵するものである。それは唯一絶対である点において似通っているが、父の段階は、「法」によって守られており、分裂という機制によってその絶対的な善を守っているが、母の段階は、善悪の区別のない混沌とした全体との一体性によっている点に、大きい相違がある。しかし、それは楽観的なものであることには違いない。すべては一体感のなかで肯定される。

母の段階から息子の段階へと変るとき、父から息子への変化と多少は似た点をもっている。そこには、母と子の対立、あるいは子の母に対する疑惑が生じる。しかしながら、父と息子の葛藤が極めてシャープなものであるのに対して、母＝息子の間のそれは、母の包含する力によって、あいまいな全体性のなかに取り込まれ勝ちになる。対立や疑惑や矛盾を内包しつつ、微妙なバランスによってそれは保たれており、父＝息子の場合のように聖霊という仲介者を必要としない。このために、母＝息子というダイアッドは、父＝息子よりも安定しており、第三者の仲介(むしろ、介入と感じられる)を必要としない。このことは、神社の神体として、母子神という組合せがよく生じることを説明するものであろう。

母＝息子のダイアッドが、日本人の心性を説明する重要な軸となることは、今まで度々述べてきたところである。しかし、これに、祖父を加えてトライアッドにすることによって、その「発達的」な記述が、より確実になると思われる。母＝息子のダイアッドは、安定性が高いと述べたが、ここで、息子の男性性が極めて強くなるとき、その安定はむしろ、しがらみとして感じられることになる。このダイアッドの改変は、従ってドラスティックなものとならざるを得ず、母性の完全否定、象徴的には母殺しの遂行ということになる。西洋の自我はそのようにして成立したものであるが、もう一つの道は、それほどドラスティックではなく、母性の強さを補償する男性として、祖父を導入することが考えられ、これは、母＝息子の軸を破壊することなく、息子の男性性の弱さを背後からカバーする利点をもっている。

祖父—母—息子のトライアッドは、その中に三つのダイアッド関係を内包する。老人と少年、父と娘、母と息子。このように見てみると、これらのすべての意味合いについて、これまでに詳細に論じてきたことに気づかれるであろう。これらのことを踏まえて、西洋人の自我、日本人の自我を考えてみると、西洋の男性の英雄像によって示される自我は天上における三位一体の唯一神によって支えられ、日本人の自我は水底のトライアッドによって支えられているということが考えられる。ここに、トライアッドが一体でないために、日本人の自我は、時に老の意識《セネックス・コンシャスネス》のようであり、時に女性の意識のようであり、時に少年の意識のようであり、あるいは、これらのもののどれかの混在のような様相を呈することになるのである。ここにあげた女性の意識という点については、次章に論じるが、それ以前に、三位一体と四位一体という問題について、少し論じておきたい。

5 第四者

前節に述べたごとく、ユングはキリスト教の神の三位一体説について、その心理的意味を考察し、三位一体説が人類の精神史において画期的な役割をもつことを指摘して、高い評価を与えている。しかしながら、彼は自分の患者の示す無意識内の構造や、世界の神話、宗教などから推論して、心の全体性を表わす形態としては、四位一体とする方が適切であると主張する。そして、彼の考えによれば、人間の心の全体性は、人間のもつ神のイメージ(神そのものではない)として投影されるので、神のイメージも四位一体とする方が、より全体性をもつと考え、キリスト教神話について考察を加えている。つまり、前節に述べてきたような、父―子―聖霊に対して、第四者を加えることによって、全体性が形づくられるとするのである。ユングは、あくまで心理学者として、人間の心に生じる神のイメージの特性について述べているのであるが、それはキリスト教の三位一体の教義に反する異端としての誤解を受け、ユングと神学者との間で相当の論戦――といっても、すれ違いになることが多いが――を巻き起こした。われわれとしては、異端か否かの判定には関心はないが、ユングの言う「第四者」の問題は、わが国のトライアッドについてこれまで考察してきたので、それと大いに関係を有するものとして取りあげねばならぬものである。次に、ユングの説を簡単に紹介する。

ユングは四位一体のことを考える上において、人間が自分の心のなかにその存在を実感せざるを得ない悪の問題を取りあげる。もし、父なる神が絶対的な善であるとすると、神が創り出した世界に悪が存在することを、どう説明するのか、が大きい問題となる。そこで、理論的な整合性を重視する教父哲学者たちは、悪の存在を認めず、悪は「善の欠如」(privatio boni)として説明するが、心的体験の事実を踏まえて立論しようとするユングにとって、これは承認できることではない。悪という対立物が存在してこそ、善が存在することができるのだと彼は考える。ここで、彼は聖書外典の神話的伝承や、グノーシスの教義を援用して、父なる神の子として、父なる神の明るい側を引きつぐ、明る

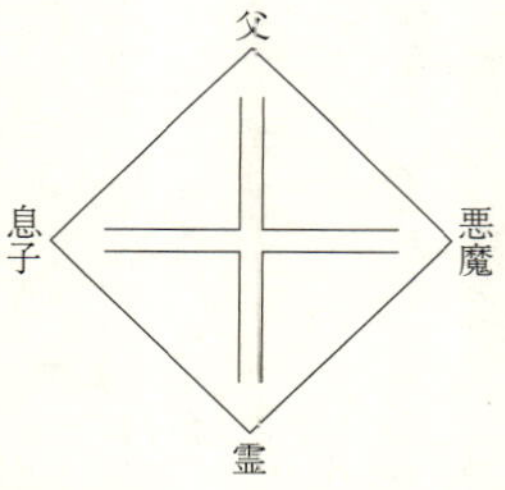

図8　ユングによる四位一体

い息子と、父の暗い側面をつぐものとしての悪魔《サタン》の存在を共に重視するのである。悪魔も神の子なのである。しかし、善と悪の対立物は、聖霊によって結合され和解される。それを図式的に示すと図8のようになる。

神と悪魔とを完全に分離し、三位一体の絶対善の神とそれに敵対する悪魔との戦いのなかで、人間がいかに神にのみ従おうとしても無理である。人間の心理的現実を直視するならば、われわれが悪をいかに拒否しようと努めても、それに従わされることを認めざるを得ないであろう。人間は絶対善を求めるよりも、むしろ、善悪の相対化のなかに立ちすくみ、それに耐える強さを持たねばならない。そのとき、われわれの意識的判断を超えた四位一体の神のはたらきが、われわれを救ってくれることを体験するであろう。このとき、父―子―聖霊という側面が、男性原理によって貫かれているように、父―悪魔―聖霊の側面は、悪を包含しつつそれを高めるものとしての女性原理に支配されている、とも言うことができる。従って、四位一体の神は、父性と母性、男性と女性の結合によって成立することになるのである。従って、「結合」ということが高い象徴的意義をもつことになり、聖霊はそのような結合を行うものとして、時に両性具有的なイメージを背負わされたりする。また、悪魔と女性が重なり合わされたりすることもあり、いずれにしろ、男性と女性の結合ということが、キリスト教の三位一体の神との関連において、高い価値をもつことになるのである。

以上の点を、西洋の昔話において結婚のテーマがよく生じることに関連せしめ、極めて図式的に表現すると、次のようになるであろう。地上に存在する人間の自我は男性像で表現される。これは、人間の自我存在が、天なる三位一体の神という男性的な神によって支えられているためである。そのような男性としての人間は、地底の世界におもむき、女性を獲得し結婚することによって、天上の三位一体を補償する第四者としての女性をもたらすのである。従って、キリスト教の公的な男性原理の強い神を補償するものとして、昔話のなかに、結婚のテーマがたびたび生じると考えられるのである。

西洋における第四者への考察は、わが国における第四者の存在についての疑問を生ぜしめるが、事態はそれほど単純ではない。西洋においては、唯一の男性神を天に頂くため、すべてのことが二分法によって判然と分類されている。従って、その補償性を考える上においても既述したように、明確な構造をもったものとして描き出すことが可能である。しかし、わが国においては、母なる神の力が強く、すべてが判然としない点に特徴があるので、何が正統であり、何が公的なものかを言うのさえ困難である。従って、西洋の図式をそのまま用いても意味がないのであるが、一応、おおまかにその線に沿って考えてみると、われわれの昔話において、水底のトライアッドに対して、そこに招かれてきた若い男が、ある程度、第四者的機能をもっている、と考えられてくるのである。西洋においては、天上の三位一体の神に対して、地底の女性を第四者として上昇せしめるパターンが認められるのに対して、わが国では、水底のトライアッドに対して、地上から第四者としての男性が下降してくるパターンとなっており、両者の間の対比は興味深いものがある。ただ、西洋においては、結合のテーマが生じて、三位一体が四位一体へと変化する過程が認められるのに対して、わが国では、せっかく水底を訪れた男性は、そこで美女に出会いながらも結婚に至らず、地上へと帰ってゆくのである。われわれは、これをどのように解釈するべきであろうか。

美女との出会いが、結局は「無」に至るという話の展開は、実のところ、第1章において「うぐいすの里」の話について見てきたものである。「うぐいすの里」は日本の昔話の特徴を端的に示すものとして最初に取りあげたのであるが、その時に論じた「無」の主題は、本論の全体に底流として存在し続けていたといっても過言ではないであろう。キリスト教の唯一絶対神に対して、わが国には絶対無の神が存在している。唯一絶対神に支えられた西洋人の自我は、男性像によって表わされると述べたが、おそらく、日本人の自我は「無」によって表わされる、あるいは無自我の状態である、と言ってよいのであろう。西洋人がしばしば、日本人(東洋人)には「自我が無い」などというのは、このような点から生じていることであろう。

日本人の「無自我」を天上にあって支えているのは、唯一神ではなく、日本神話に認められる「中空性」であると考えられる。既に他に論じたので、(14)ここには述べないが、日本神話のなかの重要なトライアッド、アマテラス―ツクヨミ―スサノオの中心に存在するツクヨミが、完全に無為の神であることに象徴されるように、それは「無」を中心とする構造を持っている。絶対無は、西洋における人格化された唯一神のように、それを「補償」する何かを必要としない。従って、そこでは結合のテーマはあまり意味をもたないと思われる。このような意味で「無」はそれ自身で完結している。ユングは全体性を示す幾何学的象徴として、正方形と円とをあげているが、「無」の全体性は第1章にも指摘したように円によって象徴されるのが妥当であり、そこには、三位とか四位とかの問題が生じないとも言うことができる。「無」はそれにつけ加えるべき何ものをも必要としない。しかしながら、そこにもし何かが必要とされるならば、それを「構造化」することではないか。無はもちろん構造を嫌う。しかし、それを敢えてすることは、善なる神に悪をつけ加えるこころみと類比できることであろう。(15)

ここで、われわれの物語に即して言えば、地上に存在する「無」あるいは「無自我」の底に、われわれは不思議なトライアッドの存在を認めるのである。それは、老人、若い女性、小さい男子、によって構成されており、また一種の「構造」をもっている。本論を通じてみてきたように、それらの存在はしばしば地上の存在と交渉をもつ。特に、そのなかの若い女性の動きにわれわれは焦点をあてて見て来たのだが、それは何度も失敗を繰り返したり、耐えに耐えたりして、地上の世との関係を結ぼうと努力しているのである。言うなれば、これらのトライアッドは、無自我の世界に、老の意識《セネックス・コンシャスネス》や、女性の意識《フィメール・コンシャスネス》を確立しようと努力しているように思われるのである。これも一種の補償作用として見ていいのではなかろうか。これらの動きは、無の世界に「構造化」すなわち意識化をもたらす試みであり、それは、無とはまったく相反すると言っていいものである。キリスト教の精神史のなかで、女性原理を取り入れるという課題が生じ、相反するものの統合のために、四位一体の象徴が現われ、神秘的結合の象徴性が高い意味をもつようになったと同じく、わが国においても、水底のトライアッドと地上の無の世界を結ぶ試みは、なされてしかるべきではなかろうか。ユングの四位一体説が、西洋を東洋へと近づけるものであったように、そのような試みによって、東洋は西洋に近づくことができるのではなかろうか。この点については、次章においてみることとして、最後に以上の考察に対して、一点だけ蛇足をつけ加えておきたい。

　ユングの四位一体説は、キリスト教の教義にもとるものとして神学者より強い攻撃を受けた。彼は「昔だったら火焙りにされていただろう」と言ったとのことであるが、それは凄まじい戦いであったと思われる。ユングの弟子のなかには、この論争を緩和させるような解釈を発表している人もあるが(16)、筆者は次のように考えている。三位一体の神は、神学的に完全な神であろう。自らの存在のうちに多くの悪をもつ人間と隔絶した完全性を、それはもっている。このような神の姿は確かに非の打ちどころのないものではあるが、われわれ心理療法家として、人間の弱さや悪にもろに直面するものにとって、このような神の姿はあまりに完全すぎて手がとどかないのである。実際的に、このような人々と接触するわれわれは、まず人間の悪の存在の肯定から話をはじめねばならぬことが多い。その存在の肯定からはじめるといっても、われわれはそのことをすぐによしとするのではない。善と悪との間の長期にわたる葛藤のなかから、一筋の統合的な道を探り出そうとするのである。従って、ユングのもつ神のイメージは、悪を含むものでなければならなかったのである。これを比喩的に言えば、神学者の言う神は、おそらく彼らの生来の宗教性の故に、自らも天国にあって、天国にある神の姿を映し出したものであり、ユングの描く神のイメージは、地獄にあって、地獄から垣間みた神のイメージなのだということになろう。従って、神学者の説く神の姿の方が、より完全で立派であることは論を待たない。ただ、それは地獄に居る人々にとって、あまり役立たないように思われる。

日本の昔話を素材として述べた、無と水底のトライアッドについての考察についても、類似のことが言えそうである。絶対無はそれ自身完結しており、他に何者も必要としない。「自我」を取り去ることこそ重要であり、それにいろいろな意識化をつけ加えることなど、まったく不必要なことと思われる。にもかかわらず、筆者は「意識化」の重要性、あるいは、今までに論じてきたような意識の在り方について配慮し、「無」との関連において、新しい象徴を探り出そうとする試みは必要であると考えている。理論的な整合性や、その完全性を問題にすれば、絶対無に比して、老の意識や、次章に述べる女性の意識などは問題にならぬ卑小なことと言うこともできる。しかし、西洋近代の文明と接し、その成果の恩恵を受けて生きている、現代の日本人の現実から見れば、どうしてもそのようなことについて考えることが必要だと思うのである。

「竜宮童子」の物語において、主人公の男性が、水底の世界に贈物をし、そこに招かれてゆくことは、彼自身、この世において何かもの足らなさを感じ、新しい何かを水底の世界からもち帰ることを願っていたのではなかろうか。結局のところは、この世には「無」が残され、水底の世界との交渉は何も新しいものをもたらさなかった。もちろん、第1章に指摘したとおり、「無」を肯定的に受けとめることも可能であり、その良し悪しは簡単には論じられぬことである。しかし、このような昔話が存在するということは、地上の「無」の世界に何らかの構造化をもたらそうとする意味での補償的存在として、水底のトライアッドがあることを示すものと考えられ、この二つの世界の結合は、西洋の世界における結合とは異なった次元において、望まれることと言わねばならない。昔話は人類に共通とも思われる普遍的無意識の素材を内在させているという点から、それは人間の精神史における過去、現在のみならず、未来の萌芽をも含んでいるように思われる。そのような意味で、現在よりもむしろ未来へつながる意味をもつものとして、最終章において、新しい結合を為し遂げた女性像を取りあげてみたい。それは、本論の全体を通じて見られた「あわれ」な女性像を超えようとするものなのである。

（1）柳田國男「海神少童」『定本 第八巻』所収。
（2）石田英一郎『桃太郎の母』講談社、一九六六年。
（3）柳田國男「海神宮考」『定本 第一巻』所収。
（4）キリル・ヴェ・チストフ「日本の民話をロシヤの読者が理解できるのはなぜだろうか」、小澤俊夫編『日本人と民話』ぎょうせい、一九七六年。
（5）ルードルフ・シェンダ「日本の昔話のなかで日本的なものはなにか」、小澤俊夫編『日本人と民話』所収。
（6）J. Hillman, "On Senex Consciousness", Spring 1970, Spring Publications.
（7）J. Hillman, "The Great Mother, her Son, her Hero, and the Puer", in Fathers & Mothers, Spring Publications, 1973.
（8）大室幹雄『囲碁の民話学』せりか書房、一九七七年。
（9）C. G. Jung, "Psychology and Alchemy", in The Collected Works of C. G. Jung, vol. 12,

Pantheon Books, 1953.（C・G・ユング、池田紘一・鎌田道生訳『心理学と錬金術』1・2、人文書院、一九七六年）

(10) "Folk Tales from Asia for Children Everywhere", Book Three, Sponsored by The Asian Cultural Center for Unesco, Federal Publications, 1977.

(11) シンガポール日本人学校『祭りと民話』一九七七年。同書はシンガポール日本人学校の教師の方たちによって編集されたものである。同書所収の一五の物語中、「みにくい船頭」「ヤシの木になった女神」「こいになった美女」と、父＝娘コンステレーションの強さを示唆する話が三つもあって、印象的であった。

(12) C. G. Jung, "A Psychological Approach to the Dogma of the Trinity", in Psychology and Religion: West and East, The Collected Works of C. G. Jung, vol. 11, Pantheon Books, 1958.（C・G・ユング、村本詔司訳「三位一体の教義にたいする心理学的解釈の試み」『心理学と宗教』〈ユング・コレクション 3〉人文書院、一九八九年）以下、ユングの説は本論文による。なお、本論の概要は、湯浅泰雄『ユングとキリスト教』人文書院、一九七八年、に相当紹介されている。

(13) バビロニアの神々の血縁関係は諸説があり一定しないが、エンリルはアヌの息子とされているのが普通である。ユングは、エンリルをエアの息子としているが、間違いではないかと思う。筆者が参考にしたのは、S. H. Hooke, "Middle Eastern Mythology", Penguin Books, 1963. およびS. Kramer ed., "Mythologies of the Ancient World", Anchor Books, 1961 などである。

(14) 拙稿「『古事記』神話における中空構造」『文学』第四八巻第四号、一九八〇年、所収。
(15) 「無の構造化」は、混沌に目鼻をつけるのと同様の危険性をはらんでいる。
(16) たとえば、E. F. Edinger, "Trinity and Quaternity", The Journal of Analytical Psychology, vol. 9, pp. 103-115 において、Edinger は、心の全体性をあらわすのに、四位一体は、その構造的、静的、永続的な面を表わしており、三位一体は、ダイナミックで発達的な面を表わすものと述べている。

第9章　意志する女性

第1章において東西の「見るなの座敷」を比較し、それを通じて西洋近代の自我と、日本人の自我の相違について考察し、日本人の自我はむしろ女性像で表現する方が適切ではないか、と示唆しておいた。このような観点から日本の昔話の特性をこれまで明らかにしてきたが、西洋と日本の自我の在り方の相違の背後には、三位一体の神と絶対無の神の相違という深い問題が存在していることがわかってきた。このような神の問題も極めて重要だが、前章の終りに述べたように、筆者としては自我＝意識の問題も重要な課題である。従って、本章においては、今まで追求してきた日本の昔話のなかの女性像のひとつの頂点をなす像を示し、日本人の意識の在り方について考察してみたい。前章に述べたように、この女性像は——筆者の臨床体験を基にしての日本人の現状から考えると——未来を先取りするものと考えた方が適切かも知れない、とさえ感じられる。

本章で取りあげる女性は、一般に「炭焼長者」として知られている昔話に登場する女性である。付篇11に示してあるのは、鹿児島県大島郡において採集されたものである。

この話は『日本昔話大成』では、「産神問答」の類話の方に分類されており、「炭焼長者」の方に分類されていないが、この点については後述する。ともかくも筆者の明らかにしたい本質には、この分類の差はあまり関係しないことである。「炭焼長者」の昔話は日本全国に広く分布し、伝説として語られることが多いのも、その特徴である。柳田國男もこの話の重要性に注目して、「炭焼小五郎が事」という論文を発表している(1)。多くの卓見を含んだ名論であるが、その内容については、本論と関係する点において後に紹介するとして、われわれはまず、付篇に示した物語に即して考察することにしよう。

1　炭焼長者

炭焼長者の昔話は、『日本昔話大成』においては、「運命と致富」譚として分類され、一四九Ａ「炭焼長者(初婚型)」、一四九Ｂ「炭焼長者(再婚型)」、一五一Ａ―１「産神問答」の話型によって記録されている。いずれの話においても中核となるのは、貧しい炭焼男のところに、一人の女性(身分の高い場合が多い)が押しかけ女房にくる。結婚して後に彼らは長者になるという筋書きであるが、この結婚が初婚の話が初婚型であり、その女性にとって再婚である場合が再婚型、その話に主人公の生まれる際の運命譚が加わるものが、産神問答型である。従って、後者になるほど話が複合して、物語にも起伏が生じることになる。もっとも初婚型といっても、「鴻の池の娘は一三軒嫁といって、嫁に一三軒いって聟殿に去られる」(徳島県美馬郡)とか、「下関の長者の娘が四九たび嫁入りして不縁になる」(島根県邑智郡)とかいうのもあるので、話型としては「初婚型」に分類されているが、厳密には初婚でないのもある。

われわれがとりあげた「炭焼長者」では、話の最初に二人の長者が登場し、どちらにも子どもが生まれることが語られる。ところが西長者の方は、ふとしたことから生まれ子の運を知ってしまう。つまり、東長者の子は女で「塩一升の位」、西長者の子は男で「竹一本の位」というのである。子どもたちに位をさずけるのが、にら(竜宮)の神さまだというのだから、われわれが注目しているヒロインと、前章に取りあげた水底の国との秘かな結びつきを感じさせて、意義深く感じられる。さて、自分の子の不運を知った西長者は、何とかそれを修復しようとして一計を案じ、幸運をもって生まれてきた東長者の娘との婚姻を、東長者に約束させる。子どもの不運を知った親として、何とかそれに抗し得る道を探し出そうとするのも当然である。しかしながら、運命の力は人間の知恵を圧倒してはたらいてしまうことが多い。

われわれの最大の関心は、ヒロインの再婚にあるのだが、せっかく語られていることではあるし、ひろい意味では本章のテーマにも関係してくるので、ここで少し「生まれ子の運」について考えてみよう。人間が生まれてくるときに、運命が定まっているという考えは、洋の東西を問わずに存在し、神話や昔話のモチーフとして随所にみることができる。『日本昔話大成』で、一五一B「産神問答(虻《あぶ》と手斧型)」として分類されている話をみてみよう。ある父親が自分の生まれ子の運が、「十五、六にもなれば、虻に刺されて死んでしまう」ものであることを知る。父は子どもを百姓にすると虻に刺される機会が多いと思い、桶屋の弟子にする。ところが、その子が十四、五歳にもなったある日、仕事をしていると虻がとんで来て刺そうとした。そこで持っているせん(桶屋の道具)で虻を打とうとして、あやまって自分の耳を切り落とし、それがもとで死んでしまった。同様の類話がたくさんあるが、虻を避けようとして桶屋につとめさせた父親の配慮が、かえって仇《あだ》となっているのが印象的である。有名なギリシア神話、オイディプース(エディプス)では、運命を避けようとするオイディプースの努力がかえって運命に従う結果へとつながるところが述べられている。「運命を避けようとする試みが、ますます運命をひき寄せることになる」(2)というリューティの名言は、よく当てはまるようである。

われわれの物語においても、位の低い自分の息子を幸福にしようとする西長者の計らいは、成功したかの如く見えたが、結局は駄目になってしまったようである。西長者の息子と東長者の娘は、父親の願いどおりに結婚して、暫くは一緒に暮らしていたが、破局を迎えてしまうのである。女房の一所懸命につくそうとする態度に対して、夫はまったく高慢である。ここで、女房は覚悟を決め、家倉を夫に残して自らは家出してゆくのである。この女性像がまったく素晴らしい。竹一本の位の夫と塩一升の位の妻が結婚したのだから、それまでの生活においても、彼女は随分と「耐える」女性であっただろう。しかし、麦の飯のお膳をけとばすような行為に遇ったとき、彼女は耐える女性から、意志する女性へと変貌する。彼女は自らの意志によって、夫と別れ、他の生活を打ち立てようとするのである。これは、今まで見てきた女性像とは一切異なる女性像である、と言わねばなるまい。

ヒロインの女性が、妣《はは》なる邦の竜宮の神より、塩一升の位を授けられたという事実を、もう少し拡大解釈し、第1章より一貫して示してきた女性にまつわる連想の輪を、ここで一挙に拡げるならば、この女性こそ、今までに描いてきた女性像の頂点をなすものとして、大きい仕事を成就したと考えられるのである。すなわち、せっかくあちらの世界からこちらへと顕われた女性が、この世の男性の違約によって、うらみを残しつつ姿を消し、その後は異類に姿を変えたりしてまで再来しようとしたが、これも果せず、ただ「耐える女性」としてのみ、この世にとどまることが可能かと思われたとき、むしろ、耐えることをやめ、新たな地平を自ら切り拓く試みをすることによって、この世に立ち止まることを、われわれのヒロインは為し遂げたのである。しかし、ここで注目すべきことは、このように「意志する女性」は、最初の段階においては、父親の言うままに結婚する受動性をそなえていたことである。受動性から積極性への反転が見事なのである。

彼女の積極性は、炭焼五郎に対して自分からプロポーズし、「わしのような者が、あなたのようなりっぱな人を、妻にしたら罰があたります」と、五郎が断っているのに、「わたしの望みだから、ぜひ嫁にして下され」と頼みこんで承諾させるところに、ますますよく表わされている。おそらく、このような積極性をもつ女性を、西洋の昔話に探し出すことは極めて困難であろう。今まで見て来たような観点から、「炭焼長者」の類話を西洋の昔話のなかに見出すことは出来なかった。ところで、女性の側からプロポーズということは、今までに何度か見てきたことである(たとえば、第5章など)。しかし、それらの女性は、それまでに「耐える」段階を経て居らず、男性の対応も、あまりにも不用意にそれを承諾してしまうところに問題があるように思われる。この話では、男性は現実的に対応し、二人の身分の差を指摘するが、それを超えて結婚が行われるのである。

話を元にもどして、ヒロインが家出を決意したときのことを考えてみよう。「うぐいすの里」から「鶴女房」に至る一連の話で、女性が男性のもとを去るのは、彼女の本性が見破られたときであった。男性の違約にもかかわらず、彼女たちは本性が露見するや否や、怒ることもなく立ち去ったのである。しかし、「炭焼長者」の話では、まったく事情が異なっている。彼女の夫は、自分の妻が「塩一升の位」の女性であること、あるいは、竜宮との深いつながりをもった女性であることなど、まったく知らないのだ。むしろ、女性の方が男性の理不尽な行為にその本性を感じ、家出を決意することになるのである。夫の本性を見抜く彼女の力は、つづいて炭焼五郎を本来の夫として選ぶ知恵につながってくる。ここで、彼女は男性に本性を見破られる女性としてではなく、男性の隠れた本性を見出す女性となっているのである。そのような知恵を背景としてこそ、彼女の積極性が生かされるのである。

彼女の知恵という表現をしたが、物語のなかでは、彼女が炭焼五郎のことを知るのは、「倉の神さま」の話を聞いたためである、とされている。これはしかし、倉の神が彼女の心の奥深くに存在する知恵の顕現とも考えられる。そもそも、彼女に「塩一升の位」を授けてくれたのも、にらの神であったし、深く考えれば、彼女と西長者の息子との結婚も、にらの神の深慮によるものであったかも知れぬ。彼女の背後に存在する運命の神の姿は、昔話のなかには語られていないが、前章での考察と結びつけて、乙女の背後に存在する白鬚の翁の姿が浮かびあがってくるのである。この女性は、老人の知恵をこの世に生かしてゆく強さをそなえているのである。ここまで考えてくると、この女性は竜宮に住む乙姫の化身ではないかとさえ、思われてくる。ともかく、心理学的に言えば、彼女は無意識界の深層との深いつながりをもった存在であると言うことができるであろう。

男性の本性を看破する「女性の知」については、既に第7章の終りに指摘しておいた。

日本の昔話には珍しい幸福な結婚の成就の背後には、多くの場合、このような「女性の知」が存在しているようである。「炭焼長者」の場合は、倉の神という人格化された形で、その知が表現されるし、「田螺息子《たにし》」の場合は、田螺に求婚された女性の「そういうわけなら、わいは女房になってゆく」という、さりげない表現のなかに、それは示されている。あるいは「灰坊」の場合も、皆が灰坊の変装にだまされているなかで、ひとりの娘だけが、その本性を見破るのである。このような本性の看破に続いて結婚が行われるが、特に「炭焼長者」の場合は、身分の打破という重大なテーマが存在していることに注目しなくてはならない。「塩一升の位」と「竹一本の位」は、あくまで内面的なことであって、東西の長者の娘と息子が結婚することは、「身分」上から考えて、まったく当然のことなのである。このような身分の釣合いを打ち棄て、身分的にまったく異なる炭焼のところに押しかけ女房にゆくのだから、その大胆さは無類のものと言わねばならない。日本の社会を支える大きい柱である「身分制」に対して、彼女は真っ向から挑戦しているのである。「炭焼長者(初婚型)」の話では、この一点が特に強調されていると思われる。たとえば、『日本昔話大成』に、「炭焼長者(初婚型)」の代表として示されている「炭焼五郎」の話では、女性は殿様の一人娘ということになっているし、炭焼五郎は「世ん中のほんとうのナララン者(貧困者)である」と語られている。この場合は、神様のお告げによって結婚することになるのだが、身分の格差は歴然としている。身分にとらわれずに行動する、この女性像は、まさに新しい女性像を描き出しているものと言わねばならない。

さて、物語の方に話をもどすと、二人は結婚した翌朝、炭焼竈から多くの黄金を発見することになるのである。これについては、われわれの話には何の説明もない。この場合は、おそらく、彼らの尋常でない結婚の成果として受け取るべきであろう。しかし、他の多くの類話では、次のようなエピソードが語られることが多い。すなわち、女房が炭焼五郎に向かって、米でも買ってくるようにと小判を渡すと、「そんな小石で何で米など買われるか」と返事をする。これは小判だと説明すると、そんなものは炭焼竈のあたりに一杯あるという。つまり、そこらは黄金で満ちていたのだが、五郎はそれが価値あるものと知らなかったのである。ここにおいても、女性の隠された価値を見出す力は見事に示されている。彼女は炭焼五郎がそれと知らずに潜在させていた価値あるものを引き出し、それを役立てることを教える役割を演じるのである。

二人が長者となって話が終るのもあるが、付篇に示した話のように、この女性の前夫の運命が語られるものもかなりある。竹一本の位の男はその後だんだん貧乏になって、それとは知らず炭焼長者の家を訪ねてくる。女房は前夫をそれとなく厚遇するが、彼は気がつかない。結局は長者の女房が自分の前の妻であったことを知らされ、恥を感じ自殺してしまう。前夫の運命については、いろいろ類話がありとても興味深いのであるが、次に柳田國男が述べているところを少し引用してみよう。

別れた女の姿を見て恥と悔とに堪へず、忽ち竈の傍に倒れて死んだのを、後の夫に見せまい為に、下人に命じて其まま竈の後に埋めさせた。それが此家の守り神と為つたと謂ひ、それを竈神の由来と伝へて居る。清浄を重んずる家の火の信仰に、死を説き埋葬を説くのは奇怪であるが、越後奥羽の広い地方に亙つて、醜い人の面を竈の側に置くことが、現在までの風習であるから、是には尚さう伝へらるべかりし、深い理由があつたのであらう。

柳田の卓見は、この昔話の底に、前章で取りあげた「火男の話」の存在を見ているのであり、竹一本の位の男も、見方によってはなかなか棄てたものではなく、ひょっとすると、前章に取りあげた醜い童たちと、どこかで重なるような不思議な予見をさえ与えてくれるのである。ひとつの昔話は思いがけない重層構造をその内に秘めているのである。この点については、第4節で再びとりあげてみることにしよう。

後の方は少し駆け足で通ってしまったが、「炭焼長者」に語られる女性像は、本論において述べてきた女性像の頂点に立つものとして、その地歩を確立した存在であると言える。第1章において、女性の姿によってこそ日本人の自我は示されるのではないか、と示唆しておいた。怪物を退治して女性を獲得する男性の英雄ではなく、耐える生き方を経験した後に、反転して極めて積極的となり、潜在する宝の存在を意識していない男性に、意識の灯をともす役割をもつ女性は、日本人の自我を表わすものとして最もふさわしいものではないかと思われる。もっとも、このような姿は、後にも述べるように、日本人の現在の姿よりも未来を先取りしているものと解釈する方が妥当であるとも考えられるが。ともあれ、このような女性によって示される自我＝意識というものは、心理学的に言ってどのような特性をもつものなのか、その点について次節で少し論じてみたい。

2　女性の意識

あらためて断るまでもないと思うが、これから論じようとする「女性の意識」ということは、女性に特有の意識とか、女性が持つべき意識ということではない。既に論じてきたことから明らかかと思うが、これは男女を問わず持ち得る、自我＝意識のひとつの在り様なのである。ただ、それは女性像をもって示す方が特徴をよく表わしていると思われるし、第1章に略述したノイマンによる西洋近代の自我＝意識が、男性の英雄像で表わされることとの対比を明らかにすると思われるものである。

ノイマンは、既に第1章に述べたように、父権的意識(patriarchal consciousness)と母権的意識(matriarchal consciousness)の区別を明らかにしている。そして、現代にあっては、男女を問わず父権的意識の確立を行わねばならぬと結論しているが、その一方、母権的意識の存在意義も認め、それについての論文を書いている。(3)彼は現代人は父権的意識を確立しているが、人類の初期の段階や、幼児期においては母権的意識が優位であり、現代人の男性でも精神的危機や創造の過程においては、そうなっていると述べている。つまり、彼は「発達的」観点から父権的意識を高い段階においているのだが、それでも「創造の過程」において母権的意識が意味をもつ、という注目すべき発言をしているのである。母権的意識は父権的意識の下におかれている。しかし、創造という重要な事柄のときは、パラドキシカルな価値転換が生じるというのである。それはまた、精神的危機でもあるという、留保条件が付されてはいるが。ところで、筆者の言う女性の意識は、ノイマンの母権的意識と類似点が多いが、やはりそれとは異なるものである。そこで、まずノイマンの言う母権的意識の大要を紹介し、続いて女性の意識について述べたいと思う。

ノイマンは、母権的意識を月と関連づけて論じている。男性の意識を太陽になぞらえるならば、闇夜を照らす月光こそ、母権的意識を示すのにふさわしいと考えられる。それは白日の明るさではなく、ほんのりと明るい光である。母権的意識の第一の特徴は、それが無意識と切れた存在ではなく、あくまで無意識との調和と共鳴のなかに存在していることである。それはときに、きまぐれと思えるような変化を見せるが、そのきまぐれは無意識から送られてくるメッセージに対する対応から生じているのであって、素晴らしい思いつきや、インスピレーションにさえ通じることがある。創造の過程において、母権的意識が必要とされるのもこのためである。

母権的意識は、「時」と運命に対しても関連が深い。月が満ちたり欠けたりする「時」、あるいは、月蝕などということが生じたりする「時」、そのような「時」は人間の生活をも支配している。この世界はそれ自身のリズムをもち、一種の周期性をもっている。母権的意識はそのようなリズムと調和している。自然のリズムとしての昼夜が存在するとき、夜においても白日の光をもたらして、昼夜の別をなくそうとするのが、父権的意識の特徴である。夜も昼と同様に仕事ができ、「能率」をあげることができる。あるいは、人間のもつ生来のリズムをはるかに超えて、早く走り得る補助手段を発明し、人間は短時間のうちに遠方まで行くことができる。父権的意識によって、人間は世界を支配し得るかの如き傲慢に達したとき、思いがけない交通事故などが生じ、人々は運命を呪うことになる。このような運命に対して、母権的意識は親和性が高く、呪うよりも受け容れることを知っている。受け容れて待つとき、運命は変転し、また幸運ももたらされるのである。それは「待つ」ことを知る点において、最大の威力を発揮する。父権的意識は待つことが不得意である。それは戦い、克服しようとする。母権的意識は戦わずに待つのである。たとい、どれほど悪いことが続いても、耐えて待つのである。運命というものに、人間は立ち向かうことなど出来ないのである。ノイマンは次のように述べている。

煮焚きやパン焼き、料理といった原初からの女性の密儀においては、熱することや煮ること、ものの形や質が変わることは、つねに待たれるべき時の経過と切り離せない。母権的意識の自我はじっと待つことに慣れている、時が来たるまで、経過が落着を告げるまで、月の果実が丸く満月を成すに至るまで……すなわち無意識から認識が生まれてくるまで、待つのである。

母権的意識の認識の過程は、受胎から出産に至る過程になぞらえることによって、その本質をとらえることができる。それは何と言っても、受動的であることにその特徴を持っている。それは外から侵入するものを受け容れることによって、まず始まるのである。自ら積極的に行為するのではない。受胎すると、それより出産に至る過程は、まさにその人間の全人格——心も体もすべて——をかけてなされるのであり、それによって得たものは、言語によってあれこれと論じたり、説明したりする必要のない自明性を有している。母権的意識によって把握された認識は、その体験を共有し得る人にとっては、論議不要の自明性をもつものであるが、体験的に知ることがなく、言語的説明によって知ろうとする人にとっては、不可解であり、無価値なものとさえ思われる。母権的意識は、このように極めて受動的であり、ノイマンは、「意図的な自我の志向をもたずに、多少にかかわらず待ち通すところがその流儀だということである」と述べている。

母権的意識の特徴のひとつは、それが相対主義的であることである。「それは真理の絶対的な一義性よりも、変転きわまりない諸力の、宇宙的・心的体系のなかに根ざした知恵になじむ」と、ノイマンは述べている。父権的意識が背後に唯一絶対の父なる神をもち、対象と切り離され、抽象化された方法によって、絶対的な普遍性を主張するのに対して、母権的意識は、無意識との関わり、対象との関わりを切り棄てることなく、それらに依存し、相対的なものとなる。

以上、ノイマンの言う母権的意識について略述してきたが、筆者のいう女性の意識はそれと類似性が高いが、異なった面もそなえている。それについて、「炭焼長者」に描かれた女性像を通じて明らかにしてゆきたい。ノイマンの言う母権的意識は、われわれ日本人としては、そもそもその発想の根本に父権的意識の存在が前提されているかのように感じとられる。つまり、既に説明したような父権的意識の確立がなされ、その意識に基づく判然とした二分法の考えによって、父権的意識と母権的意識が区別され、その対比が述べられる。従って、そこには父権的意識の優位という価値観が――創造過程のパラドックスはともかくとして――厳として存在している。女性の意識は、そもそものような明白な分離・対立を許さない意識である。従って、それをノイマンのように明確に記述すると、どうしても無理が生じると思われる。このことは一応、心に留めておくとして、「炭焼長者」のヒロインによって示される女性の意識の特性は、ノイマンのいう母権的意識と多くの点で一致点をもっている。それらの点について、差異についても考慮しつつ次に述べてみたい。

　女性の意識が無意識と密接なかかわりを持つことは、母権的意識と同様である。われわれのヒロインの行動が、にらの神や倉の神の意見に依存していることが、それを端的に示している。彼女は「倉の神」の声に対して、開かれた耳をもっているのである。長者の家の嫁の身分でありながら、それを棄てて、貧乏人の炭焼の女房になろうとするのは、外的に見て「きまぐれ」としか見えないだろう。しかし、それは新しい地平を開拓する行為なのである。「時」と運命とのかかわりについても、この物語は見事に描き出している。そもそも、生まれたときから彼女の運命は、にらの神によって授けられたものであった。それに対する人間の知恵による介入に対しても、彼女は唯々として従い、ただ「時」を待っていた、ということができる。しかし、これらの「運命」とのかかわりにおいて、母親が登場しないところが興味深い。母権的な系譜を明らかにする母＝娘の関連は全然述べられず、彼女の背後に存在するのは、にらの神や倉の神なのである。もちろん、これらの神の性別については語られていないが、男性像の感じが強い。前章において明らかにした老人像が浮かんでくるのである。老人と娘のコンステレーションから生み出されてくる意識、それは、女性が行為者であるので、一応、女性の意識と名づけたが、簡単に、父権的、母権的として割り切れぬところをもっている。それは、彼女の決断力と積極的な行動力に端的に示されている。

彼女は確かに、最初の結婚のときは父の命令に受動的に従ったようだ。しかし、離婚のときの態度は極めて決然としているし、父母のもとに泣き帰るようなこともしない。ここで注目すべきことは、彼女が炭焼五郎のところに行こうと決意する背後には、「倉の神」の知恵が存在しているが、離婚と家出の決意は、彼女自身が下しているところである。このような積極性と行動力は、母権的意識とはまったく異なるものであり、特筆すべき点である。ここに女性の意識の特徴が認められる。彼女は炭焼五郎との結婚に対して、大変に能動的であるが、さりとて、結婚後にもその態度を堅持して、彼女が働いたりするのではない。むしろ、男性の潜在させていた宝を見出すことによって幸福を得るのだから、それは能動的・積極的な活動によるものではない。彼女の行動は、受動も能動も含んでいて、簡単には割り切れないのである。第1章において、西洋の錬金術の象徴体系に基づく、男性と女性の象徴的意味を表5に示した際、男と女を能動と受動に分けてあったことを思いかえして頂きたい。女性の意識はそのような分類を拒否するものなのである。

このような素晴らしい女性像は、日本の昔話に特異的ではないかと思われ、従って、日本人の意識を——男女を問わず——示すのにふさわしいものと思われる。もっとも、昔話が常に公的なものを補償し、そのような意味で未来を先取りするものでもあることを考えると、日本人の将来像を示すものと考えることもできるであろう。あるいは、話が少し大きくなるが、西洋の近代自我の行きづまり状況に照らして考えるならば、日本にのみとどまらず、世界全体においても意味をもつ象徴として、このヒロイン像を提出してもいいのではないかとさえ思われるのである。「炭焼五郎」の話が、多くの地方で伝説として定着していることも、中央の公的な態度に対して、地方の主体性を主張するための話として存在意義をもったのではないか、と考えられるのである。それにしても、日本の民衆の心は素晴らしい女性像を生み出したものである。

女性を主人公とする世界の昔話において、「炭焼長者」ほどではないが、一種の受動から能動への変化と受けとめられるテーマが存在している。それは、既に第1章に論じた「見るなの座敷」に関連している。その際に明らかにしたように、西洋の昔話では、見るなの禁を破るのは女性に多いのだが、その例としてあげた「三つ目男」(付篇3参照)を見てもわかるとおり、父の言いつけに従って結婚した女性が、今度は夫の言いつけに背いて、禁止を破るのである。これは、受動から能動へというよりは、無意識から意識への変化と言うべきだが、ある程度は「炭焼長者」のヒロインの行動の変化と類比し得るものである。どちらの女性も、父親の意志によって結婚し、その結婚は不幸なものとなり、再婚によって幸福となる点は共通しているが、その話の展開を詳細に見ると、異なった点が認められる。「三つ目男」の場合は、前夫は怪物であり、それを退治するというテーマがある。その怪物退治のために王様が出現し、その王様と結婚してハッピー・エンドになるのであるが、このような話の展開をみると、やはりこれは、無意識と切り離して確立された父権的意識の文化内の話であると思わされる。ただそれは父権的意識の確立した文化内における、女性の自我＝意識の発達の物語であるので、どこかで、われわれの言う女性の意識の物語と類似点が生じてくるのである。

女性の意識は母権的意識と同じく相対主義的である。しかし、その相対性は自分と反すると思われる男性の意識とも、何らかのかかわりを持つほどのものである。従って、そこには、女性と男性との結婚のテーマが生じてこざるを得ない。「炭焼長者」の話も、日本の昔話には珍しく、幸福な結婚による結末を迎えることとなるが、それは、西洋の昔話における男性の英雄の結婚譚とは、著しく趣きを異にしている。しかも、彼女と前夫との関係も微妙であり、「三つ目男」のように、前夫を「退治」したりはしない。このような特徴を次節において明らかにしてゆきたい。それによって、日本人の自我＝意識の在り方がますます明らかになると思われる。

3　聖なる結婚

「炭焼長者」の話では、幸福な結婚が語られる。このことは、本論の最初から問題にしてきたように、日本の昔話においてはむしろ珍しいことである。しかしながら、「炭焼長者」の話を、多くの類話も含めて、よく読んでみると、西洋の昔話にある婚姻譚のように、結婚そのものが目標となり、主人公が目出たく結婚して終るというパターンになっていないことが解る。西洋の婚姻譚では、主人公は男女を問わず身分はいろいろだが、その相手となる男性は、王様とか王子とか身分の高い人であることが多く、結婚そのものが幸福を意味することが明らかにされている。これに対して、「炭焼長者」の場合は、ヒロインが結婚を申し込む時点においては、相手の身分は非常に低い、あるいは貧乏者として描かれている。そして、結婚後に思いがけない黄金を手に入れる話が続き、その上、多くの類話で、前夫とヒロインの再会の話が続くのである。このような点を見ると、「炭焼長者」における結婚は、西洋の昔話の結婚とやや意味を異にしていると思われるが、それにしても、結婚ということが高い象徴的意味をもつものとして受けとめられていることは、両者に共通であると思われる。

結婚は高い象徴的意味をもつ、と述べたが、考えてみると、男性と女性の結合と言うことは、すべての生物が行っていることである。それは象徴的どころか、種族保存という本能的な次元において意味をもっている。しかし、そのように本能的な次元から、極めて精神的な次元にまでかかわるものであるからこそ、結婚の象徴的意味は高く、深くなるのであろう。本能的次元における男女の結合は、当然のことであって、特に「お話」として語られるまでもない。それが「お話」になるためには、それが自然を超えた現象であることを示す工夫がなければならない。それは自然に生じることではなく、人間の意志や努力によって成就される課題として提出されねばならない。従って、西洋の昔話における婚姻譚においては、主人公の相手となる異性の身分が非常に高いものであったり、結婚を成就するために多くの課題を与えたり、あるいは、特に女性の主人公の場合は、恐ろしい怪物と結婚させられる、といったテーマが現われるのである。「美女と野獣」などにみられる、いわゆる「死の結婚」のテーマは、女性を主人公とする際によく生じるが、「炭焼長者」の場合は、一応は長者の息子であり、それとは次元を異にしている。結婚の象徴的な意味は、何よりも異質なものの結合ということを中核としているが、結合の意味を高くするためには、両者はそれに先だって分離・切断を経験していなくてはならない。「死の結婚」のテーマに続いて、怪物退治や変身のテーマが生じるが、怪物を殺すことはもちろん切断を意味するし、変身は古いものが死んで再生するわけであるから、そこに切断の意味を読みとることができる。

「女性の意識」は、それが意識である点において、無意識とあまり密着していてはならない。しかし、それが無意識とあまりにも切れた存在となるときは、男性の意識と同じになってしまう。そして、西洋の物語のように、切断するものとしての男性の登場を許すことができない。このようなジレンマを、「炭焼長者」の物語は見事に解決している。ヒロインは、最初に父の命に従う人として受動的に行動する。しかし、既に指摘したように彼女は「耐える」ばかりの女性ではなく、自ら離婚を決意する。すなわち彼女は自ら切断の役割を荷なうのである。しかしながら、彼女の切断力は、怪物を切り殺す西洋の英雄のそれのように鋭いものではなく、適当にマイルドであり、離婚した前夫とその後の関連を許す程度のものである。それにしても、ある程度以上は耐えることをやめて、自ら決意する女性像は、新しい自我像を示すものとして注目に値する。

特に、わが国において、女性は男性にただ従うことのみを良しとされている時代に、このような話が存在したことは、まことに意義が深い。ところで、わが国の昔話のなかには、このような小気味のよい女性たちが、あんがい多く活躍しているのである。たとえば、『日本昔話大成』に、一二四「蛸《たこ》長者」として記載されている話をみると、まったくもって度胸のよい女性が出現している。話を略述すると、ある娘が貧乏人の蛸屋長兵衛の息子のところへ嫁にゆく。ここでも身分の低い男のところへ、女性が自分の意志で嫁にゆくところは、「炭焼長者」とまったく同様である。ところで、蛸屋長兵衛の家では夜になると大入道のお化けが出る。父も息子も怖がるが、嫁は平気で相手をし、饅頭をだして接待する。化け物は「いやや、お前の度胸のよいのにたまげたでァ」と言って、自分は屋敷のすみに埋められている古い金だと打ち明ける。そこで、その金を掘り出して、彼らは長者になり、目出たく話は終りとなる。貧乏人と思われた男が貴重な金を持っており、それに気づいていない。その発見のいとぐちは押しかけてきた女房によるものだ、という点も「炭焼長者」と同じであるので、このモチーフが日本の昔話において重要であることがわかる。それにしても、一般に「男は度胸、女は愛嬌」と言われているこの国において、度胸の強い女性が昔話のなかで活躍することは特筆すべきことである。

『日本昔話大成』一二三「ぼっこ食い娘」では、女が男の度胸をためすところがある。長者の娘に求婚にいった男たちは、娘を見ようと奥へ忍びこんでゆくが、そこでは、白装束にちらし髪の娘が、棺桶から嬰子《あかご》の屍を取りだして食べているのである。男はそこで驚き恐れて逃げ出してしまう。ところが、ある男はその光景に驚くが、よくみると、鬼の面をかぶった娘が、餅でつくった人形をたべていることが解った。そこで、「おらにもその片足食わせでけで……」と声をかけると、娘は喜んで、今までは誰も度胸のある男は来なかったが、あなたこそ自分の夫になるべき人、というわけで結婚することになる。ここでは、「男は度胸」ということになろうが、何しろその度胸だめしを女性がやっているのだから、女の方が上と言わねばなるまい。それにしても、鬼の面をかぶって、嬰子の屍を食うところを演じるとは、凄いことをしたものと思われるが、既に第2章において論じた山姥の像を想起すると、これは単なる度胸だめし以上の意味をもっているとさえ感じられる。「飯くわぬ女」として結婚し、その後に本性を男に知られてトラブルを起こすのではなく、彼女は女性の奥に潜む本性を自覚し、それを敢えて露呈することによって、なおかつその自分を受けいれ得る男性を探し出そうとしたのではなかったろうか。彼女も一人の強烈な「意志する女性」として取りあげることができるように思う。「本性隠し」という手段に頼るのではなく、本性の自覚に立って彼女は積極的に行動しているのである。

「炭焼長者」のヒロインは、さすがに塩一升の位をもつだけあって、愛嬌も度胸も兼ねそなえた女性のように思われるが、彼女が長者の嫁という地位を棄て、再婚しようと思った相手の男性は、どのような男であったろうか。この物語は伝説としても定着しており、主人公には、孫三郎とか小五郎とかいろいろな名前がつけられている。これに対して、柳田國男は、「孫三郎も小五郎も、畢竟するに常人下賤の俗称である。此物語の盛に行はれた時代には、家々にそんな名の下人が多く使はれて居た。それ程の者でも長者になつたと云ふ変転の面白味もあつたか知らぬが、尚大人弥五郎などの旁例を考へ合せると、特に八幡神の眷属《けんぞく》として、其名が似つかはしい事情があつたやうに感ずる」と述べている。つまり、常人下賤としての感じと、神の眷属として受けとめられる感じと、両面が存在しているというのである。柳田は、炭焼という点に注目して、「炭焼はなるほど今日の眼から、卑賤な職業とも見えるか知られぬが、昔は其目的が全然別であつた。石よりも硬い金属を制御して、自在に其形状を指定する力は、普通の百姓の企て及ばぬ所であつて、第一にはタタラを踏む者、第二には樹を焚いて炭を留むるの術を知つた者だけが、其技芸には与つて居たので、之を神技と称し且つ其開祖を神とする者が、曽てあつたとしても少しも不思議は無い」と述べている。柳田の卓見は、「炭焼長者」となった男性像のもつ二面性を見事にとらえている。それは下賤の者であると同時に、神であったとしても不思議ではない存在なのである。

炭焼五郎は、潜在的には神につながる位をもつとは言え、われわれのヒロインが結婚を申し出た時点においては、彼はほとんど無一物であった。既に紹介した類話のように、「世ん中のほんとうのナララン者(貧困者)である」などという表現さえあった。あるいは、よくある類話として、嫁が小判を与えて何か買ってくるようにと言うと、それを持って出かけ、水鳥に小判をなげつけて帰ってくる、などというのがある。つまり、彼は小判の価値についてまったく無知であったわけである。ここに表現した、無一物、無知などの言葉は、本論において一貫して追究してきた主題を連想せしめる。炭焼五郎は、無の体現者ではなかろうか。ここまで考えると、連想はますます拡がってくる。「うぐいすの里」で、せっかく会った美女に立ち去られた後、樵夫の男は世を棄てて、山奥深くで炭を焼いて「無」の生活をしていた。彼の無の生活も、そろそろ定着しそうになってきたとき、思いがけず、今度は女性の方が彼の世界へ侵入してきたのである。彼女は多くの経験を経て、消え去るのでもなく、耐えるのでもなく、むしろ、意志する女性として、無の意識との結合をはかろうとする。男の方も、前のように違約するかも知れぬ約束を唯々として結んでしまうようなことはなく、結婚の難しさを意識して、簡単には応じない。しかし、このような確認の後に彼らは結婚することになる。無・意識の体現者としての男性と、「女性の意識」の体現者としての女性の結婚、これはやはり聖なる結婚ではなかろうか。聖なる結婚の帰結は、限りない黄金として示されている。

ここに述べた、男性によって示される無・意識というのは、西洋流の無意識と異なることは、第1章において論じたことなどによって明らかであろう。しかし、西洋において、意識の体現者の男性が、無意識界へと侵入し、そこで女性を獲得して結婚するというパターンと、「炭焼長者」の結婚のパターンとを比較すると、その際立った対比が極めて印象的に感じられる。西洋の昔話における結婚が、父なる唯一神を頂く文化における補償作用として読みとられうるように、「炭焼長者」における結婚も、無の神をもつわが国の文化を補償するものとして読みとることも可能であろう。ここに登場した「意志する女性」は、わが国特有の過剰な感傷性から、ふっきれた存在として、さわやかな感じを与えるものとなっている。

４　全体性

意義深い結婚が成就し、続いて、主人公たちは多大な黄金を手に入れる。既に指摘しておいたが、ここでは女性の能動的なはたらきが重視されるのではなく、夫がもともと持っていた――彼はそれについて無意識であった――潜在的な宝が生かされることになるのである。女性は常に能動性を発揮するのではない。ところで、ここで話は終りとならず、前夫のことが語られるのは注目すべきことである。特に、『日本昔話大成』に、「炭焼長者(再婚型)」として記載されている、岩手県遠野市採集の物語では、前夫が訪ねてくるだけではなく、最後は彼を下男にして一緒に暮らすことが語られるのである。はじめ、前夫が訪ねてきたとき、女房は米三升をやるが、再訪してきたときは、炭焼長者にそのことを話すと、「何気なくここにいるようにお前からいえ」ということで、下男になることをすすめる。前夫は何も知らないまま、喜んで炭焼長者のところで一生を送った、ということで話はおしまいとなるのである。この話は、柳田國男も紹介しているが、前夫をかわいそうに思って同居させるところが、おそらく西洋の昔話には類例を見ない特異な点と思われる。

この特異性は、女性の意識の在り方を端的に示すものではなかろうか。一度は切断した関係を、何らかの方法で修復しようとする。つまり、それは排除することよりは、取り入れることに特徴をもっている。とは言うものの、ノイマンの言う母権的意識ほど徹底的な受動性をもつものではない。ユングは完全性と全体性という対比をよく行っている。完全性は欠点を、悪を排除することによって達成される。これに対して全体性は、むしろ悪をさえ受け容れることによって達成される。父権的意識は、ともすると完全性を目指そうとする。それは鋭い切断のはたらきによって、悪しきものを切り棄ててゆく。ところが、女性の意識は何ものをも取り入れて、全体性を目指そうとする。しかしながら、何ものをも取り入れる、ということ自体、完全性をも取り入れねばならぬことになってきて、それは内部矛盾を許容しなくてはならない。ここに全体性の難しさがある。

「炭焼長者」の前夫は、生まれながらの運命を、何らかの方法で修復しようとする彼の父の意図に従って生きた人間である。運命に対して、常に深いかかわりを持ち、それを受け容れる生き方をしてきたヒロインは、それと反する生き方をした前夫をも、何らかの形で受け容れねばならないのだ。現在の夫と、前夫と——下男という形ながら——同居することの難しさ。この点を不可能とみれば、女房の優しさにもかかわらず、前夫は死んでしまう(付篇の話のように)ということになる。あるいは、その中間段階として、既に紹介したように、死んだ男が守り神となる話が存在する、と考えられる。何とかして、この薄幸な男性を全体のなかに組み入れようと、日本の昔話は努力しているのである。

全体のなかに組み入れようとされつつ、どこかで低い評価を受け勝ちなこの男性像は、日本神話における蛭子《ひるこ》を想起させる。日本神話における重要なトライアッド――アマテラス、ツクヨミ、スサノオの三貴子に対して、「第四者」としての機能をもつと推定される蛭子には、われわれの話の前夫の姿と重なるところが感じられる。日本神話はその極めて高い包含性にもかかわらず、第四者としての蛭子は排除してしまう。しかし、昔話の方は何とか第四者を受け容れようと努力している。「炭焼長者」のヒロインの背後にあって明白な姿を見せない運命の神と炭焼五郎をこれに加えると、日本神話の三貴子に類似のトライアッドとして考えられる。そして、前夫がそれに対する第四者ということになる。しかしながら、この考察は、日本神話全体の考察にまでつながってゆくので、ここには、このような類比を指摘するだけにとどめておこう。

ノイマンが父権的意識に対して、母権的意識の存在を提言したとき、それは発達的に見て、前者を後者よりも発達したものと考えられると述べる一方で、成人男性でも「創造の過程」においては、母権的意識が意味をもつと指摘していることは、一考に値することである。このことは、父権的意識、母権的意識というのは、ある個人の獲得した不変の段階なのではなく、状況によって変り得る状態としても見られることを示している。つまり、父権的意識を獲得した個人は、常にそうだと言うのではなく、時によって他の意識状態に変り得るのである。そうだとすると、われわれは何も一定不変の○○意識というものに縛られる必要はなく、状況に応じてさまざまの意識に変化し得る方が面白いのではないか。「女性の意識」とは、特にそのような可変性を内包しているように思われる。ここで、もっと思い切った発言をするならば、唯一の自我、それによる統合、というイメージは西洋におけるキリスト教文化によって生み出されたものであるから、われわれは、多重の自我の存在ということを考えてもいいのではないか。その方がこれからの多様化する世界に対応しやすいのではないか、と考えられる。老人の意識、少年の意識、男の意識、女の意識、それらをすべてもつことこそ、全体性に到ることではないか。――このような言い方に矛盾が含まれていることを自覚しつつ言うことではあるが。

内部に矛盾を内包させるものとして、女性の意識は統合することがむつかしい。それを崩壊へと導くことなく全体性を保つことは、なかなか至難のことである。全体性の象徴をわれわれが心のなかに、しっかりとイメージすることが出来てこそ女性の意識の形成が可能となるのだが、「炭焼長者」の昔話は、そのような象徴性をもつものと思われる。そして、全体性が常に変化する様相を示すものであって見れば、第1章から第9章に至るまで、やや段階的に述べてきた記述は、むしろ超えられるべきものであり、本論に述べてきたすべての女性像は、すべて重層的に共存するものとして受けとめるべきである。人間は共時的に何かを記述することも、思考することも極めて難しい。従って、本書の構成も、連想の糸をたぐりながら、やや継時的・発達的とも思える記述をしてきたが、実のところ、1章より9章に示した、さまざまの女性たちは、発達の段階としてよりは、常に変化する状態として受けとめられるべきであり、それらが重なり合って、見事な全体をつくりあげているのである。そのような変化する女性像こそ、日本人の心を表わすのにふさわしいものと思われる。音楽にたとえるならば、1章から9章までの記述を、一楽章より九楽章へと続く楽譜としてではなく、オーケストラの総譜の一段目より九段目に書かれた楽譜として読みとって頂きたいのである。それらは同時に演奏され、同時に聴かれるべきである。低音部の支えをもたずに唯一人「意志する女性」として行動するとき、それが自他ともにどれほど破壊的な結果をもたらすかは説明するまでもないだろう。

全体性は、明確に把握しようとすれば全体性を損ない、全体を把握しようとすると明確さを失うジレンマをもつ。全体性の神は、人間の意識のみによって明確に把握することは不可能である。従って、その全体性について、われわれが多少とも明確に語ろうとするときは、その意識状態による多少の歪みを受けざるを得なくなる。ユングは全体性の象徴として、四位一体の神を描き出した。われわれがここで、彼の言う完全数としての四にこだわるなら、それを正方形として受けとらず、四次元的存在として受けとめる方が実状に合うように思う。人間が「意識化」するとは、四次元の存在を二次元に投影してみせることではなかろうか。四次元の存在の二次元での表現、それをユングによる四位一体の神のイメージと考えてみると、よくわかる気がする。従って、ユングとは異なる意識をもったもの――たとえば、われわれ日本人――が、二次元での表現をすると、それは異なった表現となるであろう。それらの表現は異なるにしろ、元のものは同じ――と言っても誰も決めることはできないのだが――と思われる。筆者は、日本の昔話のなかに、やはりユングと同じような、「トライアッド＋第四者」という構造を見出したが、その個々の内容はもちろん異なっている。第8章においても、本章においても、このような四者構造を示したが、それも少しニュアンスを異にしている。しかし、われわれとしては、どれかひとつを「正しい」ものとして主張する必要はないように思う。

最後に繰り返しになるが、ここに明らかにしてきた女性像は、男女を問わず日本人の自我を示すのに適切なものとして描いてきたものである。もちろん、そのなかに個人としての女性の生き方を見出すことは可能であるし、また意味もあることであろう。しかし、筆者の意図するところは、西洋人の近代的自我という強烈なインパクトを受けて、日本人としてわが身をふりかえるために、このような分析を試みたのであり、重点は文化的なところに置いてきた。もっとも、それは自我ということにとどまらず、人間存在の全体性ということにかかわってくるし、昔話が人間の深層構造に深く関連するものであるだけに、現在の状況のみならず、未来を先取りするようなこととともなった。そのような点で、まことに手前味噌になるが、ここに提出した女性像は、日本人にとってのみならず、あんがい、他の国の人々にとっても意味をもつものではないかと思っている。

(1)　柳田國男「炭焼小五郎が事」『定本 第一巻』所収。
(2)　マックス・リューティ『昔話の本質——むかしむかしあるところに』野村泫訳、福音館書店、一九七四年。
(3)　エーリッヒ・ノイマン、松代洋一・鎌田輝男訳『女性の深層』紀伊國屋書店、一九八〇年。以下ノイマンの説は同書による。

付　篇

1　うぐいすの里

――岩手県上閉伊郡――

　昔、ある山のふもとに一人の若い樵夫《きこり》がすんでいました。ある日山に行くと、野中の森にいままで見かけたこともないひと構えのりっぱな館がありました。樵夫は渡世にこの辺に来て木を伐っていたが、こんな家のあることは知らなかった。また話にも聞いたことがなかった。ふしぎに思ってだんだん近よって見ると、広い大きな構えににあわず、家のなかはしんかんとして、人っ子一人の影も見えなかった。ただ奥の方には霞がたなびいているほど広い庭に、いろいろな花がさいて、いろいろな鳥の鳴き声がしていました。

　樵夫はその家の玄関にいきました。すると、うちから美しい女が出て来て、「あなたは何しにここに来たのですか」とたずねました。「今日はあんまり天気がよいので、とうとううかれてやって来ました」と答えました。女は樵夫の顔をしげしげ見ていたが、正直者らしい人柄を見て、「ちょうどよいところに来てくれました。ぜひたのみたいことがある」といいました。「たのみというのはどんなことだ」というと、女は「ほかのことではないが、天気がよいから、わたしもこれから町へ行って来たいと思いますから、そのあいだ留守をしてくれまいか」といいました。

「それはやすいことだ」と、樵夫はすぐうけあいました。「それではわたしがいないあいだ、このつぎの座敷をのぞいてくれるな」というので、男がそれも承知すると、女は安心してそとへ出て行きました。

樵夫は一人になりました。ところが、館の女が見るなとかたくいいおいたつぎの部屋が気になってならなかった。ちかいを破って、とうとうつぎの部屋のふすまをあけてのぞいて見ました。ところが座敷には、きれいな娘たちが三人で、掃除をしていました。樵夫がのぞくと、三人は小鳥がとぶように姿をかくしてしまいました。樵夫は変に思って、二ばん目の座敷を開けて見ました。そこには、唐金《からかね》の火鉢に茶釜がかかってお湯がふつふつとたぎり、松風をふいていました。それに、唐絵《からえ》の金屏風が立てまわしてありましたが、だれもいなかった。三ばん目の座敷をあけて見ると、たくさんの弓矢や具足が飾ってありました。四ばん目の座敷はお馬舎《うまや》で、たくましい青毛の駒に金ぷくりんの鞍をおいて、あやの手綱がかけて、三山山峰杉《みやまやまみねすぎ》の並木がさっと嵐になびいているように立髪をなびかせて足がきをしていました。五ばん目の座敷には、朱膳朱椀や南京皿などが並べてありました。六ばん目の座敷に入ると、白金の桶に黄金の柄杓が立ててありました。黄金《(ママ)》の桶から酒がたらたらと滴りおち、下の七つの瓶《かめ》にみちていました。樵夫は酒の香をかいでとうとうたまりかねて、黄金の柄杓で一ぱいすくって飲んでみました。そしていい気持になって酔ってしまいました。

七ばん目の座敷は青色の広い部屋で、座敷一ぱいにいい花のにおいがしていました。そして小鳥の巣がありました。巣の中には小さな卵が三つ入っていました。樵夫はなにげなしその卵を一つとって見ました。ところがあやまって卵をとり落し、割ってしまいました。すると、その卵から一羽の小鳥がかえって、ほほほけきょと鳴いていきました。二つ目の卵も、三つ目の卵も、同じように取りおとしてしまいました。その卵からも小鳥がかえってほほほけきょと鳴いて飛んで行きました。樵夫はあきれかえって、ぼんやりとそこに立っていました。

そのとき、さっきの女が帰って来ました。樵夫の顔を見てうらめしそうにさめざめと泣き出しました。「人間ほどあてにならぬものはない、あなたはわたしとの約束を破ってしまいました。あなたはわたしの三人の娘を殺してしまいました。娘が恋しい、ほほほけきょ」といって鳴いて、その女は一羽の鶯になってとんで行きました。

樵夫は小鳥のゆくえをながめ、傍らの斧をとりのけて伸びをしました。そして気がついて見ると立派な館はなく、ただの萱の野原にぼんやり立っていたということである。

関敬吾編『一寸法師・さるかに合戦・浦島太郎――日本の昔ばなし(Ⅲ)――』
(岩波文庫、一九五七年)より

2　忠臣ヨハネス

むかしあるところに年老いた王さまがおりましたが、病気になって、「どうやらわしも死の床についたというわけだな」と思いました。そこで、「忠臣ヨハネスをここによんでくれ」といいつけました。忠臣ヨハネスというのは王さまのいちばんお気に入りの家来で、生涯王さまにずっと忠節をつくしてきてくれたので、こんなよび名がついたのです。さてヨハネスが枕もとにやってきますと、王さまのいうことには、「忠義な忠義なヨハネス、わしもそろそろおしまいということらしいが、ただひとつ気にかかるのは、むすこのことだ。あいつはまだ年も行かず、一人ではとてもやって行けない。だからおまえが、何事によらずあいつの知らなくてはならないことを教えてやって、父親がわりになってくれると約束してくれぬと、わしも安んじて目をつむることができないのだがな」すると忠臣ヨハネスのこたえるには、「どうしてあのかたをお見捨ていたしましょう、わたくしのいのちにかえても忠実にお仕えいたします」年老いた王さまは「それでこそ、わしも安心してやすらかに死ねるぞ」そういって、さらにことばをつづけ、「わしが死んだら、あいつに城じゅうを見せてやってくれ。大部屋小部屋、地下の倉、そこにしまった宝物までものこらず見せてやれ。ただしあの長廊下のどんづまりの部屋だけは見せずにおけ。あそこには黄金《こがね》葺《ぶ》きの館の王女の絵すがたがしまいこんである。もしもその絵をあいつが一目でも見たら、たちまちぞっこん王女に惚れこんで、気絶してぶったおれ、王女のためにおそろしい危険な目にあうことにもなろう。そんな破目にはならぬように、気をつけてやってくれよ」忠臣ヨハネスがもう一度、老王さまの手をとって約束いたしますと、王さまはそれきり口をつぐみ、頭を枕にのせ、おなくなりになりました。

老王さまがお墓にはこばれてしまいますと、忠臣ヨハネスは、父上のご臨終にあたってお約束したことを若い王さまにお話しし、「このちかい、かならず守り、父君にお仕えしたとおりあなたにも忠実にお仕えいたします。よし、いのちにかえてもお守りいたす所存でございます」と申しました。やがて喪が明けますと、忠臣ヨハネスは若王さまに、「あなたの受け継がれましたものを、いよいよごらんになる時でございます。父君のお城をお目にかけましょう」そういうと、若王さまを案内して、階段を上ったり下りたりそこいらじゅうつれあるき、ありとあらゆる宝物だのきらびやかな部屋だのをお見せしました。ただし一つだけ、あの危険な絵すがたのおいてある部屋はあけませんでした。その絵というのは、扉をあけると真正面に見えるようにおかれていて、それがまたあまりすばらしいできばえですので、だれでもほんとうに生きてるように思いこみ、これほど愛らしく美しいものが世にまたとあろうかと思ってしまうほどなのでした。若王さまはしかし、忠臣ヨハネスがいつも素通りしてしまう扉が一つあるのに気がついて、「どうしてこの扉は一度もあけてくれないのかね？」といいだしました。ヨハネスの答えるには、「ここにはぞっとするようなものがはいってますので」王さまはしかし、「城じゅうのこらず見たからには、このなかにあるものも知っておきたい」そういうと扉に近づき、むりやりあけようとしました。忠臣ヨハネスは王さまをおしとどめ、いうことには、「お父さまがなくなるまえ、この部屋にあるものだけはお見せしないようお約束しましたので。さもないと、あなたにもわたくしにも、おそろしい不幸がおそいかかるかもしれませんぞ」「まさか」と若い王さまは答えました、「はいってみなければ、それこそ身の破滅にきまってる。この目でしかと見とどけるまでは、わたしは夜も昼も、片時も気がやすまらないだろうからね。さあ、おまえがあけてくれるまでは、ここから動かないよ」

忠臣ヨハネスは、もはや甲斐なきことと見てとって、おもい心でしきりにためいきをつきながら、おびただしい鍵束のなかから鍵をさがしだしました。そして扉をあけると、まず自分があゆみ入り、王さまがごらんになるよりさきにその絵すがたをかくしてしまおうと思ったのですが、しかしそれが何の役に立ったでしょう？　王さまは爪先立ちして、ヨハネスの肩ごしに絵を見てしまったのです。黄金や宝石できらきらとかがやくすばらしい乙女の絵すがたが目にはいったとたん、王さまは気を失ってばったりと床にたおれました。ヨハネスはだきおこし、ベッドへはこびこみながら、心配で心配でたまらず、「やれやれ、やっぱりたいへんなことになってしまった、これからどうなることやら！」そう思いながら気つけ薬にぶどう酒をさしあげているうちに、王さまもようやく正気をとりもどしました。そしてまず、いったことは、「ああ！　あの美しい絵すがたはだれのだね？」「黄金葺きの館の王女でございます」忠臣ヨハネスが答えました。すると王さまはつづけて、「あのひとが恋しくて恋しくてたまらない。木々の木の葉がのこらず舌となろうとも、この恋を語りつくすことはできまい。いのちをかけてあのひとを手にいれてみせるぞ。おまえはだれより忠義なヨハネスじゃないか、きっとわたしの味方になってくれるね」

さてどうしたものやら、と忠義な家来は長いこと考えこみました。なにしろ王女にお目にかかるだけだって、なみたいていのことではなかったからです。しまいにようやくヨハネスはある方法を思いつき、王さまにこう申しあげました。「あの王女の身のまわりのものは、何もかも黄金ずくめ、テーブルも、いすも、お皿も、さかずきも、お椀も、ご調度品もひとつのこらずそうなのです。で、ただいま王さまお手持ちの宝に五トンの黄金がございますが、そのうち一トンをこの国の錺《かざ》り屋《や》たちに細工させて、ありとあらゆる器やお道具や、ありとあらゆる鳥けもの、珍獣のたぐいをお作らせなさいませ。おそらく王女のお気に召すでしょう。ひとつそれをもっていっしょに出かけていって、運をためしてみましょうや」王さまはそこで錺り屋どもをのこらずよびあつめ、夜を日についで働かせて、とうとう世にもすばらしい品々ができあがりました。それらをのこらず一艘の船につみこむと、忠臣ヨハネスは商人の服に着がえました。王さまも完全におしのびにするために、おなじ身なりに変えさせられました。それから二人は船出して、長いこと海を旅し、やっとのことで黄金葺きの館の王女さまの住む都へとたどりつきました。

忠臣ヨハネスは王さまに、船にのこって待っていてくれるようにとたのみました。「ひょっとして王女さまをおつれするかもしれません。ですからどうぞ、よろずぬかりなく、黄金の器をならべさせ、船じゅう飾りたてておくようにご手配ねがいます」そういうとヨハネスは、前垂れのなかに例の黄金の細工物をあれこれつつみこみ、陸にあがってまっすぐ王宮へむかいました。お城の中庭までやってきますと、泉のそばで美しいむすめがひとり、黄金の手桶を二つ手にして、水を汲んでいました。むすめはきらめく水をはこんで行こうとして、くるりとふりむいて見知らぬ男がいるのに気づき、あなたはどなた？　とたずねました。ヨハネスはそこで、「わたしは商人でして」とこたえながら、前垂れをひろげて中をのぞかせてやりました。するとむすめは声をあげ、「まあ、なんてきれいな金細工！」そういうと手桶をおろして、細工物をひとつひとつながめました。それからいうことには、「これはぜひ王女さまにお見せしなければ。なにしろ黄金のものが大好きで、のこらずお買上げになることでしょうよ」むすめはヨハネスの手をとって、お城へ案内して行った、というのは王女さまの小間使だったからです。王女さまは品物を見るとすっかりお気に入りで、「ほんとにきれいにできていることね。のこらず買い取ってもいいわ」けれどもヨハネスはヨハネスで、「いや、わたしはさる大商人の手代の者にすぎませぬ。ここに持参しておりますものなどは、主人が船に積んでいます品々にくらべれば、ものの数でもございません。それこそは黄金の細工という細工のうちでも、またと見られぬみごとな宝物でして」王女さまは、それならみんな持ってくるようにとのお望みでしたが、ヨハネスは、「それにはずいぶんひまがかかります。なにしろそれほどたくさんあるのでございまして。また、並べようにもたくさん広間が要りますし、このおやしきでは並べきれないほどでして」さあこうなると王女さまの見たさ欲しさはますますつのり、とうとうこういいだしました。「それなら船へ案内してください。こちらから出向いて、ご主人の宝ものをとくと見せていただきますわ」

そこで忠臣ヨハネスは、王女さまを船にご案内し、しめしめと大よろこびしました。王さまは王さまで王女を一目見て、絵すがたよりもはるかに美しいことがわかると、胸がとどろいてはちきれるかといっそ心配なほどでした。いよいよ王女さまは船に乗りこみ、王さまが案内して中へつれこみました。ヨハネスはしかし舵取りのそばにいのこると、船を岸から離すようにいいつけました。「帆をいっぱいにあげるんだ、空とぶ鳥のように船をとばせろ」王さまはといえば、船のなかで黄金の品々を王女さまのお目にかけていました。お皿、さかずき、お椀、鳥、けもの、珍獣のたぐいにいたるまで、一つひとつ。そうしたものをのこらず見るうちに、かなりの時がたちましたが、王女さまはうれしさのあまり船が走りだしたことにも気がつきませんでした。さいごの品を見終って、王女さまは商人にお礼をいって帰ろうとして、船べりまできてみますと、これはしたり、船は陸地はるかな沖合をもろに帆をあげて走っています。「まあたいへん！」王女さまはぎょっとして声をあげ、「だまされたんだわ、さらわれて、商人なんぞの手におちたんだわ。いっそ死んでしまいたい！」王さまはそこで王女さまの手をとって申しました、「商人ではございません。じつは私は国王で、生まれからいってもあなたよりいやしからぬ身分です。あなたをはかりごとで連れだしたのも、ただただお慕い申す心のあまりなのです。はじめてあなたの絵すがたを拝見したときは、気を失ってぶったおれたほどでした」それをきくと、黄金葺きの館の王女さまもほっとして、王さまに心ひかれはじめ、それではよろこんでお妃になりましょうということになりました。

ところがここにある出来事がおこった、というのは、船が沖合を走っているときのことでしたが、忠臣ヨハネスが船のへさきにすわり、楽をかなでていますと、三羽の鳥が空に見えて、こちらへとんできたのでした。ヨハネスはそこで奏楽をやめて、鳥どもの話に耳をかたむけました。ヨハネスはそのことばがちゃんとわかるのでした。一羽の鳥がなきたてるには、「やあ、あいつ、黄金葺きの館の王女さまを国につれてくねえ」「そうだとも」と二ばんめの烏がこたえました、「だがまだ手に入れたってわけじゃない」すると三ばんめのが、「だって、手に入れてるじゃないか、王女は船のなかで、やつのそばにすわってるぜ」それをきくと、一ばんめのがまたしても口出ししてなきたてるには、「そんなの、何の足しにもならんよ。あいつらが上陸すると、栗毛の馬が一頭、やつのほうへはねてくるんだ。やつはその馬にとび乗りたくなるんだが、乗ったらさいご馬は王さまぐるみ突走って、空に消えちまって、やつは二度とふたたびいとしいむすめに会えないってわけだ」「何とかたすかるすべはないのかね？」と二ばんめのがいいますと、「もちろんあるさ。だれかほかの男がすばやくとび乗って、鞍のわきにささってるピストルをひっこぬいて、その馬を撃ち殺してしまえば若王さんはたすかるんだ。だがそんなこと、だれが知ってるかって！　それにもし、知ってて王さまに話すやつがあれば、そいつは足の爪先から膝まで石になっちまうんだ」すると二ばんめのがいうには、「おれはもっと知ってるぜ。馬がころされたところで、若王さまが花よめさんをつかまえられたわけじゃない。二人がいっしょにお城へ入ってゆくと、花むこ用の下着ができあがって大皿にのっかってるんだ。それがまるで金と銀で織りあげたように見えるけど、じつは硫黄と瀝青《チャン》でできてててね。着たらさいご王さまは骨の髄まで焼けただれちまうのさ」「何とかたすかるすべはないのかね？」三ばんめがいいますと、二ばんめはこたえて、「もちろんあるさ。だれかが手袋をはめて、その下着をつかんで、火のなかへなげこんで燃やしちまえば、若王さんはそれでたすかるんだ。だが、何の足しになるかって！　知っててそれを王さまに話すやつがあれば、そいつは膝から心臓までの半身が石になっちまうんだ」すると三ばんめの烏のいうには、「まだそのさきを知ってるぜ。花むこの下着が燃されたって、若王さまが花よめを手に入れたとまでは、まだいかないさ。ご婚礼のあとダンスがはじまって、若いお妃がおどりだすと、そのうち急にまっさおになって死んだみたいにぶったおれるのさ。そのときだれかがお妃をだきあげて、右の乳ぶさから三滴の血をすいとってやって、それをまた吐きださないと、お妃は死んじまう。だけどそのことを知っててもらすやつがいたら、そいつは頭のてっぺんから足のさきまで全身が石になっちまうんだ」烏どもはこんな話をしたあげく、またとんで行ってしまいました。忠臣ヨハネスはその話がのこらずわかりましたが、さてそれからというものは、ものもいわず沈みこんでいました。なぜなら、自分のきいたことをご主人にいわずにおけば、主人は不幸な目にあいます。かといって打ち明ければ、自分はみずからのいのちを捨てるわけです。ヨハネスはしかし、とうとうこうつぶやきました。「やっぱりご主人をたすけよう。たとえそのためにこの身はほろびても、だ」

　さて一行が上陸しますと、烏どもの予言したとおりのことがおこりました。すばらしい栗毛の馬が一頭、まっしぐらにかけてきたのでした。「ようし、これに乗って城までつれてってもらおう」王さまはそういうと、いまにも乗ろうとしかけましたが、忠臣ヨハネスは先まわりして、すばやく馬にとび乗り、鞍のわきからピストルをぬきとって、馬を撃ちたおしました。かねて忠臣ヨハネスをこころよく思っていなかった、王さまのほかの家来たちは、それをみて口ぐちにさけびたて、「なんてけしからんことを！　せっかく王さまを城までお乗せするはずだった、すばらしい馬を殺すとは」けれども王さまのいうことには、「だまって、あれのするようにさせておけ。

ほかならぬ忠臣ヨハネスのことだ、これがためになることでないと、どうしてわかるか！」さてお城に入りますと、広間に大皿が一つおかれ、花むこ用の下着ができあがってそこにのせてあって、さながら金と銀で織りあげたものとしか思えませんでした。若い王さまはつかつかと歩みよると、その下着をつかもうとしましたが、しかし忠臣ヨハネスは王さまをおしのけて、手袋をはめた手で下着をひったくり、すばやく火のなかへなげこんで、燃やしてしまいました。ほかの家来たちはまたしてもぶつぶついいだして、「見ろよ、こんどは王さまのご婚礼の下着まで燃しちまったぜ」それでも王さまのいうことには、「これがためになることでないと、どうしてわかるか。あれのしたいようにさせておけ、ほかならぬ忠臣ヨハネスのことだ」さてご婚礼もめでたくすみ、いよいよダンスになりますと、花よめもそのなかまに入りました。忠臣ヨハネスは、そこでじっと気をつけて、そのお顔をうかがっているうちに、にわかにそれがまっさおになって、花よめは死んだように床にたおれました。ヨハネスはいそぎかけよって、花よめをだきあげると、ほかの部屋へかつぎこみ、それから花よめをねかせておいて、ひざまずいて、右の乳ぶさから三滴の血をすいとり、それをぺっと吐きだしました。たちまち花よめは息をふきかえし、元気づきましたが、若い王さまはそれをずっと見ていて、何のために忠臣ヨハネスがこんなことをするのかわからぬまま、かっと腹をたててさけびました。「こいつを牢屋へほうりこめ！」あくる朝、忠臣ヨハネスは死刑をいいわたされて、絞首台へつれて行かれました。そして台上に立って、いよいよ処刑というときになって、ヨハネスのいうには、「だれでも、死ぬときまった者は、さいごに一言しゃべってよいことになっておりますが、わたくしにもその権利がございますでしょうか？」「よいとも、ゆるしてつかわそう」王さまがこたえますと、忠臣ヨハネスは、「わたくしはまちがってお仕置されるのです。王さまにはずっと忠節をつくしつづけておりました」そういうと、海で鳥どもの話をきいてしまったこと、すべてはご主人をすくうためにやむをえずなされたものであることを物語りました。王さまはすると声をあげ、「おお、忠義な忠義なわがヨハネス、ゆるすぞ、ゆるすぞ！　あれをおろしてやれ」けれども忠臣ヨハネスはさいごの一言をいいおえたとたん、息がたえてころがりおちていました。ヨハネスは石になったのでした。

さあ王さまもお妃も、これにはたいへんななげきようでした。「ああ、わたしとしたことが、これほどの忠義に報いるになんとまたひどいことをして！」王さまはそういって、石の像をおこさせ、お寝間のじぶんのベッドのわきにたてさせました。そして、それを見るたびに涙にくれ、「おお、おまえを生きかえらすことができたらなあ、忠義な忠義なわがヨハネスよ」というのでした。

やがて時はめぐり、お妃は双子を生みましたが、二人とも男の子ですくすくとそだち、ご夫婦のよろこびのたねでした。あるときお妃は教会へでかけ、二人の子どもは父王さまのそばであそんでいましたが、王さまはまたしても石の像をながめてかなしみにくれながら、ためいきをついて申しました。「おお、おまえを生きかえらすことができたらなあ、忠義な忠義なわがヨハネスよ」すると、石像がものをいいだして申すには、「できますとも、わたくしは生きかえらせていただけるんです、あなたが最愛のものをそのために役立ててくださりさえすれば」王さまは、そこでさけびました、「わしの持ち物なら何なりとおまえのために役立てようぞ」すると石像はことばをつづけ、「あなたがお手ずから、お子さまがた二人の首をはね、その血をわたくしに塗ってくださりさえすれば、わたくしは息をふきかえします」王さまは、最愛のわが子らをわが手であやめるのだときいて、ぞっとしてしまいましたが、ヨハネスのまたとない忠義を思いだし、じぶんのためにヨハネスが死んでくれたことを考えて、剣をひきぬき、子どもたちの首を手ずから切りおとしました。そして、その血を石像に塗ってやりますと、いのちがよみがえり、忠臣ヨハネスはもとどおり元気にすこやかに王さまのまえに立っていました。ヨハネスは王さまに、「あなたの示されたまごころに報いがなかろうはずはありません」そういって、子どもたちの首をとりあげて、からだの上にのせ、二人の血を傷に塗ってやりますと、たちまち子どもたちはもとどおり生きかえって、何事もなかったようにとびまわり、あそびつづけました。王さまはもううれしくてうれしくてたまりませんでした。そこへお妃がやってきたのを見て、王さまは忠臣ヨハネスと二人の子どもを大きな戸棚にかくしました。お妃がはいってくると、王さまのいうには、「教会でお祈りをしてきたのか？」「はい」とお妃はこたえて、「でもそのあいだじゅう、忠臣ヨハネスのことばかり考えておりましたわ。ヨハネスがわたくしどものためにあんな不幸な目にあったことを」そこで王さまは申しました。「ねえおまえ、わたしたちで、あれのいのちをとりもどしてやることもできるのだよ。ただしそれには二人の子どもたちを犠牲としてさしださなければ」お妃はさっとあおざめ、心のうちではぞっとしたもののあえていうには、「あのすばらしい忠義を思えば、やっぱりそうしなければ」王さまはそうきいて、お妃も自分とおなじ考えだとわかってうれしくなり、つかつかとあゆみよって戸棚をあけ、子どもたちと忠臣ヨハネスとを出してやって、申しました。「ありがたいことに、ヨハネスは救われて、子どもたちもわたしの手にもどったのさ」そういって、一部始終をお妃に物語ってやりました。こうしてみんなは、世を終るまでいっしょにたのしく暮らしました。

矢川澄子訳「グリム童話」(河合隼雄著『昔話の深層』福音館書店、一九七七年)より

3　三つ目男

昔むかし、あるところに三人の娘をもった貧しいきこりがいた。ある日のこと、娘のうちのひとりが窓からぼんやり外を見ていると目の前をひとりのお百姓が通っていった。お百姓のほうではこの娘がたいへん気に入ってとなりの家のおかみさんたちに、この娘はまだ独り者かと尋ね、そうとわかると、となりのおかみさんたちに娘へのプロポーズをとりなしてくれと頼んだ。娘の父親はこのプロポーズに満足して娘をやった。

さて娘は夫の家に来てみるとすっかり幸せに感じた。夫は女房に百一個のかぎの束をわたして、百の部屋はどれを開けてもいいけれど、百一番めの部屋だけは開けてはいけない。それにその部屋はからっぽだから開ける必要もないのだ、と言った。そして夫は最後にこう言った「要するにこのかぎはおまえには用がないからわたしに返しておいてもらおう」。若い女房は百の部屋を開けてみてその中にたくさんの宝物が入っているのを知った。女房はそのひとつひとつを驚きの声をあげながらゆっくり見てしまってから、それにしてもいったいどうしてこんなにたくさんの宝物が自分にまかせられたのだろう、そしてどうしてあのひとつの部屋だけは開けてはいけないのだろう、とふしぎでならなかった。そこで女房はあの部屋のかぎを夫がどこに置くか注意して見ておいて、後でそれをとってその部屋を開けてみた。部屋の中を見回してみたが、何も置いていない四方の壁と道路に面した窓がひとつあるきりだった。女房はひとりごとを言った「あそこでうちの人が見えるってわけね。でもなぜ道路にむけて窓があるのかしら。わたしが外をのぞかないようにうちの人はこの部屋を閉めておくのだわ」。そう思いながら女房は窓辺に腰をおろした。するとまもなくひつぎがこちらへやってくるのが見えた。ところがそのひつぎには親せきの人や友人たちが泣きながらついてくる様子もないものだから、この若い女房は自分が死んだときに、夫が自分の親せきをだれも近づけなかったら、自分はこんなめに会うのだと思ってひとりで泣きはじめた。さて死体が埋められ、人びとが帰ってしまうと今度は夫がその墓場にやってくるのが見えた。その墓場に来ると夫の頭はまるで大きなまるい升《ます》のように大きくなり、その頭には目が三つついていて、手は世界じゅう抱きかかえられるほど長くなった。そして指には三十センチもの長い爪があった。夫は死体を掘り出してかじりはじめた。女房はこの光景を見てすっかり驚いたが、気をたしかにもって、夫がほんとうに死体をかじっているのだということを確かめた。けれどもその後で女房は激しい熱におそわれて床につかなければならなくなった。

しばらくたって夫が帰ってきて、いつものようにかぎのかかっている部屋に入っていき、周りを見回して、足跡と窓が開いているのに気がついた。夫は女房の部屋に駆け込んできて大声でどなった「このばか野郎！　おまえはあの部屋を開けておれさまが三つ目男だということを見やがったな。こうなったらおまえは生かしてはおかないぞ、おまえを食ってやるんだ」。若い妻はたいへんなことになったのを知って、ベッドから起きて逃げ出す用意をした。一方三つ目男は台所へ行って火をがんがんおこし、大きな焼きぐしを手にとって妻に向かって叫んだ「さあいいからこっちへこい、焼きぐしがおまえを待ってるぞ。おれは前に一度、おまえをこうやって殺して食ってしまうことを誓ったからそうしなきゃならねえんだ。そうでなければおまえをすぐに飲み込んでしまうところなんだが」。妻は答えた「お許しください、ご主人さま、わたしはいつでもあなたのものでございます。お願いですからあと二時間生かしておいてください。そのあいだにわたしはざんげをしてお祈りをいたします。それがすんだらどうぞわたしを食べてください」。三つ目男はこの願いを聞きとげてくれた。若い妻はこっそりそこを立ち去って、あの部屋のかぎをとってその部屋を開けると、窓から道路へ飛び降りた。そしてだれか助けてくれるひとはいないものかと道路を走っていった。走っていくうちにやっとひとりの馬方に出会ったので三つ目男に追われているのでどうかあわれと思って助けてくださいと頼んだ。「どこへ隠してやったらあんたを救ってやれるかなあ、奥さん」と馬方は言った。「あんたがわたしのところに隠れても、その三つ目男はきっとあんたを見つけ出して、わたしも馬もいっしょに食ってしまうだろうよ。それよりもうすこし走っていきな。そうすれば王さまのらくだ使いがいるだろう。その男ならきっとあんたを助けられるよ」。それで妻はまた力のかぎり走って行ってやっとらくだ使いに追いついた。そしてさっきと同じように、三つ目男に追われているので助けてください、と頼んだ。らくだ使いはほんとうにこの妻のことを気の毒に思って、らくだの背中から木綿の大きな束をひきずり降ろして、その中に隠してくれた。

そうしているあいだに三つ目男は焼きぐしをじゅうぶんにまっ赤に熱して大声で叫んだ「おおい、どこにいるんだ、こっちへこい、もう時間だぞ」。ところが妻が来ないので男は家の中をあちこち捜しまわった。だがどこにもいなかった。

しまいに男はあの部屋の窓が開いていることに気づき、大急ぎで窓から飛び出した。そして左右をながめ回してから道路を走りだした。そして馬方を見つけると大声でこう言った「おい馬方、ちょっと待て、おまえとおまえの馬を食べちまうぞ」。道みちこの三つ目男に出会ったひとはみな恐ろしさのあまり死んでしまうか、あるいは気を失って倒れてしまった。ところがこの馬方は三つ目男の声を聞くと立ち止まった。三つ目男は馬方にこうきいた「若い女が走っていくのを見なかったか？」「何も見なかったねえ、だんな、ほんとですよ。だがもっと先へ走っていくとらくだ使いに会うからねえ、あの男なら見たかも知れませんよ」。三つ目男はどんどん走り続けていって、らくだ使いに同じことを尋ねた。「知らないねえ、何も見なかったよ」とらくだ使いは答えた。これを聞くと三つ目男はまたもどってひとりごとを言った「もう一度うちへ帰ってよく捜してみよう」。うちへ帰っても女房がいないもので三つ目男は考え込んでこうひとりごとを言った「よし、このまっ赤な焼きぐしを持っていって、あのらくだ使いをもう一度よく調べてやろう」。そして焼きぐしを肩にかついでまた窓から飛び出して、らくだ使いのあとを追って走っていった。らくだ使いと若い妻は恐ろしさのあまり息が止まりそうだった。けれどもふたりとも何食わぬ顔をしていた。三つ目男はらくだ使いに命令した「さあぐずぐずしないですぐに木綿の束を全部ここへ降ろせ！」らくだ使いは命令に従わないわけにいかなかった。すると三つ目男は焼きぐしで木綿の束をひとつずつ順についてみた。もちろん自分の妻が隠れている束にも焼きぐしを突っ込んだ。そしてしまいにこう言った「もうよろしい、行ってよし」。三つ目男が帰っていってしまうとらくだ使いはその若い妻に、どうだったんだ、焼きぐしは命中しなかったのかと尋ねてみた。「もちろん焼きぐしはわたしの足に命中してひどく足を傷つけたわ、でもわたしは焼きぐしを木綿できれいにふき取ったので血が付いていかなかったのよ」。するとらくだ使いは言った「まあ心配するな、王さまはいいひとだからおまえを王さまのところへ連れていけばきっと手当てを受けさせてくれるだろう」

王さまはこの話を聞くと若い妻に向かって言った「もう恐れることはないぞ、お若いかた。わしの宮殿の中ではその三つ目男も手を出すことはできんからな」。そう言ってから王さまは医者を呼んでくれた。医者は妻に包帯を巻いてくれた。若い妻は傷が治ると、ぶらぶらするのはいやだから何か仕事を与えてくださいと願い出た。そしてどんな手仕事ができるのかときかれると、ししゅうができると答えた。それで白いビロードと絹とパールと金の糸が与えられた。するとこの若い妻は、頭に王冠をかむって玉座に座っている王さまを描いたすばらしい布をししゅうで作った。ししゅうができ上がって王さまに見せると王さまはそのししゅうのすばらしさにたいそう喜んだ。若い妻がその並みはずれたすばらしい技術でいくつかのししゅうを仕上げて王さまに見せると、王さまはある日女王に向かってこう言った「あの若い娘ほどすぐれた嫁はいないのではあるまいか。あれが王室の出身でないということなど問題ではあるまい。あの娘はあれほど器用で頭がよく、そして美しいから、うちの息子にもきっと気に入るのではあるまいか」。女王は王さまのこの考えに賛成した。そこであの若い娘が呼びだされてこの計画を打ち明けられた。けれども娘はこう言いながら泣きはじめた「あなたさまはどうしてそんなことをお考えになったのですか。わたしはたいへん幸せですけれど、もしあの三つ目男がこのことを聞いたらわたしとあなたさまのご子息を食い殺してしまうでしょう。けれども、もしあなたさまがそれでもお考えどおりになさりたければ、どうか階段が七つある高い家を造ってその下に堀を掘らせ、その堀をむしろで見えないように覆ってください。そして階段には全部牛の脂をぬり込んでください。そしてまはすべてそのとおりにするように命令をだした。結婚式の準備はひそかに行われたけれど、三つ目男はそのことをかぎつけて仕返しをしようと決心した。結婚式の晩、すべての人びとが寝静まると三つ目男は花嫁を連れ出して食べてしまうためにその部屋へ忍び込んでいった。男はこの若い婦人の夫になった王子の寝床に、ある墓から持ってきた土をまき散らした。それで王子はもはや目を覚ますことはできなかった。花嫁は自分のベッドのわきに三つ目男が立っているのに気がつくと夫をつついたがむだであった。三つ目男は花嫁をつかまえてこう言った「さあ、おとなしく立ち上がりな、お若い奥さん。焼きぐしがおまえを待ってるぜ。おれは前に一度おまえを焼いて食べるという誓いをたてたから、そうしなきゃならないんだ。そうでなければここですぐにおまえを食っちまうところなんだが」。そう言うと三つ目男は花嫁の手をつかんで階段を降りはじめた。三段降りたところで花嫁が三つ目男に言った「お願いだから先に降りてちょうだい、わたし怖いんだもの」。三つ目男は、花嫁が音をたててほかの人の目を覚ましてしまうとつかまえられると思って、言われるままにした。ところが一番下の階段まで降りてくると花嫁は片方の手でしっかりと手すりにつかまって、もう一方の手で三つ目男を激しく突きとばした。すると男は牛の脂のおかげでつるりと滑って下の堀に落っこちた。その堀の中にはライオンと虎がいて、たちどころに男を食い殺してしまった。花嫁は男を突きとばす前に「もしこの男が堀の中に落ちなければすぐにまた上がって来てわたしを食べてしまうだろう」と言ったくらいに恐ろしかったので、突きとばした瞬間のその恐ろしさのためにすっかり気を失って倒れてしまった。朝になると王さまは起きて、若いふたりもすぐに起きてくるだろうと待っていた。けれどもふたりはなかなか現れなかった。それで王さまは女王さまに言った「あのふたりは何をしているんだろう、行って見てこよう」。王さまが寝室に入ってみると息子は倒れてほとんど死にかけていたし、花嫁は階段で気を失って倒れていた。けれども医者がすぐに呼びよせられて、ふたりをまた生き返らせた。それから花嫁は夜中におきたことを話して聞かせた。そこで王さまはその三つ目男がどうなったか堀の中を調べさせた。けれども男はもうすでにライオンと虎のためにあとかたもなく食べられてしまっていた。それでやっと楽しい結婚式がとり行われた。結婚式はにぎやかな歓声の中で四十日と四十夜続いた。そしてわたしたちはその結婚式のお客に別れを告げて、ここへやってきたのだ。

小澤俊夫編・訳『世界の民話13　地中海』(ぎょうせい、一九七八年)より

4　飯くわぬ女

――広島県安芸郡――

昔、あるところに、ひとりの男がありました。いつまでもひとり者でいるので、友だちが心配して「もうええかげんにして、嫁でももろうたらどうだい」といって、嫁を貰うようにすすめました。けれども、その男は「いつまでまってもええが、物を食わない嫁があったら、世話してくれ」といいました。

そういっていると、ある日の夕方、その男の家へきれいな女が来て、「わたしは旅の者ですが、日がくれてなんぎをしておりますから、どうかひと晩とめてたもれ」と、宿をたのみました。男は「宿はかしてもええが、うちには食べるものがないよ」といって、ことわりました。けれども、女は「わたしはなんにも食べません。ものを食わん女です。泊まるだけでええです」といって、たのみました。男はたまげたけれども、その女をとめることにしました。

女はあくる朝になっても、出ていこうとしません。いろいろ用事をしてくれるので、男はいつまでもとめておきました。なによりもよいことは、なにもたべないで仕事ばかりしていることだ。けれども、いつまでたってもなにも食わないので、男は少したべてみいというてみたが、女は匂いだけかいどればええといって、どうしてもたべなかった。

男は、世の中にこんなええ女房はないと思うて、友だちに自慢していました。けれども、誰もほんとうにするものはなかった。そのうちに、いちばん仲のよい友だちがやって来て、「おい、お前はどうしたんや。まだ気がつかんのか。お前の女房は人間じゃないよ。しっかりせにゃいかんよ」と、おしえてくれました。けれどもその男は、「そんなことがあるものか」といって、とりあわなかった。

「知らんのはお前だけじゃ。村じゃ大きな評判じゃよ。世の中に物くわん人間があるものか。うそじゃと思うなら、どこかよそへいくふりをして、女房に気づかれんように天井に上がって、何をするかみてみろよ」といいました。

ある日、男は町へいくとき、「夜にならんと戻らないよ」といって、家を出ていきました。一町ばかり行ってからもどって来て、女房に知られないようにそっと天井へのぼっていました。女は一人になると、米をとぎはじめました。火をどんどん焚いて、飯を炊きはじめました。飯が出来るとにぎり飯を三三こしらえて、台所から鯖を三匹とって来て火にあぶりました。それから立膝をして、髪の毛をばらばらほどいた。どうするか見ていると、頭のまん中の大きな口の中ににぎり飯やら、あぶった鯖やらどんどん投げこんで、食ってしまいました。

男はこれを見て、肝をつぶして天井からそっと降りて、友だちのところへ逃げて行きました。「それみたことか、いわんこつじゃない。だがな、今日は知らん顔して家へいぬるがええ」といったんで、男は知らん顔をして家に帰りました。いってみると、女房は頭がいたいといって、寝ていました。どうしたのかとたずねると、「どうもせんが、気持が悪うてねとる」と、ねこなで声で答えました。「そりゃいかん。薬でものんでみるか、祈禱でもしてもろうてみるか」といったら、「わたしゃ、どうすりゃええかわからん」といって、いまにも飛びつきそうなようすをしました。「それじゃ、おれがいま祈禱師をたのんできちゃる」といって、友だちのところへとんでいってつれて来ました。「何のたたりだあ。三升飯のたたりだあ。鯖三匹のたたりだあ」と友だちがいうと、女はそれを聞いて飛びおき「うーん、お前たちゃ、見ていたのう」といって飛びついて来て、友だちを頭からがしがし食いだしました。

男はひどくびっくりして逃げようとすると、女は友だちを食ってしまうとその男をとらえて、子猫のようにぶらさげて頭の上にのせて、さっさと山の方へ逃げて行ってしまいました。そうして、野をこえ、山をこえて、うさぎのようにかけて行きました。森の中にかかったとき、目の前に木の枝がつき出ていたので、しめたと思って枝にぶらさがりました。飯食わぬ女房の鬼はそれとも気づかないで、どんばんかけて行きました。

男は木からおりて、そこのよもぎとしょうぶのくさむらの中に、そっとかくれていました。すると鬼女は男のかくれているところに引き返して来て、「お前がどこにかくれていても、逃がすものか」といって、とびかかろうとしました。けれども、もう少しというところでとびのいて、「ああ、うらめしい。よもぎとしょうぶぐらい、このからだに毒なものはない。この草にふれたらからだがくさるんじゃ。その草がなかったら、お前も食ってしまうのになあ」といって、たいそう残念がりました。男はこれで大丈夫だと思って、草をとって鬼に投げつけました。さすがの鬼も毒にかかって死んでしもうたそうです。

関敬吾編『こぶとり爺さん・かちかち山――日本の昔ばなし（Ⅰ）――』
（岩波文庫、一九五六年）より

5　鬼が笑う

——新潟県南蒲原郡——

昔、あるところにしんしょのよい旦那さまがありました。いとしげな一人娘が、遠くの村へ嫁入りすることになりました。嫁入りの日になると、聟どのの家から立派な迎えの駕籠が来たので、母親をはじめ親戚の人たちが大ぜい駕籠について、「嫁じゃ、嫁じゃ」とはやし立てながら、嶺や峠をこえて行くと、ふいに空からまっくろい雲がおりてきて、花嫁の駕籠をつつんでしまった。「なじょにしようば、どうしようば」といっているうちに、黒い雲は駕籠のなかの花嫁をさらってとんで行ってしまいました。

母親は大切な娘をとられてしまったので、気も狂わんばかりに心配して、「俺はどうでもして、じょうをさがねてこんばならん」というて、焼飯をおぶってどこというあてもなく山をさがしまわりました。野っくり山くりさがねているうちに日がくれました。ちょうど向うに小さなお堂がありました。そこへ行って「あんまりお笑止だども、こんや泊めてもろわれまいかいの」といいました。中から庵女《あんじょ》(尼)さんが出て来て、「着る物もたべるものもないけど、なじょにも泊っておくんなさい」といいました。お堂のなかに入ると、母親はつかれていたので、すぐ横になりました。そうしたら、庵女さまが自分の衣をぬいできせてくれました。衣をきせてから、尼んじょさまがこう語りました。「お前さんのさがねている娘さんは、川向うの鬼屋敷にさらわれて来ているが、川にはおお犬こま犬が張番をしているすけに、どうしてもいかれない。そうだども昼のうちはいねむりしていることもあるすけに、そのすきを見て渡れば渡れんこともない。だけど橋はそろばん橋というて、珠《たま》がたくさんついているすけに、その珠を踏まんようにして渡って行きなされ。もし珠を踏みはずすと、お前さんの生れ里へ落ちて行くすけに、気をつけんばならんでの」といいました。

あくる朝、さわさわという音にたまげて、母親は目をさましました。そこらは一面の葭野《よしの》が原で、お堂もなければあんじょさまも見えない。ただ朝風に葭の葉がおやげなげ(悲しげ)にさわさわいうているばかりで、母親は雨風にさらされた一本の石塔を枕にして寝ていました。母親は「あんじょさま、ありがとうござります」とお礼をいうて、教えられた通り川の端《はた》へ来たら、ちょうどおお犬こま犬が居睡りしていたので、そのすきにそろばん橋の珠ふまんように用心して川を渡りました。やっとのことで川を渡って先に行くと、ちゃんちゃんちゃんかりんときき覚えのある機の音がする。母親は思わずじょうやと呼ぶと、娘が顔を出したので二人は走り合って抱きついて喜びました。

それからじょうは大いそぎで母親に夕飯を食べさせ、「鬼に見つけられると大ごとだすけ」というて、石の櫃に母親をかくしました。そこへ鬼が帰って来ました。「どうも人間くさい」といいながら、鼻をくんくん鳴らしました。娘がそんなことは知らんというと、そんなら庭の花を見て来ようといいました。庭にはふしぎな花があって、家の中にいる人間の数だけ咲くようになっていました。それが今日は三つ咲いているので、鬼はごうぎ怒ってもどって来ました。「お前はどこかに人を隠したんだろう」というて、今にもつかみかかろうとするので、娘はどうしようばと思案していましたが、ふと思いついて「俺が身持になったたすけに、花が三つになったのだろう」といいました。ところが怒っていた鬼が急に逆立ちせんばかりに喜んで、うれしさのあまり大声を出して家来どもを呼びあつめ、「さあ家来ども、酒をもって来い、太鼓をもって来い、川の番付もたたいてしまえ」というて、跳びまわりました。家来どもも喜んで「酒だ太鼓だ、それおお犬こま犬たたき殺せ」と、大さわぎを始めました。

やがて鬼どもは酒によいつぶれて、寝ころんでしまいました。大将の鬼が「嬶《かかあ》、俺らねぶっとうなったすけに、木の櫃へ案内しれ」といいました。娘は木の櫃といわれたのでほっとしました。そして娘は鬼を木の櫃に入れて、七枚の蓋をして七つの鍵をおろしました。それからいそいで母親を石の櫃から出して、鬼の家を逃げ出しました。おお犬もこま犬も殺されて見とがめるものもないので、乗物のしまってある蔵へ来て「万里車がよいか、千里車がよいか」と相談していると、そこへ庵女さまが出て来て「万里車も千里車もだめだすけに、早う舟でにげなされ」といいました。それで母子《おやこ》は舟に乗って、川を一生けんめいに逃げました。

木の櫃に寝ていた鬼は喉がかわいていたので、「かか、水くれや」と何べんもなって(どなって)みたが、返事がないので七枚の蓋をおし破って出て見ると、娘がいない。どこをさがしても影も形も見えないので、「この餓鬼は逃げやがったな」というて、家来どもを呼びおこしました。そして乗物蔵へ行って見ると舟がないので、みんな川へ出て見ました。すると、母子の舟はもう遠くの方へ消えようとしていました。そこで、鬼は家来どもに「川の水を呑みほしてしまえ」といいつけました。大ぜいの鬼どもはがってんだとばかり、川に首をつっこんで、がぶがぶと水を呑みはじめました。すると川の水はへって、それにつれて母子の舟はだんだんあともどりして来ました。今にも鬼の手がとどくほどになったので、舟のなかの母子はもうしょせん助からないとあきらめていると、そこへまた庵女さまが現われて、「お前さんたちぐずぐずせんで、早よ大事なところを鬼に見せてやりなされ」というて、庵女さまもいっしょになって、三人が着物のすそをまくりました。さあ、それを見た鬼どもはげらげら笑うわ笑うわ、ころがって笑ってその拍子に呑んだ水をすっかりはき出してしまいました。それで舟はまた遠くへはなれていって、母子はあぶない命を助かりました。

これは全く庵女さまのおかげだと厚くお礼をいうと、庵女さまは「俺は野中の一本石塔だが、まい年俺のかたわらに石塔を一つあて立てておくんなさい。何よりもそれを楽しみにしていますけに」といって、消えてしまいました。

母子は無事に家へ帰ることが出来て、それからはいつまでも庵女さまの恩を忘れずに、まい年一本ずつ石塔を立てて上げたということです。

関敬吾編『桃太郎・舌きり雀・花さか爺——日本の昔ばなし(Ⅱ)——』
(岩波文庫、一九五六年)より

6 白鳥の姉

――鹿児島県大島郡――

さしゅの国にさしゅの殿さまがありました。女の子一人と男の子一人が生れたところで、奥方は死んでしまいました。女の子の名前は玉のちゅ、男の子の名はかにはるといいました。

殿さまは一〇年のあいだ後妻をもらわずに、辛棒《しんぼう》していましたが、あるとき「ちゅよ、かにはるよ、お母さんをさがそうよ、お母さんがいないと、ほかの殿さまが来たとき肩身がせまいよ」と、二人の子どもたちに相談しました。「どうかもらって下さいませ」子供たちがそういうと、父さまは「では三日のあいだ留守いをしていておくれ、お父さんはお母さんをさがしてくるからね」といって家を出ました。

三日のあいだ方々をさがしてあるきました。女はいかにたくさんあっても、妻にしたい女はみつからなかった。ところが、やまだむちぬやしというところに来ると、美しい女が布を織っていました。殿さまが「ごめんなされ」というと、女は「どこから来られましたか、煙草をおあがりなされ」といいました。「わしは、さしゅの国のさしゅの殿さまですが、妻が死んだので、妻をさがしてあるいているところです。あなたが、妻になってはくれまいか」「どうかそうして下さい。わたしの夫はやまだむちの殿さまでありましたが、女の子一人生れたときに死んでしまって、この家屋敷も人手にわたることになっております。それでこうして布を織って暮しておりますが、あなたが娘と二人つれていって下されば、願ってもないことです。」話がきまって、三人はつれ立って家へ帰りました。

　お父さんは「玉のちゅ、お母さんをつれて来たよ、でて挨拶をしなさいよ」といいました。玉のちゅはお父さんの声をきいて出て来ました。「髪を見れば、わたしをうんだ母の髪のようです。衣裳を見れば、母の衣裳のようです。わたしたちのお母さんになって下さい」と、新しいお母さんにいいました。新しいお母さんは、子供たちを大切にしました。

　そのうちに、玉のちゅがさがの殿さまの嫁にもらわれることになりました。いよいよ明日が嫁入をするという日になりました。お母さんは、玉のちゅを呼んで、「玉のちゅ、今日は杉の山にいって、苧をとって来なさい。甑《こしき》の簀《す》をつくって、こうじをつくるのだから」と、いいつけました。玉のちゅが苧《お》をとってくると、大鍋に湯をわかしてその上に、苧でつくった簀をわたしました。「さあ、玉のちゅ、この上で湯をあびなさい」「いやです、お母さん。たぎっている湯に落ちると、煮えてしまいます」「あんな立派な殿さまの嫁になる女が、この上で湯があびられぬということがありますか。」そういって、玉のちゅを捕らえて湯のなかに投げこみました。

　玉のちゅは煮えて死んでしまいました。弟のかにはるは、それを見て息もできないほど泣きました。母は夫にいいました。「あなたはわるい妻をもったものです。その人の娘といったら、わたしが味噌のこうじを立てようと思っておりますと、わいた湯をあびようとして煮えて死んでしまいました。」お父さんはそれを聞いて「大変なことをしてしまった。人にくれた子供だが、明日はさがの殿さまになんと返事をしたらよかろうか」「なんの心配もいりません。かながおりますから、かなに玉のちゅの支度をさせて嫁にやりましょう」と、妻はいいました。けれども、お父さんは胸がいたくなって寝てしまいました。

翌日になりました。さがの殿さまから嫁迎えに来ました。お父さんは病気で行くことができないので、母とかなとかにはると三人で行きました。向うで大へんにご馳走になりました。帰るとき母は、殿さまに「かにはるは玉のちゅの雇いですから、しかってまい日薪《まき》をとらせ、夜はあなたとちゅと二人のはぎ(脛)をもませたり、肩をたたかせるようにして下さい」といいました。それから家に帰って、「かなはちゅと名をかえて、さがの殿さまにさし上げて来ました」と、お父さんにいいました。「かにはるはどうした」とたずねたので、「かにはるは、姉がなれないところで淋しがるだろうと思いまして、七日のあいだついているようにいって来ました」と、答えました。

かなのちゅはつぎの日から、「かにはる、早く飯をくって薪とって来るんだよ」といって、山へ薪とりにやりました。かにはるは山はどこにあるのか、薪はどうしてとるのかもわからず、しかたなく姉の屍が埋めてある杉の山へ行きました。「杉の山のもの、杉の山のもの」とよぶと、姉の屍を埋めたところから白鳥《しらとり》がとび出して来て、杉の枯葉をくい折って落し、それからまるけてくれました。そしていいました。「わたしはお前の姉ですよ。お前はどうしておりますか」「こういうわけで、わたしは薪をとったり、火焚きからはぎ(脛)あらいまでさせられて難儀をしております」「そうか、かわいそうに。お前は着るものはそれだけかい」「たったこれ一枚だけです」「それではうちに帰ったら、機屋の雨戸のあたりに糸切れや布切れが散らかっているはずだから、それを拾ってもって来なさい。姉さんが着物をこしらえてあげるから」といいました。

かにはるは姉の白鳥とわかれて家に帰りました。翌日、早くおきて機屋の雨戸のところを見ると、糸の切れや布の切れがあったので、それを拾って杉の山に行きました。「杉の山のもの」とよぶと、白い鳥がでて来て「糸の切れや布の切れは見つかったかい」と、たずねました。「さがして来ました」「今日は薪をとって帰ったら、頭がいたいといって寝るがよい。夕飯もたべないで、明日の朝はかゆ一ぱい食って、昼飯もかゆだったら一ぱいたべ、もし飯だったら半ばい食って、三日のあいだ寝なさい。四日目の朝はもうよくなったといって、飯をうんと食って山へ来なさい。」そういって白鳥の姉は、杉の葉を落してまるけてくれました。

かにはるは薪を頭にのせて帰りました。白鳥の姉に教えられたように頭がいたいといって寝ました。四日目の朝になって、「もうよくなりましたから、今日は山に行って薪をとって来ましょう」といって、杉の山に行きました。「杉の山のもの」とよぶと、白鳥の姉が衣裳を風呂敷につつんでくわえてとんで来ました。「この衣裳をあげよう。家に帰ったらけっしてよいところにおかないで、竈《かまど》の前の一ばん汚いたたみの下にかくして、夜は一ねむりして目がさめると寒くなりますから、そのときにとり出して着なさい。夜のあける前にぬいでもとのところにしまっておくのだよ。さあ、また薪をとってあげよう」といって、薪をあつめて弟にもたせました。「わたしはここにいるのは今日までだよ。明日はちょうど一七日になるから、あんだ(後生)の王さまの前に行かねばなりませぬ。これからはもうわたしを呼んではなりませぬ。」そういって、姉と弟とは別れました。

弟は泣きながら家に帰りました。衣裳は竈の前のきたない畳の下にかくしておきました。夜になってひと眠りして目がさめると寒くなったので、衣裳をとり出して着ました。ところがその夜、さがの殿さまはねむれないので、家来たちを呼んで煙草の火を入れよといわれたが、誰も起きて来ない。妻を呼んでも起きて来ない。しかたがないので、自分で起きて竈の前に行くと、竈の前がぴかぴかと光っておりました。火だと思って火箸《ひばし》ではさみ上げると、なにか大きなものをはさみ上げました。よく見ると、立派な衣裳でした。殿さまは「どうした、子供、お前はこの立派な衣裳をどこからもって来た」と、たずねました。すると、子供は息がきれるほど泣き出しました。「お前をしかるのでもない、叩くのでもない。正直に話しておくれ。」そういわれて、子供はふところから姉のかたみの品物を出して、殿さまの左の手ににぎらせました。「そとに出て下さい。申し上げましょう」といって、道に出てこれまでのことを物語りました。「どうしてお前は、もっと早くいわなかったのかい。明日の朝は早く飯をたきなさい。二人で姉のところに出かけよう」「姉は死んで明日が一七日になりますから、あんだに行ってしまいます。もう来ないといいました」「どうしても行って見なければ、わたしの心はつぐなわれない。さあ、早く飯をたいてうんとたべて、二人分の握り飯もつくれよ。」こうして、二人は夜のあけぬうちに出かけました。

杉の山に行きました。殿さまは「わしが立っているのを見ると、姉は出て来ないかも知れない。木の根元にかくれているから、木の枝をかぶせてくれ」といって、かくれました。そしてかにはるが「杉の山のもの」とよぶと、白鳥の姉がとんで来て、「どうしたことだ。もうわたしを呼んではならないと、あれほどいっておいたのに。わたしはあんだへ半ぶん道ほど行っていたが、もどって来たのだよ。」そのときさがの殿さまが出て来て、「お前はもとの人間にはもどれぬかね」

といいました。「昨日まではもどれましたが、今日は一七日になりますから、あんだの王さまから渡し書きが来ました。もうどうすることも出来ません。けれども王さまに相談して見ましょう。とにかく家に帰って、二つの門柱の上に擂鉢を一つずつすえて、そのなかに水を入れておいて下さい。そして白い鳥がとんで来てその中で水をあびたら、庭の築山をさがして下さい。そのときわたしの体はそこにあります。もし門柱の上に擂鉢がすえてなければ、わたしはもとの人間にもどることはできません。」話をききながら、殿さまは白鳥をつかまえようとしました。「わたしにさわってはいけません」「せめてさわってでも見なければ、どうしてくらされよう。」そういって捕えて見ると蠅が三匹ばかり手の中に残っていました。

　殿さまは家に帰りました。「お父さん、お母さん。このたびの喜びは、まことにつまらない喜びでした。お願いですが、門柱の上に擂鉢をすえさせて下さい」と、たのみました。「ここの財産はお前のものです。お前がのぞむことは、なんでもしてみるがよい」といいました。殿さまが門柱に鉢をすえると、二つとも立派にすわりました。やがてそこへ白い鳥がとんで来て、擂鉢の水をつかってはとび出し、またつかっては飛び出したので、殿さまは築山に行って見ました。すると、照る日もくもらすほど、とってのみたいほどの美しい女が、手水鉢《ちょうずばち》をうしろにして立っていました。殿さまはその女を籠にのせて二階へ案内しました。

　わるい妻は殿さまに斬り殺されました。母親はなにも知らないでよばれて来て、自分の娘の首を土産の包にもらって帰りました。途中で頭がいたんであるけなくなったので、包をひらいて見ると娘の首だったので、おどろきのあまり気絶して死んでしまいました。

殿さまはあらためて、玉のちゅと祝言をしました。かにはるをつれて、三人でさしゅの国のさしゅの殿さまを見舞いに行きました。行くと、父はみんながぶじなのを見てよろこび、病気もすぐなおりました。かにはるもまもなくよい妻を迎えて親を安心させ、姉弟たがいに助けあい、いまがいままでよい暮しをしているそうであります。

関敬吾編『一寸法師……』(前掲、岩波文庫)より

7　浦島太郎

――香川県仲多度郡――

昔、北前の大浦に、浦島太郎という人がいました。七十あまって八十に近い、一人の母親と二人でくらしていました。浦島は漁師でした。まだひとり者で、ある日、母親が「浦島よ、浦島よ、わたしが丈夫なうちに嫁もらってくれ」「わしはまだ稼ぎがないから、もらっても食べさすことができん。お母があるあいだは、日に日に漁をして、このままで暮すわい」と、浦島はいいました。

やがて月日がたって、母親は八十、浦島は四十の年になりました。秋のころは北風が、まい日まい日吹いて、漁にも行くことが出来ぬ。魚がとれないので金にもならぬ。そこでお母をたべさすことも出来ないようになりました。「明日は天気になればよいのに」と思って、寝ころんでいました。空模様がいつの間にかよくなっていたので、とび起きて筏舟にのって魚釣《さかなつ》りに行きました。東が明るくなるまで釣っても魚は一つもかからぬ、これは困ったことだと思っていると、日がよったころに大きな魚が餌《え》にくいつきました。いそいで上げて見ると、亀がかかっていました。亀は両手を舟べりへもたせかけても、なかなか逃げようともしない。浦島は「鯛かと思えばなんだ、お前は亀だ。お前がいるからほかのは食わんのだ、はなしてやるから早くよそへ行け」といって、亀を海の中になげこみました。

浦島はきざみ煙草でもすってまた釣ったが、どうしても食いつかぬ。困っていると、昼前にまた大魚が餌をくったらしい手ざわりがしました。あげて見ると、こんども亀がかかって来ました。

「あれほど、よそへ行くように言ってあったのに、魚はかからないで亀がつれるとは、よくよく運がわるいものだ。」そうは思ったが、また逃がしてやりました。魚を釣らないと帰ることも出来ないので、辛抱して二刻《ふたとき》ばかり釣っていると、またなにか食うたものがありました。こんどこそは魚だろうと釣りあげてみると、やはり亀でありました。そこでまた逃がしてやりました。そうこうしているうちに、日が入りかけて来たが、いっこうに魚は釣れぬ。日が沈んでしまったので、帰ってお母にどういおうかと思いながら、筏舟を押していると向うに渡海舟《とかいせん》が見えました。そうして何の用があるのか、浦島の方へやって来ました。浦島が舟をおさえる(右舷に向ける)と、向うの舟もおさえる、こちらの舟がひかえる(左舷に向ける)と、渡海舟もひかえる、そしてとうとう浦島が舟と並んでしまいました。渡海舟の船頭が「浦島さん、どうぞこの舟に乗っておくれ。竜宮の乙姫さまからのお迎えじゃ」といいました。「俺が竜宮界に行ったならば、あとにはお母が一人だけのこるから、そんなことは出来ないよ」「お母には不自由なくしてあげとくから、この舟にお乗りよ」と、船頭がいうものだから、浦島はなに思わず渡海舟に乗りこんでしまいました。渡海舟は、やがて浦島を乗せると、海の中へもぐって竜宮界に行ってしまいました。

浦島が行って見ると、りっぱな御殿でありました。お姫さまはお腹がすいたろうといって、浦島にご馳走《ちそう》をして、「二、三日遊んで帰るがよい」といいました。浦島も竜宮界へ来て見ると、乙姫さまやきれいな娘もたくさんいるし、着物を着かえさせてくれるしするので、おもわず竜宮界で三年という月日がたってしまいました。そこでもういにゃならぬ(帰る)と思い、乙姫さまにいとまごいをすると、三《み》重《かさ》ねの玉手箱をくれました。そして「途方にくれたときにこの箱をあけるがよい」と、教えてくれました。それから渡海舟にのせて、ここの山の鼻みたようなところに舟をつけてくれました。

浦島は、村に帰って見ると山の相も変っているし、岡の木もなくなって枯れているのもありました。「三年しか留守にしなかったのに、どうしたことだろうか」と考えながら家の方へ行くと、わら葺きの家に老人がわら仕事をしていました。その家に入って挨拶をしてから、「浦島太郎という人間を知っているか」と、わがことをたずねて見ました。するとその爺《じい》は「わしの爺の代《だい》に、浦島という人が竜宮界へ行ったがなんぼ待ってももどってこなかったことがあったという話だ」と、話して聞かせました。そこで浦島は「その人のお母はどうしたろう」とたずねると、とうの昔に死んでしまったということでありました。

浦島はわが家の跡へ行って見ました。手洗鉢《てあらいばち》の石と庭の踏石だけがあったが、ほかには何もなかった。思案にくれて、箱の蓋をあけて見ると、最初の箱には鶴の羽が入っていました。もう一つの箱の蓋をあけて見ると、中から白い煙があがりました。その煙で浦島は爺になってしまいました。三ばん目の箱の蓋をあけて見ると鏡が入っていました。その鏡で顔を見ると、爺さまになっていました。ふしぎなことだと思って見ていると、さっきの鶴の羽が背中について浦島は鶴になってしまいました。そこで飛び上ってお母の墓のまわりを飛んでいると、乙姫さまが亀になって浦島を見に来て、浜へはい上っていました。

鶴と亀とは舞をまうという伊勢音頭は、それから出来たものだそうである。

関敬吾編『一寸法師……』(前掲、岩波文庫)より

8 鶴女房

――鹿児島県薩摩郡――

嘉六《かろく》という男がありました。七十ばかりのお母さんと山の中で炭焼をして暮しておりました。冬のころ、蒲団を買いに町に行く途中で、鶴の鳥がわなにかかって難儀をしておりました。わなから解いて助けようとすると、わなをかけた男がやって来て「お前はどうして、人のした仕事のじゃまをするんだい」といってなじりました。「かわいそうだから、助けてやりたいと思うが、どうだ、この鶴をわしに売ってくれないかい。ここに蒲団を買う金があるから、これで売ってくれ」と、頼みました。男は鶴を売ってくれました。鶴を手にすると、嘉六はすぐにとばしてやりました。

今夜は寒くとも仕方はなか――嘉六はそういって、うちに帰りました。帰ったところが、お母さんが「お前は蒲団はどうした」とたずねました。「お母さん、鶴がわなにかかっていてかわいそうで、蒲団を買う金で鶴を買って、助けてやり申した」というと、お母さんは「そうか、わい(汝)がすることだからよか」と、申しました。

その翌晩《あくるばん》の宵の口に、目もあてられないような立派な女が、嘉六の家にやって来ました。「どうか、今夜泊らせてくだされ」「こういう小屋では」といってことわると、「いいや、ぜひ泊めて下さい」というので、泊めてやりました。ところが、またその女が「相談がありますが、どうか聞いてください」といいました。「どういう相談ですか」「どうかわたしを、あなたのおかた(妻)

にしてください」「わたしは、世の中ではじめて、あんたのような立派な女を見申した。わたしのような、今日はなに食おうか、明日はなに食おうかという者が、どうしてあんたをおかたにすることが出来ましょうか」「どうか、そういわんでおかたにしてください」「さて、厄介なことになったもんじゃ」――この話を嘉六のお母さんが聞いて「それほど言うなら、息子の嫁になって、気張ってくいやれ」というので、ともかく嫁になることになりました。

それからしばらくたちました。そのおかたは「わたしを三日ばかり、戸棚の中に入れてくだされ。決して戸をあけて見ないようにして下され」といいました。戸棚の中に入れて見ないでいると、四日目に女は出て来ました。「苦しかったろう、心配だったよ。早うご膳を食べてくれ」というと、おかたは「はい」といって、ご膳を食べました。それから「嘉六どん、嘉六どん。わたしが戸棚の中で織った反物を、二千両で売って来て下され」といいました。そういって、おかたは戸棚から反物を出して来ました。嘉六はそれをもって、殿さまの館にいきました。ところが、殿さまは「これは立派な品物だ。二千両でも三千両でも買うてやるが、もう一反できんか」と申されました。「はい、わたしの内方《うちかた》に聞いて見ないとわかり申さん」「聞かなくても、お前が承知ならいいだろう。金はいま出してやる」――嘉六はうちに帰って、そのことをおかたに話しました。すると「ひまさえくだされば、いま一反織りましょう。どうかこんどは、一週間戸棚のなかに入れて下さい。その間、決して中をのぞいてはなりませんよ」といって、内方はまた戸棚のなかに入りました。

一週間目に、嘉六は心配になって、戸棚をあけて見ました。ところが、一羽の鶴が裸になって、自分の細い羽根を抜いて反物を織って、ちょうど織りあげたところでした。そして鶴は「反物はでき申した。けれどもこうして、体を見られたうえは、愛想もつきたでしょうから、わたしはもうおいとまします。実はわたしは、あんたに助けてもろうた鶴です。どうかこの反物は、約束どおり殿さまにもっていってください」といって、西の方をだまって向いておりました。すると、千羽ばかりの鶴が飛んで来て、裸の鶴をつれて飛んでいきました。

嘉六は金はたくさん出来たけれども、別れた鶴にあいたくてしようがない。日本中さがして捜しあぐねて、あるところの浜に来て坐っていると、向うの方から一人の爺さんが、小舟に乗ってやって来ました。この近所に島もないようだが、この舟はどこから来たものだろう――そう思っていると、舟は浜につきました。「爺さん爺さん、お前さんはどこから来申したか」「わしは、鶴の羽衣という島から来た」「どうかわたしを、その島につれて行って下さらんか」「はい」――そういって舟に乗ると、小舟はつーつーと走って、いつの間にか美しい白浜につきました。着いたので、嘉六が白浜におり立ったところが、舟も爺さんもどこに行ったのか見えなくなりました。

嘉六が浜に上って行くと、立派な池がありました。その池のまんなかに砂丘があって、裸の鶴をまんなかにして、たくさんの鶴がいました。裸の鶴は、鶴の王さまであった。嘉六はここでしばらくご馳走をうけて、また爺さんの舟に送られて、帰って来たということです。

関敬吾編『こぶとり爺さん……』(前掲、岩波文庫)より

9　手なし娘

――岩手県稗貫郡――

昔、あるところに、仲のよい夫婦がありました。かわいいひとり娘がありましたが、娘が四つのとき、母さまは死んでしまいました。そのあとに、新しい母さまが来たけれども、母さまは継子《まま こ》が憎くてにくくてなりませんでした。どうにかして追い出そうと考えていましたが、もともとかしこい娘でしたから、その折もありませんでした。

憎いにくいといっている間に、娘は一五になりました。継母は、憎い娘だ、にくい娘だ、なんとかしなければとまい日まい日、考えていましたが、あるとき父さまに、「父さま、父さま、おらはどうしても、利口なあの子といっしょでは、くらしが出来ないすけに、ひまばくれてくなんせ」といいました。父さまは、いつも継母のいうことばかり聞いていましたので、「いやいや、心配することはない。いまに娘はなんとかしてやる」といって、何のとがもない娘を、すぐに追い出す気になりました。あるとき、「娘、祭見《まつりみ》さいこう」と、父さまは娘にいままで着せたこともないきれいな着物をきせて、祭見に出かけました。

その日はよい日和で、いつにない父さまが誘ってくださるので、娘はたいそう喜んで出かけました。ところが、祭見に行くというのに、山をこえて行くので、娘はふしんに思って、「父さま、父さま。祭はどこにあるのす」と聞くと、「ひと山こえ、ふた山こえた、大きな城下の祭見さ」といって、父さまが先に立って山の奥へ山の奥へと行きました。ふた山こえた谷間に行くと、

「娘、ひる飯にすべえな」といって、もって来た握り飯を出して、二人はたべ始めました。ひる飯をたべているうちに、娘はあまり歩いてくたびれたので、いつの間にかいねむりを始めました。それを見ると、父さまはこのときだと思って、腰にさしていた木割りで、かわいそうに娘の右腕から左腕まで切りおとして、泣いている娘をそこに残して、ひとりで山を降りてしまいました。「父さま、待ってくなされ、父さま、いたいよう」といって、娘は血まみれになって、ころげながら後を追いかけて行きましたが、父さまは後も見ないで行ってしまいました。「ああ、悲しい。なんで、まことの父さまにまで、こんなひどい目にあわされるのか」と思って、娘はもう帰る家もないので、谷川の水で切られた腕の傷口を洗って、草の実や木の実などを食べて、生きながらえておりました。

あるとき、立派な若者が馬に乗って、お供をつれてそこを通りかかりました。「はて、人の顔かたちはしているけれども、両手がないが、そなたは何者だ」と、藪の中でかさこそしている娘を見つけてたずねました。すると、娘は、「わたしは、まことの父さまからも見すてられた、手なし娘です」といって、泣き出しました。若者がそのわけをたずねると、まことにかわいそうでした。「なにはともあれ、わしの家にくるがよい」といって、娘を馬にのせて山を降りました。若者は家に帰って、母さまに「母さま、今日は狩は不猟でしたが、山で手のない娘をひろって帰りました。まことにかわいそうな娘ですから、どうか家において下さい」といって、娘の身の上をのこらず語って聞かせました。

母さまも、心のやさしい人でしたから、娘の顔を洗ってやり、髪を結ってやりました。そうして化粧をしてやると、手なし娘はもとの美しい娘になりました。母さまもたいそうよろこんで、ほんとうの自分の娘のようにかわいがってやりました。それからしばらくたってから、若者は母さまに、「母さま、母さま。お願いでがんすから、どうかあの娘をわたしの嫁にして下され」と、頼みました。「あの娘なら、お前の嫁によい。母さまも前からそう思っていたところです」といって、承知してくれましたので、すぐに婚礼の祝をしました。

そのうち、娘には子供が生れることになりました。娘も、母さまと仲よく暮しておりましたが、若者は江戸へ上ることになりました。「母さま、生れる子供のことは、お願い申します」といって、若者はあとのことを頼みました。母さまも、「心配することはありません。子供が生れたら、すぐ早飛脚《はやびきゃく》を立てるんで」と、約束をしてくれましたので、若者は江戸へ旅立ちました。

それから間もなく、かわいい男の子が生れました。母さまは、「娘や、ひと時も早く、江戸へ知らせてあげましょう」といって、子供が生れたことを手紙に書いて、隣の使い走りの男に頼んで、早飛脚を立てました。早飛脚の使い走りは、山をこえ野をこえて行ったので、途中でのどがかわいてある家に立ち寄って、水を貰ってのみました。ところが、その家は手なし娘が生れた家でした。継母は早飛脚に、「そなたは、どこへ行くぞえ」と、たずねました。「どこかって、おらが隣の長者どのの手のない娘が、子供をうんだので、江戸にいる若さまのところへ、早じらせを持って行くところだ」と、なに気なくしゃべりました。

継子がまだ生きていたのかと、継母はきゅうに早飛脚をいたわってやりました。「この暑いのに、江戸までの道中はなんたら大変なこんだ。ちょっとばかり休んでおいでれ」といって、酒や肴を出してもてなしました。飛脚はすぐによっぱらってしまいました。その間に、継母は文箱の手紙をとり出して見ると、「玉とも何ともたとえようのない、かわいい男の子が生れた」と、書いてありました。継母はこれを見て「ああにくらしい」といって、「鬼とも蛇ともわけのわからない化け物が生れた」と、書きなおして、そっと文箱の中へ入れておきました。「ああ、とんだもてなしをしていただきあんした」といって、飛脚は酒をのんで寝すごしたので、目をさましてもじもじしていました。継母はにこにこしながら、「戻りにも必ず寄って、江戸の土産ばなしをきかせてくなさい」と、親切そうにいいました。

若者は、早飛脚のもって来た手紙を見て、たいそう驚きました。けれども「鬼でも蛇でもよいから、私が帰るまで大切に育てて下され」という返事をかいて、早飛脚にもたせて帰しました。飛脚は江戸にのぼるとき立ち寄った家の女房が、もてなしてくれたのを忘れかねて、ふるまい酒にありつこうと思ってまた戻りにも寄ってみました。すると継母は「やあ、この暑いのに、いまおもどりでがんすか。さあ、あがってござい」といって、飛脚を座敷に上げ「それ飲まんせ、それあがらんせ」と、また酒をのませて酔いつぶしてしまいました。そうして、飛脚が眠ったのを見て「そんな児の顔など見たくもない。手のない娘を見るのもいやになった。子供といっしょに追い出して下さい。それでなかったら、おらは一生家には戻らないで、江戸でくらします」と書きかえて、入れてしまいました。

飛脚は酔がさめると、継母にお礼をいって、野山をこえてやっとのことで、長者どのの家へ帰りました。若者の母親は「息子からのことづけか」といって、手紙をひらいて見ると、思いがけないことばかり書いてありました。「大変なこんだ。途中でどこへも寄らなかったかえ」と、母さまがきくと、使い走りは「なに、どこへもよらねえだよ。馬みたいにまっすぐ行って、まっすぐ戻って来ましただよ」と、うそをいいました。

それでも、江戸の息子がもどって来てからのことにしようと、今日はかえって来るか、あすは帰って来るかと、手紙のことは娘には知らせないで待っていました。けれども、若者は帰って来るようなようすもありませんでした。母さまは仕方なく、あるとき娘を呼んで、江戸の息子からこんな手紙が来たと、語って聞かせました。娘は大そう悲しみました。そうしてやっとのことで、「母さま、この片輪者のわたしにかけて下されたご恩返し一つ出来ないで、出て行きますのは悲しいことだけれども、若さまの心とあればいたしかたありません。出て行きます」といって、娘は子供を負ぶわせてもらって、母さまに別れて泣く泣く家を出て行きました。

家は出たけれども、娘は行くあてもないので、足の向くままに行くか行かぬうちに、ひどくのどがかわいて来ました。そのうち流れのあるところにきました。水でも飲むべと思って、こごんで飲もうとすると、背中の子供がずるずると背から抜け落ちそうになりました。「やあ、誰か来て」といいながら、びっくりして無い手でおさえようとすると、ふしぎなことに両方の手がちゃんと生えて、ずりおちる子供をしっかり抱きとめていました。「やあ、うれしい、手がはえて来たよう」といって、娘はたいそう喜びました。

それから間もなく、若者は子供や妻や母さまに、早く会いたいと思っていそいで江戸から帰って来ました。けれども、娘も子供も旅に出たということを知りました。いろいろ母さまに話を聞いて見ると、早飛脚に立てた隣の使い走りの男が、おかしいことがわかりました。そうして、飛脚にいろいろ問いただして見ると、継母の家で酒を飲まされたことがわかりました。「かわいそうに、それでは一時も早く、娘をさがして来てたもれ」と、母さまは、若者をせき立てて娘を探しにやりました。

若者はあちこち探し歩いて、流れのそばのお社まで来ました。すると、子供を抱いた一人の女乞食が、神さまに一心に祈っておりました。うしろ姿を見ると、どうも妻によくにているけれども、両手をもっているので、若者はふしぎに思いながら声をかけて見ました。そうして、ふり返るのを見ると、女乞食は手なし娘でした。ふたりはたいそう喜んで、共にうれし泣きに泣きました。

どうしたことか、その涙のこぼれるところには、うつくしい花が咲きました。それから三人はいっしょに帰りましたが、帰るみちみち草にも木にも花がさきました。それから、継母と父さまは娘をいじめたとがで、地頭さまに罰せられたということです。

関敬吾編『こぶとり爺さん……』(前掲、岩波文庫)より

10　火男の話

――岩手県江刺郡――

あるところに爺《じい》さまと婆《ばあ》さまがありました。爺さまは山に柴刈りにいって、大きな穴を一つ見つけました。こんな穴には悪いものがすむものだ、塞《ふさ》いでしまった方がよい。そういって、一束《ひとたば》の柴をその穴の口に押しこみました。そうすると柴は穴の栓《せん》になるどころか、するすると穴のなかに入っていきました。また一束おしこむと、それもまたするすると入りました。それがもう一束、もう一束と思っていれているうちに、三日のあいだ刈りためた柴を、のこらず穴のなかへ入れてしまいました。

そのとき、穴のなかから美しい女がでてきて、たくさん柴をもらったお礼をいって、いちど穴のなかにきてくださいとすすめました。あまりすすめられるので、爺さまはつい入って見ると、中には目のさめるような家がありました。家のかたわらには、爺さまが三日もかかって刈りためた柴が、ちゃんと積みかさねてありました。美しい女がこっちに入れというので、爺さまが家のなかに入るときれいな座敷がありました。座敷にはりっぱな白鬚の翁《おきな》がいて、また柴のお礼をいいました。いろいろご馳走になって帰るとき、これをしるしにやるからつれて行けといわれ、一人の童《わらし》をもらいました。何ともいえぬ見っともない顔で、臍《へそ》ばかりいじくっていました。爺さまもあきれたが、ぜひくれるというので、とうとうつれ帰って家におきました。

その童は、爺の家に来ても臍ばかりいじくっておりました。爺さまはある日、火箸でちょいとついて見ると、その臍からぶつりと金の小粒が出ました。それから、一日に三どずつ出て、爺さまの家はたちまち富貴長者《ふっきちょうじゃ》になりました。ところが、婆さまが欲ばりの女で、もっとたくさん出したいと思って、爺さまの留守に火箸をもって、童の臍をぐんとつきました。すると、金は出ないで童は死んでしまいました。爺さまはほかからもどって来て、童が死んでいるので悲しんでいると、夢に童が出て来て、泣くな爺さま、おれの顔にた面を作って、まい日よく眼にかかる竈《かまど》前の柱にかけておけ、そうすれば家は栄えると教えてくれました。この童の名前をひよう、、、とくといいました。

それで、この土地の村々では、いまでも醜いひようとく(火男)の面を、木や土でつくって、竈前の釜男という柱にかけておくそうである。

関敬吾編『こぶとり爺さん……』(前掲、岩波文庫)より

11　炭焼長者

——鹿児島県大島郡——

東長者《あがりちょうじゃ》と西長者《いりちょうじゃ》とがありました。二人は釣友だちで、まい晩つれだって磯歩きをしていました。そのうち二人の女房が腹をもちました。ある夜、二人はいつものようにつれだって磯へ行きました。潮が干かないので、潮待ちに一休みしようといって、寄木《よりぎ》を枕にして寝ていました。ところが、東長者はすぐ眠ってしまったが、西長者は眠れないでいると、にら(竜宮)の神さまが出て来られて、二人が枕にしている寄木にむかって「寄木のもの、寄木のもの、東長者と西長者が子を産みましたから、位をつけに行きましょう」といいました。すると寄木は「わたしは、いま人間に枕されて行けませんから、わたしのかわりまで勤めて、位をつけて来て下さい」と、答えました。にらの神さまはしばらくして、位をつけて帰って来ました。そうしてまた言われました。「位をつけて来ました。東長者の子は女で、その子には塩一升の位。西長者の子は男の子であった。これには竹一本の位をつけて来ました」というと、寄木は「塩一升は多すぎましたね」「いや、その女の子はそれほどの生れをしています」といって、にらの神さまは帰って行きました。

西長者は神さまたちの話をきいて、自分の子には竹一本の位をつけられたが、これはいまのうちに何とか考えなければならぬと思って、寝ている東長者を起しました。「東の旦那、東の旦那。わしはいま夢を見ました。あなたの家でも、わしの家でも子供をうんだ夢を見ました。すぐ帰って見ましょう」というて、二人は釣をやめて帰りました。帰る途中、西長者は東長者に「東の旦那、二人相談をしましょう。もしわしの子が女の子で、あなたの子が男の子なら、のちのちはあなたの子を聟にもらい、またあなたの子が女の子で、わしの子が男の子なら、あなたの家へ聟にあげる約束をしましょう」と、相談をしました。東長者もよかろうというので、二人は約束をして帰って見ると、東長者の家には女の子が、西長者の家には男の子が生れていました。

二人の子供は大事に育てられ、十八の年になりました。東長者は西長者に「生れた晩の約束ですから、あなたの息子を聟に下され」といって、西長者の子を聟にもらいました。

二人は夫婦になって暮していましたが、五月のあらまち(大麦の収穫祭《しゅうかくまつり》)の日になりました。女房は麦の飯をたいて神さまや先祖に供え、それから夫にも「一俵の麦を一斗になるまで、一斗の麦は一升になるまで搗《つ》いてたいた飯です。今日はあらまちの祝ですから、どうかこれを食べて下され」といって差出すと、夫はたいそう怒って「おれは米のなしぐ(芯)なら食べるが、なま搗《づき》さえも食ったことがない。新麦の飯を食えというのか」といって、お膳もご飯もけとばしました。女房はそれを見て「わたしはとてもここで暮しをすることは出来ません。この家倉は父さまがあなたに渡したものですから、あなたの自由にして下され。わたしはいまあなたがけ飛ばした膳とまかり(椀)だけもらって、どこへでも落ちて行きます」といって、膳と椀とをもらって、こぼれた麦の飯を一粒も残さずに拾って家を出ていきました。

門を出ると時雨が降り出しました。その雨の中で、二柱《ふたはしら》の神さまが話をしておりました。

「ふしやく(大役、作物の最高の麦の意)さえもけ飛ばされるくらいだ。われわれもこの家に残っていると、またあの竹一本の位にけ飛ばされるにきまっている。大北《うしにし》のとう原の炭焼五郎は、心も美しく姿も美しい働きものだ。あそこに行こうではないか」と、語っていました。女房は神さまの話をきいて「これはよい話をきいた、わが倉の神さまの言われることだから、どうしてもその炭焼五郎の家をさがして見よう」といって、歩いて歩いてつぎの日の夜まで歩きました。すると、はるか向うの方に、小さい灯がついたり消えたりしているのが見えました。その灯の方角に行くと、炭焼五郎の小屋に行きました。女房が「ごめん下さい、ごめん下さい」というと、五郎が「ほー」といって出て来ました。「どうかこんばん一晩、宿をかして下され」とたのむと、「頭を入れると脛《はぎ》がで、脛を入れると頭が出るような小屋に、あなたのような立派な方をどうして泊めることができましょう。向うへ行くと大きな家がありますから、どうか向うで宿をとって下され」と、五郎はことわりました。「この暗がりでは、女子《おなご》どもは歩くことが出来ません。家の雨だれの下でもよいからかして下され」と重ねて頼むと、「それならどうぞ入って下され」といって、家に入れてくれました。

家に入ると、はちゃ米(炒米《いりごめ》)のお茶を出してくれました。女房はお茶をもらって、こんどは自分でもって来た麦飯を出して、五郎にも分けてやって食べました。そして女房は「どうか、わたしを嫁にもらって下され」というと、五郎はびっくりして「わしのような者が、あなたのようなりっぱな人を、妻にしたら罰《ばち》があたります」「いいえ、決してそんなことはありません。わたしの望みだから、ぜひ嫁にして下され」というので、五郎も「そんなにいわれるなら、どうかわしの妻になって下さい」といって、承諾しました。

そのあくる日の朝、女房は五郎にむかって「あなたが初めに焼いた炭竈《すみかまど》から、今日焼いた竈まで一つのこらず順々に見て来ましょう」といって、二人で竈を見てまわると、どの竈にも黄金が入っていました。それをとり出して、大工を頼んで箱をつくって入れ、二人はたちまち長者になりました。

竹一本の位の男は、その後だんだん貧乏になって、あとでは竹細工物を売って村々を歩いていました。あるとき、炭焼五郎の家へやって来ました。五郎の女房はまだ男の顔を見知っていましたので、米一升の品物は二升で買い、二升の品物は四升で買ってやりました。竹一本の位の男は「馬鹿な女がいたものだ、こんどは大きな籠を作って来て売ってやろう」と思って、大きな籠をつくってもって行きました。女はその男と別れるときにもらって来た、膳椀を出して見せてやりました。男はそれを見てたいそう恥じて、高倉の下で舌をかみ切って死んでしまいました。女房は倉の下に穴を掘って「お前に供えるものは何もありませんが、五月のあらまちの日だけは麦飯を供えて祭りますから、後は何もたべようといってはなりませぬ。そうして、倉に生き物をのぼらせぬようにして下さい」といいました。

それから、高倉の新築祝には、最初に女に小俵をもたせて倉へのぼらせる慣わしになったそうです。

関敬吾編『一寸法師……』(前掲、岩波文庫)より

あとがき

日本の昔話のなかに、日本人の心の在り方を探ってみたいという気持は、随分と前から持っていた。昭和三七年より三年間、スイスのユング研究所に留学し、昔話を深層心理学の立場から分析することを学び、それに強い関心をもつようになったが、その当時、関敬吾編による岩波文庫の日本の昔話の本を、何度も読みかえしたものである。昔話というものは本文中にも述べているように、時代や文化の差を超えて共通する部分をもつので、ユング研究所で学んだことを日本の昔話に適用すると、相当に有効であることもわかったが、一方では、何だかぴったりとはいかぬ部分が残るという気持も拭い去れぬものがあった。

帰国後、暫らく沈黙を守っていたが、昭和五二年に『昔話の深層』(福音館書店)を出版すると、予想外の大きい反響があった。この本は昔話に対するユング派の考えを紹介、解説することを目的として書いたので、わが国においてもよく知られているグリムの昔話を取りあげ、それを素材として説明をこころみたものであった。従って、その「あとがき」にも記しておいたとおり、自ら日本人として日本の昔話を分析することを是非やってみたいし、やらなければならないと感じていた。

『昔話の深層』出版後すぐに、岩波書店の大塚信一氏より、日本の昔話の分析を出版したいとの要請があり、喜んでお引き受けしたが、仕事はなかなかはかどらなかった。それはまず第一に、西洋において学んだ分析心理学の概念や方法が、そのままではうまく日本の昔話にあてはまらない、と感じられるためであった。それでは日本は日本なりの考えや方法で、ということになると、日本の昔話は本文にも示したとおり、西洋のそれのようにめりはりのきいた分析を簡単には許さぬ性質をもっているのである。これらのことのために相当に苦労したが、自分の長い臨床経験を通じて、自分なりに一応の把握をこころみた日本人の心の在り方ということに照らしながら、何とかまとまりのあるものにすることができたのである。実際、本書は筆者の二十年近い臨床経験をこめて書いたものであるだけに、個々の事例についてはまったく言及していないが、本書に登場する昔々の人物像に現代人の姿を重ね合わせてみることも可能であろうと思われる。

全体の構想ができて昭和五五年春より筆をとったが、図らずも教育学部長という職につくことになり、多忙のために思いのほかの時日を要してしまった。しかし、今になると、このような原稿を執筆していたからこそ、あんがい、学部長という仕事とのバランスがとれてよかったのでは、とも思っている。この間、辛抱強く筆者を励まし、有益な示唆を与えて下さった大塚信一氏には、心から感謝の言葉をささげたい。

昔話について考える素材としては、関敬吾他編『日本昔話大成』(角川書店)によった。読者の便宜を考え、本文で主としてとりあげた日本の昔話と、外国の昔話二つを付録として掲載することにした。付録の日本昔話は、関敬吾編の「日本の昔ばなし」(岩波文庫、三分冊)によった。これらの話は、筆者がスイス留学中よりよくなじみ、考え続けてきたものなので、そこから選んだのである。なお、西洋の昔話との比較においては、小沢俊夫編『世界の民話』(ぎょうせい)をよく参考にさせて頂いた。関敬吾、小沢俊夫の両先達をはじめ、これらの考える素材を与えて下さった方々に感謝の言葉を述べたい。筆者は臨床家であって、昔話の専門家ではない。資料の使用法や、その他無知な点が多いのではないかとおそれている。諸賢の御批判を受けて、その点は改めてゆきたいと思っている。

本文中、第3章と第5章の内容は、既にそれぞれ「日本の民話——笑いの深層」(梅原猛・河合雅雄・作田啓一編『創造の世界』第二七号所収)、「浦島と乙姫」(拙著『母性社会日本の病理』所収)として発表したものを、本書のコンテキストに合わせて訂正加筆したものである。

既に述べたように、筆者はユング研究所において学び、ユング派の分析家の資格も得たのであるが、日本人を相手に分析治療を行う際に、その理論や技法が<u>そのまま</u>適用され得ないのは、むしろ当然のことであった。意識的・無意識的な改変を行いつつ、筆者としては、常に日本人の心の在り方、日本人の生き方をどう考えるかという課題を背負わされていると感じてきた。このことは、日本の昔話をどのような観点から、どのような方法によって解明するかという課題とまったくパラレルであった。これらの課題に対して、本書において筆者なりの解答を示したつもりである。従って、これは一般に考えられるような、日本の昔話にユング心理学を適用して分析した、というものではないと思っている。単なる適用などではなく、筆者の心理療法家としての体験、生き方のすべてをこめて書いたものである。個人の生き方に深くかかわる職業についているものとして、日本人のアイデンティティということに関して、自分なりの解答を示したつもりである。今まで多くの書物を世に出したが、日本における最初のユング派分析家として、一種の責任のようなものを感じ、読者にできるかぎりユングを理解して貰いたいという配慮が常にはたらいていた。しかし、今回はそのような配慮は抜きにして、自分の考えを大胆に述べさせて頂いた。どのような評価が下されるかはわからないが、ここまで好きなことを言わせて頂いたことを有難いと感じている。

日本の昔話について全体として筋の通った見方をすることは、最初のうちはほとんど不可能のことのように思えた。何度も何度も昔話を読んでいるうちに、本書に示すように「女性像」に注目することによって、筆者なりの筋を通すことができた。もちろんこれはひとつの筋であり、また異なった観点から異なった筋道を見出すことも可能であろう。昔話に対する筆者のようなアプローチは、学問的にはどのような領域か（そもそも学問と言えるのか）という問題、方法論はどのように確立しているのかという問題などに対しては、本書においては正面から論じることをしなかったが、他日、機会があれば明らかにしてゆきたいと思う。

極めて日本的表現ながら、本書によって、やっとユング研究所に「恩がえし」ができたと感じている。ここに至るまで筆者を支えてくれた多くの人々に対して感謝の気持を表わしたい。

昭和五六年師走

著　者

岩波現代文庫版あとがき

最近では、昔話に関心をもつ成人が増え、昔話の人間に関する深い知恵を読みとろうとする人たちが多くなったのは、嬉しいことである。

本書の原本の「あとがき」に述べているように、私が一九六五年にスイスから帰国した頃は、昔話などは子どものこととして、一般にあまり関心をもたれていなかった。ところが、一九八二年に本書を出版すると、予想外の多くの読者を得、現在に至るまで版を重ねてくることができ、ここに岩波現代文庫のなかに加えていただくことになって、まことに有難いことと思っている。

本書の原本出版以来二十年が経過している。スイスから帰国してから三十数年になるが、その丁度、中間点くらいに原本が出版され、今、このようにして文庫化されることを考えると、その間の時の流れや、社会の変化などに思いいたされるのである。

私がスイスから帰国した頃は、人間の「心」に関心をもつ人は非常に少なかった。まして や、「日本人の心」などということは論外と言ってもよかったのではなかろうか。

当時、もっとも有力なことは、日本をもっと「豊かな」国にするために、いかに社会を改革するかという考えであった。そのときに支えとなったのは、「科学的」に思考することで、西洋近代科学の手法を借りて、社会のことを分析し、方策を考えることであった。それは常に、普遍的、合理的な知的作業によるものだったので、個別的で実際的で、したがってどこかに非合理的要素をかかえこむような、私のような考えは、あまり入りこむ余地がなかった。

ところが、日本の経済状態が急激によくなるにつれて、面白いことに、人々は人間の「心」のことを意識しはじめるようになった。やはり、「もの」が豊かになると、「心」のことを不問にしては居られない。それに、経済が発展すると外国との関係が増え、「日本人」ということも意識せざるを得なくなってきたのだ。そんなときに、原本が出版され、今日まで長い命脈を保ってきた。

今回、これが文庫化されることは、グローバリゼーションの波の高まりと呼応している、と私は考える。グローバリゼーションは、異文化間のコミュニケーションをあらゆる点で容易にする。外国とのつき合いは一部のエリートにまかせておけばよい、というこれまでの考えは通用しない。これまでよりも、もっともっと多くの人が、「日本人」であること、いかにして外国の人たちとつき合うのか、などについて考えねばならないのである。そのような点で、本書が文庫として多くの人たちに手軽に読めることになるのは、有難いことである。

本書の原本は英訳出版され、それには詩人のゲーリー・シュナイダーが心のこもった「解説」を付してくれ、それもあってか、現在も版を重ねている。グローバリゼーションの傾向が急に強くなってきた今日において、英訳本も共に本書が、異文化間の相互理解を深めることに役立ってくれるなら、著者としてこれほど有難いことはない。

現代文庫化にあたっては、岩波書店編集部の斎藤公孝さんに格別のお世話になった。ここに心からお礼申しあげる。

平成一三年師走

河合隼雄

コレクション版　編者あとがき

本書は一九八二年に出版され、大佛次郎賞を受賞して河合隼雄の評価を確かなものにした作品であり、間違いなく代表作の一つと言えよう。既に二〇〇二年に刊行された現代文庫版も一五刷を重ねており、また英語、ドイツ語、イタリア語、中国語〈繁体字、簡体字〉に翻訳されて、日本以外の国でも広く知られている。これが〈物語と日本人の心〉コレクションの中で、物語を通じて日本人の心に迫ろうという他の著作とともに新しい位置づけをえて刊行される意義は大きいと思われる。

他の心理療法において言語的なやり取りが中心になることが多いのに対して、ユング派心理療法は、夢や箱庭など、イメージを重視する。その際に、アニマ・アニムスと呼ばれる異性像が大きな意味を持つとされている。しかし既に著者が『ユング心理学入門』でも指摘していたように、日本人の心理療法においては異性像が希薄で、また昔話などを検討しても、結婚のモチーフが少ない。これは日本人や日本文化の心理的な弱点を示すものなのであろうか、それとも全く異なる可能性が存在するのであろうか。このような疑問に正面から答えたのが本著である。

その意味で本書は、心理療法を営む上で著者が感じてきた日本人の心のあり方を、昔話の分析を通じて明らかにしようとしたものであり、それは昔話についての特殊なアプローチであると言えよう。従って著者は最初に自分の方法論を記述してから、日本の昔話の分析に移るつもりであった。しかしそれは編集者とのやり取りのなかで取りやめになったと聞く。その結果として、日本の昔話を女性の主人公に焦点を当てて分析し、各章で取り上げる女性が、消え去る女性から耐える女性、さらには最後に立ち上がる意志する女性へと、あたかも本書全体を通じて変容していくようにも読めて、非常に物語性の高い作品になったと思われる。物語をさらに物語的に分析し、語り直していくという著者独特のスタイルがこれを通じて生まれたと言えよう。

それでも本コレクションでは、序説「国際化の時代と日本人の心」が新たに収録されているので、その最後の節である「方法論について」を読むことができるのが幸いである。そこでは、客観性を重視する自然科学的な方法論とは異なる、主観性を大切にして、それを依りどころとして研究をすすめる方法論が説かれている。それをもっと体型化したものをもはや知るよしはないけれども、著者の方向性を知ることはできよう。

本書で取り上げられた、「うぐいすの里」などの物語における消え去る女性の醸し出す「あわれ」という美的感情や、「炭焼長者」の物語における女性主人公のように、最初の夫から離婚して、自ら炭焼五郎を見出して求婚するという「意志する女性」などという考え方は、本書が世に出た後で数年にわたってなされたエラノス講演(『日本人の心を解く――夢・神話・物語の深層へ』岩波現代全書、二〇一三年)において深められている。つまり「無」が生じたとか、「あわれ」という美的感情の大切さは、欠くところのない完成美ではなくて、欠けていることも含まれる完全美が実現していること、葛藤の倫理的な解決ではなくて美的な解決がなされていることと捉え直される。また意志する女性は、「じねん」という概念との関係で、受動的であった主人公が転回点を迎えて主体が立ち上がることなどという視点につながっていくのである。これも本書からの思想の展開として合わせて読んでいただければと思う。

二〇一七年三月

河合俊雄

解説

鶴見俊輔

敗戦後の五十年を、全体として見ることができるところまで来た。その中で、前の時代(戦中、戦前、大正、明治の日本)に還元できない新しい考え方がある。そのひとつが、河合隼雄のつづけてきた仕事の系列である。

それは、きくことを中心としてあらわれた日本思想のとらえ方である。

はじまりは、ヨーロッパの学者の理論の紹介と、その理論を日本文化へ適用する形をとったが、もともと、その源流となったユングの理論には、あいまいさと解釈の自由をゆるす性格がそなわっていて、河合隼雄の発想に適する基盤がそこにあった。

カウンセリングの実例、治療の方法としての箱庭療法から、日本の昔話への洞察へと進む彼の仕事は、精神分析の流派の適用をこえて、日本文化をどう見るかについての提言となった。

その活動のはじまりが、本書『昔話と日本人の心』(一九八二年)である。

明治国家の出現以来、義務教育をとおして識字率は増した。しかし、他人の話をきく力はおとろえた。

竹内好は、自分のいま書き終えたエッセイを暗誦できないとは何だと、友人武田泰淳をしかったそうだが、そういうふうに文章を書いている人は、敗戦後はさらに減った。丸山真男は、これと注目する文章(引用文献)を朗読したそうだが、その習慣を自分の学問に組み入れている学者は少ない。

まして、他人の言うことを心をこめてきくという習慣はおとろえ、きく能力もおとろえている。

この同じ時代に、きく力の復活に傾倒した河合隼雄の仕事は、現在の日本文化の潮流を逆行する仕事であり、そのゆえに、はじめは小さく、あとになって一つの大きな流れとなって注目されるにいたった。

昔話にききいる。

「鬼が笑う」話。「鬼の子小綱」では、旦那の一人娘が怪物にさらわれる。旦那は何もしないが、母は鬼の屋敷にたずねてゆく。娘はよろこんで夕飯をつくって食べさせ、鬼が帰ってくる前に、石びつに母をかくす。

鬼が酒に酔いつぶれるのを待って、母と娘は逃げだす。鬼が川の水をのみほしてつかまえようとすると、そこに庵女さまがあらわれて、三人で舟にのって脱出する。「早よ大事なところを鬼に見せてやりなされ」と言って、庵女さまも一緒になって三人で性器を見せる。鬼どもは笑いころげて水をすっかり吐きだしてしまい、母娘はあぶないところを助かる。

鬼は笑いころげることで、その優越性がくずれてしまう。「すべてを相対化する絶対的な無の強さを、思い知らされるのである。」

「うぐいすの里」は、世界各地にある「見るなの座敷」の主題をあつかうが、あつかいかたに特色がある。

若い木こりが森の中に立派な館を見つける。そこで美しい女性にあう。女は男に留守をたのんで外出するが、「つぎの座敷をのぞいてくれるな」と言いおいてゆく。おとこは、その部屋をあけて、そこにあった三つの卵を手にとり、あやまっておとしてしまう。もどってきた女は、うぐいすとなって、「娘が恋しい、ほほほけきょ」と鳴いて消え去った。

「まず、禁じられた部屋の中に見るものは、日本の場合、梅にうぐいすなどの春の景色、あるいは稲の生長の姿などの自然の美であるのに対して、西洋の方は、死体や、死体を食う夫の姿などである。そして、与えられる罰は日本では無罰であるのに対し、西洋はすべて命を奪われることになる。」

ソ連の昔話研究家チストフは、日本の昔話「浦島太郎」を孫に読んでやったが、孫は興味を示さない。

「いつ、そいつと戦うの?」

とたずねたそうだ。孫は、英雄浦島と怪物竜王を期待しており、主人公が竜と戦わず、竜王の娘と結婚しない理由がわからずじまいだった。

河合隼雄の解説では、"Nothing has happened."(何もおこらなかった——虚無がのこされた)というところに、日本の物語の特色があるという。

「炭焼長者」の話。

女主人公は、最初は父の命にしたがって、父のすすめる夫をむかえる。しかし、彼女は離婚を決意する。彼女は長者の嫁という地位をすてて、自分でムコをさがしに出る。やがて炭焼き小五郎を見つけて夫とし、夫とともにはたらいて長者となる。もとの夫がそこにたずねてきて、下男としてむかえられる。

「現在の夫と、前夫と——下男という形ながら——同居することの難しさ。この点を不可能とみれば、女房の優しさにもかかわらず、前夫は死んでしまう(付篇の話のように)ということになる。あるいは、その中間段階として、既に紹介したように、死んだ男が守り神となる話が存在する、と考えられる。何とかして、この薄幸な男性を全体のなかに組み入れようと、日本の昔話は努力しているのである。」

ここで、河合隼雄はユングをひいて、全体性と完全性の対比を試みる。

「完全性は欠点を、悪を排除することによって達成される。これに対して全体性は、むしろ悪をさえ受け容れることによって達成される。父権的意識は、ともすると完全性を目指そうとする。それは鋭い切断のはたらきによって、悪しきものを切り棄ててゆく。ところが、女性の意識は何ものをも取り入れて、全体性を目指そうとする。(中略)それは内部矛盾を許容しなくてはならない。」

ここで河合隼雄は、炭焼長者と日本神話を比較し、民話を優位におく。日本神話における蛭子は、炭焼長者の先夫と重なる。日本神話は蛭子を排除するが、昔話は何とかこの落伍者を受けいれようとする。

「全体性は、明確に把握しようとすれば全体性を損ない、全体を把握しようとすると明確さを失うジレンマをもつ。全体性の神は、人間の意識のみによって明確に把握することは不可能である。」

この提言は、日本の伝統の中から見出された規範として、示唆に富む。同時に、これは科学のらちをはみだす主張であることを感じる。この提言は、日本の伝統から河合隼雄が自分の直観をとおしてのべた独創的結論である。

物語としての学問というひとつの流れをつくるところに、敗戦後の学問の中における河合隼雄の位置がある。

それは、神風が吹く、神国必勝の戦中教えこまれた物語をくぐって、あきらかに敗戦後の物語であり、占領国アメリカの作り出した欧米渡来の世界物語ともちがう理想をになう。東西を一丸として世界に唯一の真実の理想を示すという軍国主義時代の日本の伝統解釈は今も日本の知識人のどこかにのこっているが、それとは一味ちがう考え方感じ方である。

物語には、自分の資質にあう仕方での潤色がある。それをウソと言うか。河合隼雄はウソをつきたいという衝動に心をまかせて、ともすれば同質性の支配(ハルミ・ベフ)を重んじる日本社会の固定した見方からはなれようとする。

河合隼雄には、ウソツキの側面がある。それは、『昔話と日本人の心』でも、かくれて働いている。

そのひそんでいる動機だけが露出して活躍したのが、河合隼雄・大牟田雄三共著『ウソツキクラブ短信』(講談社、一九九五年)で、筆者が息子をつれて日本ウソツキクラブ本部に行くと、応接室にプレートが飾ってあって、国際ウソツキクラブ会長ライアー(ウソツキ)さん筆の格言があった。

Believe it or not,
The truth lies here.

日本語にすると、「信じようと信じまいと、真実はここに存在する」とも、「真実はここでうそをつく」とも読めるそうである。

一八六七年に日本国が成立し、六年後には義務教育制度が成立し、嘘を言ってはいけないと小学校入学から子供たちは教えこまれた。それまで、それほどおとしめられていなかったウソは、これからひくいいちにおかれつづけた。柳田國男は、きっちょむ会などをつくって、地域にあるウソツキの話をあつめ、ヨーロッパわたりの学校教育とはちがう流れをつくろうとしたが、力およばず、戦中の十五年間、日本国民は、現実についての唯一の固定的な見方(時の政府のきめたウソ)をしいられるようになった。

敗戦と占領は、それとはちがう見方をつくりだしただ、それでも、日本国民は知識人をふくめて明治初年以来の、唯一の固定から自由になったとは言えない。

河合隼雄の、学問の名によっても扼殺されることのないウソツキとしての精神活動は、明治・大正・昭和の柳田國男の努力を、敗戦後の日本で受けつぐ。

う。

「柳田國男とユング」(一九八二年)で、河合隼雄は二人の対比を試み、つぎのように言

「昭和一六年に、東大で行った講演において、柳田は「……文字には録せられず、ただ多数人の気持や挙動の中に、しかも殆ど無意識に含まれているもの」を研究することが、民俗学なのであると言っている。つまり、彼は人々の気持や行動の背後の「無意識」にあるものを問題としているのである。しかし、彼はユングのように「無意識」について直接語ろうとはしない。ここに大きい問題点が存在していると思われる。」

柳田の言わなかったところに、分析的心理学者として河合は、ふみこむ。

「柳田にとって、外的感覚的事実は即内界の事実であり、それは不即不離のリアリティーなのである。彼はただそのリアリティーをそのまま語ったのであり、そこに「つくりごと」などを必要としないのである。」

ここには、数学の訓練をうけた河合隼雄と、明治以前の感覚を内部にひきつぐところのある柳田國男との、学風の対比をとらえる手がかりがある。

＊付記　『河合隼雄著作集第五巻　昔話の世界』(岩波書店、一九九四年)には、『昔話と日本人の心』(一九八二年)への助走、この仕事のみずからによる位置づけがある。

〈物語と日本人の心〉コレクション
刊行によせて

岩波現代文庫から最初に河合隼雄のコレクションとして刊行されたのが『ユング心理学入門』『ユング心理学と仏教』などを含む〈心理療法〉コレクションである。それは心理療法を専門としていた河合隼雄の著作で最初に取り上げるのにふさわしいものであろう。またそれに引き続く〈子どもとファンタジー〉コレクションも、河合隼雄の重要な仕事である子どもに関するものと、ユング心理学において大切なファンタジーという概念を押さえている。しかし心理療法を営む上で、河合隼雄が到達した自分の思想の根幹となるキーワードは「物語」なのである。それに従って、本コレクションには、『昔話と日本人の心』と『神話と日本人の心』という主著が含まれている。

心理療法においてセラピストはクライエントの語る物語に耳を傾ける。しかしそれ以上の意味で河合隼雄が「物語」を重視するのは、心理療法において個人に内的に存在するリアライゼーションの傾向に一番関心を持っているからである。リアライゼーションとわざわざ英語を用いるのは、それが「何かを実現する」ことと「何かがわかる、理解する」の両方の意味を持っているからである。そして物語に筋があるように、理解しつつ実現していくことが物語に他ならず、だからこそ物語が大切なのである。小川洋子との最晩年における対談のタイトル『生きるとは、自分の物語を作ること』は、物語が何であるかを如実に示している。

物語は河合隼雄の人生の中で、重要な意味を担ってきた。まず河合隼雄は小さいころから、豊かな自然に囲まれて育ったにもかかわらず、本が好きで、とりわけ物語が大好きであった。興味深いのは、物語は好きだったけれども、いわゆる文学は苦手であったことである。小さいころや若いころに心引かれたのはもっぱら西洋の物語であったのに、このコレクションでは〈物語と日本人の心〉となっているように、主に日本の物語が扱われている。戦争体験などによって毛嫌いしていた日本の物語・神話に向き合わざるをえなくなったのは、夢などを通じての河合隼雄自身の分析体験がある。そして日本で心理療法を行ううちに、日本人の心にとってその古層となるような日本の物語の重要性を認識せざるをえなくなったことが、多くの日本の物語についての著作につながった。

本コレクションの『昔話と日本人の心』は、それまで西洋のユング心理学を日本に紹介するスタンスを取っていた河合隼雄が、一九八二年にはじめて自分の独自の心理学を世に問い、そして昔話から日本人の心について分析したものである。大佛次郎賞を受賞し、心理学の領域を超えて河合隼雄の名声を揺るぎなきものにしたものとも言えよう。

これと並び立つのが、『神話と日本人の心』で、一九六五年に英語で書かれたユング派分析家資格取得論文を四〇年近く温め続け、そこに「中空構造論」と「ヒルコ論」を加え、二〇〇三年に七五歳のときに執筆したある意味で集大成となる作品である。

物語に注目するうちに、河合隼雄は日本人の心にとっての中世、特に中世の物語の重要性に気づいていき、それに取り組むようになる。『源氏物語と日本人――紫マンダラ』と『宇津保《うつぼ》物語』『落窪《おちくぼ》物語』などの中世の物語を扱った『物語を生きる――今は昔、昔は今』は、このようなコンテクストから生まれてきた。

それに対して『昔話と現代』と『神話の心理学』は、物語の現代性に焦点を当てている。『昔話と現代』は、既に〈心理療法〉コレクションに入っている『生と死の接点』に分量的に入れることのできなかった、第二部の「昔話と現代」を中心としていて、先述の追放された神ヒルコを受けていると河合隼雄が考える「片子」の物語を扱っている章は圧巻である。『神話の心理学』は、元々『考える人』に連載されたときのタイトルが「神々の処方箋」であったように、人間の心の理解に焦点を当てて様々な神話を読んだものである。

このコレクションは、物語についての河合隼雄の重要な著作をほぼ網羅している。ここに収録できなかったので重要なものは、『とりかへばや、男と女』(新潮選書)、『日本人の心を解く――夢・神話・物語の深層へ』(岩波現代全書)、『おはなしの知恵』(朝日新聞出版）であろう。合わせて読んでいただければと思う。

このコレクションの刊行にあたり、出版を認めていただいた小学館、講談社、大和書房、および当時の担当者である猪俣久子さん、古屋信吾さんに感謝したい。またご多忙のところを各巻の解説を引き受けていただいた方々、企画・チェックでお世話になった岩波書店の中西沢子さんと元編集長の佐藤司さんに厚くお礼申し上げたい。

二〇一六年四月吉日

河合俊雄

本書は一九八二年二月、岩波書店より単行本として刊行され、二〇〇二年一月、岩波現代文庫に収録されたものに「序説　国際化の時代と日本人の心」「コレクション版 編者あとがき」を付した定本版である。底本には二〇〇二年の岩波現代文庫版を使用した。

索　引

あ 行

か 行

さ 行

た 行

な 行

は 行

ま 行

や 行

ら 行

〈物語と日本人の心〉コレクションVI
定本 昔話と日本人の心

2017年4月14日 第1刷発行
2023年11月6日 第4刷発行

著 者 河合隼雄《かわいはやお》

編 者 河合俊雄《かわいとしお》

発行者 坂本政謙

発行所 株式会社 岩波書店
〒101-8002 東京都千代田区一ツ橋2-5-5

案内 03-5210-4000 営業部 03-5210-4111
https://www.iwanami.co.jp/

印刷・精興社 製本・中永製本

ISBN 978-4-00-600349-4 Printed in Japan

岩波現代文庫創刊二〇年に際して

二一世紀が始まってからすでに二〇年が経とうとしています。この間のグローバル化の急激な進行は世界のあり方を大きく変えました。世界規模で経済や情報の結びつきが強まるとともに、国境を越えた人の移動は日常の光景となり、今やどこに住んでいても、私たちの暮らしは世界中の様々な出来事と無関係ではいられません。しかし、グローバル化の中で否応なくもたらされる「他者」との出会いや交流は、新たな文化や価値観だけではなく、摩擦や衝突、そしてしばしば憎悪までをも生み出しています。グローバル化にともなう副作用は、その恩恵を遥かにこえていると言わざるを得ません。

今私たちに求められているのは、国内、国外にかかわらず、異なる歴史や経験、文化を持つ「他者」と向き合い、よりよい関係を結び直してゆくための想像力、構想力ではないでしょうか。

新世紀の到来を目前にした二〇〇〇年一月に創刊された岩波現代文庫は、この二〇年を通して、哲学や歴史、経済、自然科学から、小説やエッセイ、ルポルタージュにいたるまで幅広いジャンルの書目を刊行してきました。一〇〇〇点を超える書目には、人類が直面してきた様々な課題と、試行錯誤の営みが刻まれています。読書を通した過去の「他者」との出会いから得られる知識や経験は、私たちがよりよい社会を作り上げてゆくために大きな示唆を与えてくれるはずです。

一冊の本が世界を変える大きな力を持つことを信じ、岩波現代文庫はこれからもさらなるラインナップの充実をめざしてゆきます。

（二〇二〇年一月）

岩波現代文庫［学術］

G430
被差別部落認識の歴史
―異化と同化の間―
黒川みどり

差別する側、差別を受ける側の双方は部落差別をどのように認識してきたのか――明治から現代に至る軌跡をたどった初めての通史。

G431
文化としての科学／技術
村上陽一郎

近現代に大きく変貌した科学／技術。その質的な変遷を科学史の泰斗がわかりやすく解説、望ましい科学研究や教育のあり方を提言する。

G432
方法としての史学史
―歴史論集1―
成田龍一

歴史学は「なにを」「いかに」論じてきたのか。史学史的な視点から、歴史学のアイデンティティを確認し、可能性を問い直す。現代文庫オリジナル版。〈解説〉戸邉秀明

G433
〈戦後知〉を歴史化する
―歴史論集2―
成田龍一

〈戦後知〉を体現する文学・思想の読解を通じて、歴史学を専門知の閉域から解き放つ試み。現代文庫オリジナル版。〈解説〉戸邉秀明

G434
危機の時代の歴史学のために
―歴史論集3―
成田龍一

時代の危機に立ち向かいながら、自己変革を続ける歴史学。その社会との関係を改めて問い直す「歴史批評」を集成する。〈解説〉戸邉秀明

2023. 10

岩波現代文庫[学術]

G435
宗教と科学の接点
河合隼雄

「たましい」「死」「意識」など、近代科学から取り残されてきた、人間が生きていくために大切な問題を心理療法の視点から考察する。〈解説〉河合俊雄

G436
増補 軍隊と地域
―郷土部隊と民衆意識のゆくえ―
荒川章二

一八八〇年代から敗戦までの静岡を舞台に、矛盾を孕みつつ地域に根づいていった軍が、民衆生活を破壊するに至る過程を描き出す。

G437
歴史が後ずさりするとき
―熱い戦争とメディア―
ウンベルト・エーコ
リッカルド・アマデイ訳

歴史があたかも進歩をやめて後ずさりしはじめたかに見える二十一世紀初めの政治・社会の現実を鋭く批判した稀代の知識人の発言集。

G438
増補 女が学者になるとき
―インドネシア研究奮闘記―
倉沢愛子

インドネシア研究の第一人者として知られる著者の原点とも言える日々を綴った半生記。「補章 女は学者をやめられない」を収録。

G439
完本 中国再考
―領域・民族・文化―
葛兆光
辻康吾監訳
永田小絵訳

「中国」とは一体何か？ 複雑な歴史がもたらした国家アイデンティティの特殊性と基本構造を考察し、現代の国際問題を考えるための視座を提供する。

2023.10

岩波現代文庫[学術]

G440
私が進化生物学者になった理由
長谷川眞理子

ドリトル先生の大好きな少女がいかにして進化生物学者になったのか。通説の誤りに気づき、独自の道を切り拓いた人生の歩みを語る。巻末に参考文献一覧付き。

G441
愛について
―アイデンティティと欲望の政治学―
竹村和子

物語を攪乱し、語りえぬものに声を与える。精緻な理論でフェミニズム批評をリードしつづけた著者の代表作、待望の文庫化。〈解説〉新田啓子

G442
宝塚
―変容を続ける「日本モダニズム」―
川崎賢子

百年の歴史を誇る宝塚歌劇団。その魅力を掘り下げ、宝塚の新世紀を展望する。底本を大幅に増補・改訂した宝塚論の決定版。

G443
新版 ナショナリズムの狭間から
―「慰安婦」問題とフェミニズムの課題―
山下英愛

性差別的な社会構造における女性人権問題として、現代の性暴力被害につづく側面を持つ「慰安婦」問題理解の手がかりとなる一冊。

G444
夢・神話・物語と日本人
―エラノス会議講演録―
河合隼雄
河合俊雄訳

河合隼雄が、日本の夢・神話・物語などをもとに日本人の心性を解き明かした講演の記録。著者の代表作に結実する思想のエッセンスが凝縮した一冊。〈解説〉河合俊雄

2023.10

岩波現代文庫[学術]

G452
草の根のファシズム
―日本民衆の戦争体験―
吉見義明

戦争を引き起こしたファシズムは民衆が支えていた――従来の戦争観を大きく転換させた名著、待望の文庫化。〈解説〉加藤陽子

G453
日本仏教の社会倫理
―正法を生きる―
島薗進

日本仏教に本来豊かに備わっていた、サッダルマ(正法)を世に現す生き方の系譜を再発見し、新しい日本仏教史像を提示する。

G454
万民の法
ジョン・ロールズ
中山竜一訳

「公正としての正義」の構想を世界に広げ、平和と正義に満ちた国際社会はいかにして実現可能かを追究したロールズ最晩年の主著。

G455
原子・原子核・原子力
―わたしが講義で伝えたかったこと―
山本義隆

原子・原子核について基礎から学び、原子力への理解を深めるための物理入門。予備校での講演に基づきやさしく解説。

G456
ヴァイマル憲法とヒトラー
―戦後民主主義からファシズムへ―
池田浩士

史上最も「民主的」なヴァイマル憲法下で、ヒトラーが合法的に政権を獲得し得たのはなぜなのか。書き下ろしの「後章」を付す。

2023. 10

G457
現代《いま》を生きる日本史
須田努
清水克行

縄文時代から現代までを、ユニークな題材と最新研究を踏まえた平明な叙述で鮮やかに描く。大学の教養科目の講義から生まれた斬新な日本通史。

G458
小国
―歴史にみる理念と現実―
百瀬宏

大国中心の権力政治を、小国はどのように生き抜いてきたのか。近代以降の小国の実態と変容を辿った出色の国際関係史。

G459
〈共生〉から考える
―倫理学集中講義―
川本隆史

「共生」という言葉に込められたモチーフを現代社会の様々な問題群から考える。やわらかな語り口の講義形式で、倫理学の教科書としても最適。「精選ブックガイド」を付す。

G460
〈個〉の誕生
―キリスト教教理をつくった人びと―
坂口ふみ

「かけがえのなさ」を指し示す新たな存在論が古代末から中世初期の東地中海世界の激動のうちで形成された次第を、哲学・宗教・歴史を横断して描き出す。〈解説〉山本芳久

G461
満蒙開拓団
―国策の虜囚―
加藤聖文

満洲事変を契機とする農業移民は、陸軍主導の強力な国策となり、今なお続く悲劇をもたらした。計画から終局までを辿る初の通史。

2023. 10

G462
排除の現象学
赤坂憲雄

いじめ、ホームレス殺害、宗教集団への批判――八十年代の事件の数々から、異人が見出され生贄とされる、共同体の暴力を読み解く。時を超えて現代社会に切実に響く、傑作評論。

G463
越境する民
近代大阪の朝鮮人史
杉原達

暮しの中で朝鮮人と出会った日本人の外国人認識はどのように形成されたのか。その後の研究に大きな影響を与えた「地域からの世界史」。

G464
越境を生きる
ベネディクト・アンダーソン回想録
ベネディクト・アンダーソン
加藤剛訳

『想像の共同体』の著者が、自身の研究と人生を振り返り、学問的・文化的枠組にとらわれず自由に生き、学ぶことの大切さを説く。

G465
我々はどのような生き物なのか
―言語と政治をめぐる二講演―
ノーム・チョムスキー
福井直樹
辻子美保子編訳

政治活動家チョムスキーの土台に科学者としての人間観があることを初めて明確に示した二〇一四年来日時の講演とインタビュー。

G466
ヴァーチャル日本語 役割語の謎
金水敏

現実には存在しなくても、いかにもそれらしく感じる言葉づかい「役割語」。誰がいつ作ったのか。なぜみんなが知っているのか。何のためにあるのか。〈解説〉田中ゆかり

2023.10

岩波現代文庫［学術］

G467
コレモ日本語アルカ？
―異人のことばが生まれるとき―
金水 敏
ピジンとして生まれた〈アルヨことば〉は役割語となり、それがまとう中国人イメージを変容させつつ生き延びてきた。〈解説〉内田慶市

G468
東北学／忘れられた東北
赤坂憲雄
驚きと喜びに満ちた野辺歩きから、「いくつもの東北」が姿を現し、日本文化像の転換を迫る。「東北学」という方法のマニフェストともなった著作の、増補決定版。

G469
増補 昭和天皇の戦争
―「昭和天皇実録」に残されたこと・消されたこと―
山田 朗
平和主義者とされる昭和天皇が全軍を統帥する大元帥であったことを「実録」を読み解きながら明らかにする。〈解説〉古川隆久

2023. 10